I0694054

北美中文作家作品选

Annual Anthology of Chinese Writers in North America

北美中文作家协会 主编

Edited by American Association of Chinese Writers

责任编辑：蔡维忠

评委：沙石　应帆　唐简

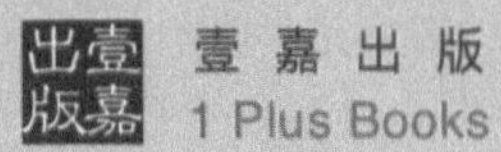

壹嘉出版
1 Plus Books

San Francisco, 2026

壹嘉出版
1 Plus Books
https://1plusbooks.com

书名/Title：2024 北美中文作家作品选/Annual Anthology of Chinese Writers in North America 2024
主编/Edited by：北美中文作家协会/American Association of Chinese Writers
责任编辑/Editor：蔡维忠
评委/Judge：沙石，应帆，唐简

2025 1 Plus Books® 壹嘉出版®
Paperback Edition
Published and Printed in the United States of America

ISBN: 978-1-966814-35-1

出版人：刘雁
定价：$26.99
San Francisco, USA , 2025
https://1plusbooks.com
email: 1plus@1plusbooks.com

致 谢

许多会员无私支持本年度年选出版：

赞助：之光

汇集投稿：舒怡然、杨超

评委：沙石、应帆、唐简

责任编辑：蔡维忠

校对：王晓丹、黎杨、应帆

统筹出版：李文心

北美中文作家协会对以上会员和所有投稿人表示衷心感谢！

序言

北美中文移民作家的新文学

应 帆

我越来越倾向于这样一种观点：凡是好的文章，必定是给我们带来新意的文章。作为2024年北美中文作家的年选评委，这一种观点也在几次三番阅读和评选来稿的过程里，得到越来越为明确的肯定。过去几十年来，"新移民文学"逐渐从一个时髦称谓进化为一个标准说法，成为评价海外华语写作的一个常用标签。于我而言，这一个"新"字，不重于修饰"移民"，更重于修饰"文学"，因此它既是激励，也是挑战。北美中文作家协会每年竭力编选的北美中文作家年选，就是对这种新移民、新文学、新写作的检阅和呼应。

一篇文章的新意，可以表现在多个方面。最简单的新意可能是作者至少为每一个慨叹"生有涯而书海无涯"的读者讲述一个比较新的故事，带他们去一个新的地方，用一种比较新的语言（一个出其不意的动词用法、描写颜色的古语、或者大多数读者、作者不曾用过看过的一个成语），有时也可以是带我们进入一种不太了解或者即将遗忘的人生阶段（比如退休生活或者曾经的初恋），又或者是关注一种细节、植物或者动物、并以美丽的汉语描述出来……新是用来惊奇我们的，增强乃至颠覆我们的阅读体验的，新文学新写作的文体可能是散文、小说、诗，乃至评论。

北美中文作家的写作尤以散文为显，大约还是唯一一类男性作者和女性作者可以平分秋色的文体。男作者的散文又普遍更为大气厚重，而女性作者的散文则更为灵秀轻盈，反映作家们的所见所闻所思所想，补充我们对于这个世界和时代的认识与思考。

蔡维忠的散文《荒原上的守候》带我们去秘鲁南部纳兹卡看荒原上的图画，进而以科学家的严谨和好奇告诉我们荒原图画的前世今生，并延伸至德国人玛丽亚·赖歇保护荒原图画的故事。对于大多数读者而言，这无疑是一个新地方和新景观，而作者的观察和思考也给阅读带来新的维度和深度，从而超出了一般旅游文字的范畴。入选的24篇散文里，还有几篇这样的"游记"散文，却又都写出了不一样的地方和风情。卢迈的《古道孤旅》带我们领略日本的古道，同时深究日本生活给她带来的内心转变。凌珊的《在旧金山与杰克·伦敦的世界相遇》、黎杨的《笔走摩洛哥》、吕红的《行走大美西部》等等篇目亦都有此种努力，或去故国西边，或去异国他城，融文情、寄文思，都有值得一读的底蕴。

行万里路之外，读万卷书也是很多文人的追求，海外散文大家张宗子就是这样一位在书卷中上下求索的写作者。他今年入选的散文《吹箫不用竹》洋洋洒洒，形散而神不散，从自己的古钱币收藏落笔，写出不为多数读者知道的张献忠其人其事，饶有趣味。当然这属于个人沉浸于阅读而生发的文雅趣味，要论知人识人，尤其是见识"大人物"的趣味，刘荒田的《我与"大人物"》则是非读不可的一篇。这篇原发《香港文学》的文字，通过描写自己在高级酒店做侍应生而碰到各种名流的有趣经历，让读者不仅见识一种特殊的职业，更意外收获关于美国政治和音乐明星的逸闻趣事，并以点滴细节勾画出名人们在特殊场合和特殊时间里的个性特征，从而扫描美国社会、文化和历史的方方面面，从另一个层面展示散文的魅力。

大人物有光芒，小人物也有闪光点，怡然在《初到新大陆的邂逅》一文中回忆初到新大陆邂逅的种种生人和人生，成功记述希腊教授、美国房东、罗马尼亚和俄罗斯同窗、中国老乡等等一众"小人物"的选择和去向。类似的，二湘在《无边丝语照夜白》一文中，写及克罗地亚和越南的同事，他们都带着故国的伤痛记忆，在美国开启并非一路坦途的新生活。怡然和二湘本都以写小说见长，叙述美国人事，也颇有小说家笔法，以人物先立先行，再一一道出人物的故事，让散文也平添了小说的可读性。另一位小说家陈谦这次入选的也是一篇散文《疫后归乡拾零》，反其道而行之，回到故地发现新现象，记述特殊时期的特别归乡经历，尤具记录和阅读的价值。

本次年选中还有一篇散文写到回乡述新之事。《追谒乡贤蒲松龄》是英文教授李文心记述自己近年返乡参观"乡贤"蒲松龄故居的事情。因为刀郎的歌走红，蒲松龄和他的《聊斋志异》也跟着红出一个新高度，成为一个旅游热点。而作为蒲松龄的老乡，李文心从小就一直以为蒲松龄故居是个总归会去的地方，不想在异国他乡度过中壮年、读破千百卷英文经典之后才得偿夙愿。当然，一介文人游子眼中看到的，心中想到的，因为经典"鬼狐故事"而触发的文心文思，因为时空的变异，也自然会有不一样的新意味。

故乡旧事，往往是作家们写之不竭的源泉。"隐居"纽约的程应铸先生著作、译作颇丰，这几年他的沪上回忆散文系列给人印象颇深，本年度入选的《弱小鸭和大白鹅》从童年曾经豢养的鸭与鹅入笔，妙趣和忧伤在文中时隐时现。和程应铸散文有"异曲同工"之妙的，当是美国"三毛"、身居德州半寸农庄的盛林的生态散文《寂静之声》。半寸农庄的植物、动物和人物们意想不到地成为盛林的写作灵感和对象。我最早阅读的就是她那篇《在德州拣核桃》，而她疫情之中一篇纪实文字《火线穿越40小时，回到美国的家》成为本会公众号"北美文学家园"第一篇也是迄今唯一一篇阅读量达到10万+的文章。盛林在文中说："我倾听、微笑、写作，15年写了10本书，大部分关于乡村、关于我的'寂静之声'"。在她的笔下，"鹅爱上了白鸭"，还和孔雀干了一架，当然这还只是引子，更多引人捧腹的、妙趣横生的动物和动物之间、人和动物之间的乡村故事，也由盛林有温度有韵律的汉字为他们发声，让我们听到看似寂静的农庄里各种鸡飞狗跳的"天籁之声"，并认识了一位德州人菲利普。

近年来，我常关注胡刚刚和崔淼淼的散文。胡刚刚的散文写作不断扩充疆域，她最早以辞藻华丽和体量修长惊艳读者的眼睛，现在更以内容和手法来惊动读者的内心。本年度入选的这一篇《并非禁欲》最初发在《世界日报》的"小说世界"版面，更多了一点逗人捧腹的幽默。年轻的崔淼淼说她有一颗

"老灵魂"，这"老"在我看来，一个重点就是体现在她散文文字的雍容典雅。《月色如水》这样有点"俗"的题目，却被她连古钩今、声东言西地写成一篇沉静厚实的美文，而全篇以白居易的《琵琶行》开头和结尾，彰显作者不可小觑的文心和非同小可的笔力。

2024年选还收入程奇逢《桌子上的人性与尊严》，讲述他在纽约观察无家可归者如何被慈善机构妥善照料的社会现象。程奇逢不动声色的观察和笔法深得王鼎钧先生欣赏，去年两人合作出版《四手联弹》散文集，值得细读深读。夏洋洲的一篇《樱花劫》，详细讲述樱花在美国落根的前世今生，开人眼界。子姜的《花瓶与油瓶》从小小瓶子写出人生和心境变化，马新云的《何以解惑》则以种种细节描述退休生活带来的困惑和领悟，笑言的《门前一盏灯》通过对门灯的观察来体悟加拿大社会风情。此外，郑立行的《那年的小火箭》、杨超的《春日秋歌——时光的交响》、陈瑞琳的《越过山丘来看你》等虽然只是报刊上的"豆腐块"散文，却也都以记事、描景乃至抒情的文笔，架构出好看好读的短篇散文。值得一提的是之光获得最后一届"汉新散文奖"的《走出隧道》一文，讲述一个家庭如何把一个不喜欢学校的孩子从悬崖边上拉回，成功考进音乐学院的励志故事，给我这样常为育儿问题而抓狂的中年读者颇多思考和启迪。

北美中文作家的小说写作，向来有阴盛阳衰之说。本年度入选的10篇小说有8篇出自女作者笔下，或是此种说法的进一步佐证。从另一个角度来说，这本年选里的小说可能很难"自我吹捧"成2024年北美作家创作的"最佳"小说（当然本会年选也从没有以"最佳"来宣传），毕竟这期间还有两三种其他所谓"最佳"的年度小说选本存在。对于创作勤奋且有特色的作家未能投稿参加年选，比如陈九、曾晓文、张惠雯等等，是个不大不小的遗憾。因为年选限定每篇字数在一万以下，稍长的优秀小说不能收入，也是一种限制。

但即便以入选的这10篇小说做一个样本分析，也可看出北美小说家们在创意写作方面的努力和创新。

身居蒙特利尔的作家陆蔚青近年来小说写作成就斐然。她在以纽曼大街和刘翔一家的故事建立起自己的叙事王国之后，最近的创作则又似乎转向于以在加拿大成长的华裔青少年为主要描述对象。本年度入选的《遮阳伞》以一把遮阳伞为喻体，写出（单身）华裔母亲面对儿子在异域异国情境之中急遽成长的困惑和迷失，并常在对其他族裔人物、语言和行为的寥寥几笔的描述里，给读者带来崭新的叙述语境和人文风景。

常少宏这两年来周游世界，同时精读深耕创意写作的理论和范本，在教出了一班出版小说集的学生之外，也把小说作品发表到了《作品》《作家》和《香港文学》等刊物。她今年提交的《消失在基韦斯特的女人》一文原发于《作家》，不仅带读者走进基韦斯特这个充满热带文学风情的岛屿小镇，也带来一位特立独行的、神秘的、有着华裔血统的女性形象维罗妮卡，同时把"我"的故事和她的故事交互辉映，让我们看到一位写作者的日渐成熟和沉稳。

沙石的《渡船》一篇，描述坐船渡河，船上生情的人群如何应对现代社会的侵袭和古老情感的无奈逝去，不得不让人联想到沈从文的《边城》一文。沙石让那个在水边、在渡口苦苦等待的人变成了一位男性，而一座大桥飞架两岸和昔日暗恋对象坐着轿车以相逢不相识的面貌出现，也宣告了旧日世界的崩塌和古老情感的幻灭。有趣的是，本人拙作《舟船或者关系》也以"船"作比、以水为喻，表现一位上海来的青年男子在纽约这个花花世界里面对情感取向的困惑和挣扎。我自认为这是一次颇为有益的尝试，文中描绘的情感困境以及文字游戏，或是在华文语境尚不多见的故事内容和写作探索。

王婷婷是近年来小说成绩颇为突出的加拿大华语作家，更难能可贵的是，她还在不停探索，不停突破自己写作的舒适区。她今年入选的小说《破戒》不同于她更擅长的中篇写实主义叙事，反而在两千字的小小说篇幅里，点描出一个现代槛内人对于槛外人的心灵悸动，庙中情景和心底波澜的描绘都有令人惊艳的笔触。水影的《保姆南希》秉承她一向的人情叙事，但这次聚焦于一位颇有典型意义的北美保姆南希身上。这位保姆和雇主之间一波三折的聚聚分分叫人看了啼笑皆非，又要深深叹息人性的可悲和复杂。

另有四位女作者的小说都首发于《世界日报》"小说世界"版面（这个版面也一直以刊发女作者小说为主，形成颇有意思的一个现象）。水仙的《边界惊梦》写得最为"惊奇"，充分结合和反映美国当前的移民生态，但比较戏剧化的人物设置和情节反转，削弱了小说更可能的深层人性挖掘。文章的《秋风入我户》取材于现实生活，细致描绘了两位在异国他乡空巢之后正从中年过渡到老年的男女面对生活琐事和人生俗态的对立、坚持、冲突和和解。竹心的《天边的姥姥云》深情记述一个小女孩在外婆呵护下的成长以及在外婆离去后的失落和怀念，在缺乏小说元素支撑叙事的同时，用童心满满的，对过去的追忆和怀想满足我们的阅读好奇。常湘云的《丽人行》努力在追述中透视三个年轻女性的职场和情爱关系，略微遗憾的是并未能写出更新颖的角度或者更深刻的维度。

海外华语诗歌的写作是个颇值得探讨的现象。一方面来说，海外华语诗歌的写作自有其繁荣的表面，各地各种刊物也颇有百花竞放的荣景，《新大陆》等诗刊坚持经年，也是笔者常常读到的刊物。另一方面来说，大多数海外诗歌作者无法在国内刊物杂志上发表诗歌作品，更不要说那些可以发稿费的期刊，也因此每年能够合格入选本会年选的诗歌作品就尤为凤毛麟角。可喜的是，今年有三位实力派诗人的诗作入选。

宇秀的《孤独也可以如此灿烂》组诗里更让我动容的其实是写母亲的《母亲树》和写女儿的《黑拉链》。母女亲情并不是最容易的诗歌题材，但宇秀抓住两个主要意象，写出了深沉而痛心的母爱，不仅是作为女儿，也是作为母亲。这两首诗组合在一起阅读，也颇有新意，倒比主打的"孤独"之篇率先吸引了我阅读的兴趣。李玥是一位住在马里兰地区的诗人，著有《葵花海》等诗集，他今年入选的《渴》以"两个人/午后的渴意与拥吻"所激发的诗意来诠释世界、爱情和艺术。原居纽约的鲁鸣曾经是诗歌网站"橄榄树"的创始人之一，退休之后也偶尔有诗作面世，组诗《子弹穿过我的天空》依然散发出鼓点般的激情和力度。

2024年诺贝尔文学奖被授予韩国女作家韩江应该算是去年最大的文学新闻之一。羊儿（王晓丹）撰写的评论《〈素食者〉揭示的人类整体精神困境》不仅深入分析了韩江小说《素食者》

中的主要人物性格特征，揭示了韩江挖掘人类精神困境的普世意义，还将生命意义的探讨和信仰赋予结合在一起，也可谓是颇有新意的文学评论。

本次年选的另一个"新数据"或许是原发稿期刊或报纸副刊的进一步丰富。北美中文作家发表的空间向来有限，因此诸多来稿首发于《世界日报》《香港文学》《东西》会刊、《文综》等处，今年我们还看到首发于《钟山》《作家》《广西文学》《散文》《美文》《黄河文学》《海燕》等刊物的作品，实是可喜可贺的新气象。

当然，文学书写，光有新意、新的闪光点也还是不够的。怎样在个体和个性书写里传递普世价值，或者说反映人类命运共同体的部分，这不光是移民作家们面临的挑战，更是大多数华语写作者尚未能走出去的困境。在数字时代和AI的强烈冲击之下，人们希望在留给阅读的有限时空里，获得更高性价比的体验和感悟，也对文学书写提出了更高的要求。就北美中文作协选编的年选而言，虽然三位评委的打分尽量保证了评选工作的公平和公正，但是新中不足、乃至美中不足之处总是存在，也正因为这样的遗憾存在，才让写作者们有信心和希望在将来的写作中发掘出更新的主题、角度、人物、故事、结构、意象和语言。

这一本约二十万字的《2024年北美中文作家年选》多少反映了身在北美的中文写作者们在每一篇中求新求变的努力。北美中文作家协会已经连续八年投入人力和财力编撰一本年度之选，无疑是对文学、对中文写作的坚守和致敬。我们也希望在未来的年份里，不仅能吸引更为丰富的稿源，也能在出版、宣传和文学研究及评论方面做到更出色，让年选和作者们的文字走向更多的读者和评论者，让"北美中文作家年选"成为海外移民作家"新"文学创作的一个越来越可靠的风向标、一个越来越高的标杆和一个越来越值得信赖的品牌。

2025年9月7日

辑二　小说

辑一

散文

吹箫不用竹

张宗子

90年代后期我开始收集古钱币时，李自成和张献忠铸造的钱币市场上还多见，也不贵，一枚十几到几十元。李自成铸永昌通宝，有小平和折五两种面值。张献忠铸大顺通宝，只有小平一种，但有不同的背文：光背的，背"工"和背"户"的，工、户指工部和户部。张献忠还有一种用来赏赐部下的大型金银币，面文为"西王赏功"，大概只赏给高级将领，一般士卒不能得，故存世极其罕见。记得在北京德胜门的钱币店，曾见过一枚银质的西王赏功，标价五千元。虽说那时候五千是很大的数字，对于"西王赏功"，还是太便宜了。店员解释说，不是原铸，是民国时期的仿品，应该是用真品做模翻砂的，所以文字和形制都接近原物，而且制作精美，六七十年过去，已经有漂亮的淡蓝色包浆了。

新冠疫情期间，很多公司机构停工，最初的恐慌过去，闲着无事的民众逐渐出动。我所在的纽约皇后区的法拉盛，街边地摊市场自发兴起，绵延五六条街，摊贩发展到几十家近百家，警察基本不管，卖什么的都有，食物和生活用品居多，卖古玩旧物的也有二十来家，当然九成九都是假货。有次在地铁站附近的摊上看到几本钱币册子，翻开细看，居然找到一枚真的背工字大顺通宝，品相不错，未曾流通，钱身还带着加工的挫痕，遂以三十美元买下。

我对张献忠的故事有兴趣，一是因为民国以来，写张献忠的小说不少，大部分我都读了，印象很深，二是鲁迅杂文里屡次提到他，三是七八年前，考古队在四川眉山市的彭山区发现张献忠沉银，消息轰动一时。反观比他还更能闹的李闯王，就没有这么红火过。

姚雪垠在长篇小说《李自成》里，把李自成和张献忠写成农民革命家，高瞻远瞩，雄才大略，胜过跃马横刀时的青年李世民。其中李自成在"革命事业"低潮之际，不顾个人安危，前往谷城与张献忠相会，谋求建立统一战线一章，还被拍成电影，名曰《双雄会》，由当时风头正健的，号称最有男子汉粗犷气质的杨在葆和许还山主演。剧中的李自成为了推翻明朝的大业，胸怀宽广，不计前嫌，深入虎穴，同时有胆有略，安排周密。张献忠则相对目光短浅，斤斤计较于个人私利，但最终还是被李自成的真诚感动了。小说出版于上世纪60年代，这段故事的隐喻意味明显。姚雪垠在明末史料上花了大功夫，小说布局宏大，情节精彩，可惜时势所限，他笔下的英雄未免辜负了他的文才。金庸先生长住香港，是思想上很理智成熟的人，在其小说里，也把"义军"将领们写得神武无双，其实彼辈多是些目光短浅的流寇，只知道烧杀抢掠，恣逞其凶暴和贪欲，就算有所谓理想，不过取彼帝王而代之，何曾想到百姓疾苦和国家强盛。但金庸局外旁观，毕竟高出一筹，写李自成和朱元璋在取得政权之后，面目一变，几乎出于惯性地进入历史的恶性循环，休说政治理想，就连简单的江湖道义和兄弟义气都不讲了，手下稍有良知的人，不是被杀害，便是远走高飞以避祸。

张献忠和黄巢一样，在历史上以嗜杀著称，称帝成都，建大西国，差不多屠尽川人。满清定鼎中原，不得不调动十数省的百姓移民巴蜀，俗称"湖广填四川"。传说张献忠立碑明志："天生万物与人，人无一物与天，杀杀杀杀杀杀杀"，这便是有名的《七杀碑》。民国小说家朱贞木据此作同名武侠小说，写明末川南豪杰杨展、陈瑶霜、虞锦雯等联合抗击张献忠的故事。书中的杨展实有其人，是南明的大将。张献忠的兵败沉银便和他有关。《七杀碑》今已不存，或许只是传说，而张献忠另外的《圣谕碑》还保存在四川广汉。当年杨展追击张献忠到广汉，但见尸横遍野，惨不忍睹，就在离《圣谕碑》不远的地方挖大坑掩埋被屠杀的民众，并在碑背刻写了《万人坟记》。

鲁迅去世早，不及见对张献忠的全新的历史定位。他在《晨凉漫记》里谈到清初人编的《无双谱》，"取历史上极特别无二的"人物，各画一像，题一诗，然而不收坏人。鲁迅觉得遗憾，说好人坏人都应该收，"极其特别"的坏人，"其实是代表着中国人性质之一种的人物"，张献忠自不可少。他的特别之处，在于杀人兼胡闹，以杀人为游戏，以杀人为乐。鲁迅这样分析张献忠杀人的原因：

"他开初并不很杀人，他何尝不想做皇帝。后来知道李自成进了北京，接着是清兵入关，自己只剩了没落这一条路，于是就开手杀，杀……他分明的感到，天下已没有自己的东西，现在是在毁坏别人的东西了，这和有些末代的风雅皇帝，在死前烧掉了祖宗或自己所搜集的书籍古董宝贝之类的心情，完全一样。"

鲁迅说，"所以张献忠的举动，一看虽然似乎古怪，其实是极平常的。古怪的倒是那些被杀的人们，怎么会总是束手伸颈的等他杀，一定要清朝的肃王来射死他，这才作为奴才而得救。"

鲁迅全集的注释者，对鲁迅的说法显然不以为然，在注释中说：张献忠为"明末农民起义领袖之一。崇祯三年起义，转战河南、陕西等地。崇祯十七年入川，在成都建立大西国。顺治三年出川，在川北盐亭界为清兵所害。旧史书中常有关于他杀人的夸大记载。"旧史书中，最有代表性的便是鲁迅文中引用的清人彭遵泗所著记录大西军在蜀地暴行的《蜀碧》。碧即碧血，书以血名，可见作者的所见所闻是如何惨酷。注释说，《蜀碧》也"特别夸张了他杀人的事。"我手头的鲁迅全集是80年代的十六卷本，不知道后来的版本是否改变了说法。

凡事宽容乃至宽容到麻木而往好处想的人，如果多读杂史笔记，会发现张献忠身上不无《世说新语》式的"可爱"品格，如极端的率性和鲁迅说的"为艺术而艺术"的风趣。鲁迅在《病后杂谈》的最末一节，便援引了张献忠祭梓潼神的"名文"："老子姓张，尔也姓张，为甚吓咱老子？咱与你联了宗罢。尚飨！"鲁迅感叹说，与明朝永乐皇帝残暴恶毒的上谕相比，张文"真是高华典雅，配登西洋的上等杂志"。

张献忠其言如此，至于行，则更加"无厘头"。据《蜀碧》引《寄园寄所寄》，献忠开科取士，录取了武状元张大受，张"年未三十，身长七尺，……仪表丰伟，气象轩昂"，张献忠一见，非常喜欢，赐以金银、美女、田宅。但不过几天功夫，"新状元午门外谢恩毕，将入朝面谢圣恩。"张献忠忽然皱起了眉头："这骡养的咱老子爱得他紧，但一见他，心上就爱得过不的，咱老子有些怕看见他，你们快些与我收拾了，不可叫他再来见咱老子。"书中解释说，"凡流贼谓杀人为打发，如尽杀其众，则谓之收拾也。"随后，"诸臣承命，即刻便将张大受绑去杀之，并传令将大受全家及所赐美女家丁，尽数斩戮，不留一人。"

明史记载：张献忠诡称开科取士，将赴选的读书人"集于青羊宫，尽杀之，笔墨成丘冢。"

张献忠行事的逻辑，正常人无论如何想不明白。有些人可能认为，坏事做尽的那些凶暴奸邪之徒，往大了说，是没有是非观，没有起码的良知，往小了说，是不明白"己所不欲勿施于人"的道理，不知道自己所做的，是人神共愤的恶行。世上哪有这样的事呢？他之所以做，做得肆无忌惮，是因为他刀俎在手，威势无加，自然穷权力之奢极权力之欲，视天下人为鱼肉了。

张献忠在成都民心全失，事实上残存的也没有几个民了，又缺粮食，不能立足，于是在顺治三年，携带多年转战南北搜刮的金银财物，率兵沿水路出川，被杨展的军队堵截，大战于彭山镇江口。张献忠大败，"所掠金玉珠宝及银鞘数千万，悉沉江底。"此后三百余年，张献忠江口沉银的故事一直在民间流传，民谣唱道："石牛对石鼓，金银万万五。谁人识得破，买尽成都府。"意思是，在石龙与石虎相对之处，有张献忠留下的无尽宝藏。

21世纪以来，江口一带水下捞出金银的消息不断出现，起初是民众无意捞得，后来是闻讯的好事者非法盗取。这些职业挖宝人甚至配备潜水设备，在夜半三更驾船到江上，下水探取，所得甚多，价值逾亿。几十年来我常去浏览的一个著名的古钱币网站，就曾见人售卖其打捞所得，金铤银锭之外，大约还得到过大名鼎鼎的西王赏功钱，自起网名为"西王赏功"，等于不打自招，后来案发，据说被抓了。2017年，《华西都市报》刊登长篇报道，《超万件'张献忠宝物'出水，张献忠江口沉银传说被考古证实》。报道说，经过两个多月水下考古，现场出水文物超过一万件（一年后，达三万件），除西王赏功金银币、大顺通宝铜币、金银册、银锭，还有戒指、耳环。其中银锭装在特制的木鞘里，木鞘是将完整的圆木剖为两半，中间掏空，装入银子，再用铁或铜片箍紧。"用木鞘装银后，两个人一抬就走，运输起来很方便。"这就是"银鞘数千万"的所谓银鞘。

报道说，江口沉银的文物中，很多金银首饰。"不免让人想起另一个传闻：张献忠曾经屠川，以至于屠杀了十分之九的四川人口。到最后，四川被屠得只剩下九万人口。张献忠藏宝中，竟然有这么多金银首饰，我们不妨猜测，这些首饰的原主人不可能是张献忠，因为他不可能去做那么多金银首饰。"

在中央电视台的发掘实况报道中，最令人震撼的镜头，就是成堆的耳环。那些简单轻小的耳环，不过是用银丝弯成问号或鱼钩形状，没有纹饰，一只也就三几克重，显系普通人家妇女的饰物。张献忠的藏银，多铸为50两的大锭，虽然大部分夺自明朝的王公和显贵人家，老百姓手里微不足道的一些零碎银子，也许是他们仅有的一点可怜的值钱之物，是一代一代传下来的，大西军也没放过。试想一锭大银1600余克，需熔化多少耳环才能铸成，何况还有数以千计的尚未熔化的耳环，这每只或每对耳环，都是一条人命。

鲁迅在文章中写到了张献忠富于戏剧性的死。注释引《明史·张献忠传》："顺治三年，献忠尽焚成都宫殿庐舍，夷其城，率众出川北；……至盐亭界，大雾，献忠晓行，猝遇我兵于凤凰坡，中矢坠马，蒲伏积薪下，于是我兵擒献忠出，斩之。"《明史》是清人编的，"我兵"即清兵。如中国历史上所有疯狂怪异的人物一样，张献忠的死，民间也有离奇的预言，而且咬定预言者是大名鼎鼎的诸葛亮。成都东门外有一座锁江桥，桥畔有回澜塔，据说张献忠毁塔取砖时，挖出一块古碑，上面用篆文刻了一首诗："修塔余一龙，拆塔张献忠。岁逢甲乙丙，此地血流红。妖运终川北，毒气播川东。吹箫不用竹，一箭贯当胸。"率兵擒杀张献忠的，是清太宗的长子肃王豪格。"吹箫不用竹"，萧字去掉竹头，是个"肃"字。

古碑上的吹箫诗，对这位大西国的皇帝很不尊敬。其实，真要是一箭穿胸，倒也死得壮烈。可惜没死，从马上摔下来，哆哆嗦嗦地爬到柴堆里躲藏，结果被清兵发现，死狗一样拖出，按在地上砍了头。这情景，形诸影视画面，未免尴尬。

张献忠一向视他人之死如归，不知道刀架到他自己身上时，是吼一句二十年后又是一条好汉呢，还是一把鼻涕一把泪地哀求饶命？以常理推，我更愿意相信是后者。鲁迅《狂人日记》里有言："狮子似的凶心，兔子似的怯懦，狐狸似的狡猾。"正此之谓也。

发表于《香港文学》2024年4月号

荒原上的守候

蔡维忠

一

半夜从利马出发，天放亮时醒来，车已行驶了四百多公里，到达秘鲁南部纳兹卡小镇外的小机场。小机场和小镇的周围是荒原。我第一次听说这个地方，是在很久以前的大学时代，据说在遥远的南美洲荒原上，不知是谁留下了许多巨大而神秘的线条和图画。

我来机场，是为了乘坐小飞机到荒原的上空探秘。

荒原的东边是安第斯山脉，西边是太平洋。来自太平洋的水汽从荒原上空飘过，化雨降落在安第斯山上。山上的水从河流和地下穿过，流回太平洋。水不断循环，荒原则一味干旱，干旱得寸草不生，天荒地老。荒原有个好处，特能保存物品。将一根木桩插在荒原上，千年后它还在那里守候。

从飞机上俯瞰，荒原上有许多自然形成的地形，如小山丘和洪水冲过的水道。荒原上基本上不下雨，年降雨量为两三厘米，还没入地便已蒸发。遇到天气反常的年份，山上大雨滂沱，来不及注入河里，径直泄到荒原上。洪水冲过的地带时宽时窄，掩映重叠，弯曲流畅，处处可见造化的挥洒。

然后，期待中的图像出现了。许多直线和图形映入眼帘，它们在荒原上没有被洪水冲过的地方，形状非常规范，线条宽度均匀，就像黑板上的粉笔画，一看就知道是刻画上去的人工手笔。它们便是纳兹卡线条了。纳兹卡线条如果绘在纸上，或拍成照片，确实像是在黑板上用粉笔画出来的，平淡无奇，一点也不让人兴奋。只有亲临其境，从上空俯瞰，看见它们伸延在荒原上，与山丘并存，让洪水让路，才真的领略到它们的规模，感受到它们的神奇。

荒原上出现了一个长条的三角形。三角形的底边相对窄，腰边却很长，有几公里长。由于太长，从一头向另一头看去，轮廓已经模糊难辨了。三角形被刻画在一个长长的平台上，平台的边界呈不规则形状，两边大片地面密布洪水冲过的水道。我想，平台原是平地的一部分，因为两边的地面被浩浩荡荡的洪水洗刷过了不知多少回，冲得低了，便成了凸起的平台。荒原上的许多线条和图画，都刻画在这样的平台上。这个三角形不是荒原上最长的线条，最长的是一条长达15公里的直线，从飞机上也看不到尽头。

谁刻画了纳兹卡线条呢？现代人把他们称为"纳兹卡人"。他们肯定是不会这样称呼自己的，因为"纳兹卡"是千年以后西班牙人征服印加帝国后给这个地方起的名。根据纳兹卡人留下的神坛、坟墓、陶器、纺织品等物品，我们知道他们于公元前200年到公元600年之间居住在荒原边的河谷里。在他们之前，荒原上已经刻有更古老的线条了。纳兹卡人只不过是发扬光大，刻画出更壮观的场面。他们一代接着一代，前赴后继，将荒原当成大画布，刻画了几千条线条。然而荒原再大，也有画满的时候。于是后人的线条便盖过了前人的线条，就像画家把新画盖在旧画上面。

纳兹卡线条是怎样刻画出来的呢？说来其实也简单。荒原的表面由因铁化而呈暗色的小石块所覆盖，拨开这些石块，便会露出下面浅色的石灰黏土层。只要拨开一溜石块，一条线条便刻画出来了。暴露出来的石灰黏土经水汽（不是雨水）润湿而变硬，使得线条不受风侵蚀而损坏。这种刻画不需要高级的现代化工具，更不会像有人所猜测的那样，要由外星人来完成。纳兹卡人将一条绳子栓在两个木桩上，用它引导画直线。理论上讲，轮流使用三根木桩，可以连成很长的直线。有些木桩就遗留在画好的线条末端，给现代人提供了探究的线索。

因为荒原上没有大雨涤荡，没大风吹动，石块不移动，纳兹卡线条一两千年来也没有被损坏，为我们这些好奇的后人保留着当时的模样。纳兹卡人何其幸运，似乎可以抹去一切的时间并没有抹去他们的图画。而他们何其不幸，在两千年间不变的荒原旁边，他们的命运注定要与荒凉和艰辛交缠在一起。

二

机翼下面有一座小山丘，它的斜壁上刻着一个衣着鼓胀、脸型圆满、右手上举、身高几十米的人。那模样，像是穿着宇航服的人，在向地球人示意。他被称为"宇航员"。宇航员让人联想到外星人。有人认为纳兹卡线条是外星人所为，是宇宙飞船发出的射线刻画出来的。有人则认为，一些图形是指示飞船降落的地方。我年轻时听说荒原上的线条和图画，便伴随着对外星人的猜测。这些猜测都没有证据支持。荒原的地表不够坚实，不能承受飞船降落，甚至连飞机降落也不能承受。而这个"宇航员"也只是现代人的称呼——他也可能是个部落首领。尽管如此，有这个"宇航员"在，外星人便一直是不灭的传说，吸引着无数人前来观看。

夹在水道之间的一个平台上出现一只蜂鸟的图画。真实的蜂鸟为美洲特有，是种小型的鸟，体重数克，身长数厘米，以采花为生。我在安第斯山上看到过几只蜂鸟，它们采花时靠快速拍动翅膀把身体悬停在空中。蜂鸟虽小，喙却很长，这是它们的主要外表特征。荒原上的蜂鸟图画长近百米，将真实蜂鸟放大了一千多倍。荒原上的图画大多勾勒得简单明了，只突出特征。这只蜂鸟的喙很长，几乎占身体全长的一半，便是突出了蜂鸟长喙的特征。

近百米的长度不算短，人若站在一头看另一头，图像入眼会变形。纳兹卡人是怎么把握整个图像，使它不至于变形失调的呢？有学者认为，他们先在地上画一个两米长的小画，将它分成许多小格，然后将每个小格的线条转誊到大格上，从而构成大画。记得小时候看过有人用这种方法放大画，不过那是在纸上。

荒原大地上还出现了一只猴子的图画。这只猴子身长也近百米，最显眼的特征是尾巴呈螺旋形，卷了好几圈。猿猴之类的动物都有把尾巴卷起的习惯。这个图画显然是把这个特征加以夸张了，夸张得耐人寻味。

荒原大地上还出现了鲸鱼、蜘蛛、鹭、火烈鸟、手、树、鹦鹉的图画。那只火烈鸟长达三百米。如果把这些图画当成艺术品，那么纳兹卡人便是艺术家了。纳兹卡人确实有艺术表现的天性。他们将动物、植物、人的图画烧在陶器上，为的是把陶器装饰得更好看。他们把图画刻在荒原上，也不能排除为艺术的可能性。他们的眼光所及，海多阔啊，山多大啊，天多高啊！而小小的陶瓷太拘束了，可能只有广阔的荒原才能表现豪放的情感。越是荒凉阔大的地方，人们的眼光越是投得远，投得高。

可是，视觉艺术有个先决条件，它得让人看。而许多荒原上所画的动物身长达一百多米乃至三百米，站在地上很难一眼看清全貌。古往今来的多少视觉艺术家，都得为观看者着想，让人能够将整个作品纳入眼界。即使不为观看者着想，也得为自己着想；作为创作者，他总要看清楚自己的作品吧！荒原上的图画，在当时大多是无法让人看清不变形的全貌的。

诚然，有些图画靠近山峰，人站在山峰上也许可以领略个大概。秘鲁考古学家，纳兹卡线条的发现者托里比奥·梅希亚·塞斯佩在1927年左右徒步登上荒原边的山丘时，看见了纳兹卡线条。所以在山峰上是可以看得到纳兹卡线条的。但是，许多图画远离山峰，要观看全貌，只可能从天空上看，就像我此时从飞机上往下看一样。而在当时，人类甚至还没有飞机的概念。

美国研究者吉姆·伍德曼认为，从热气球上可以看清图画的全貌。古代纳兹卡人会制造热气球吗？我们不知道。载人的热气球得用一种很坚固又密封的材料。伍德曼选择先回答另一个问题：在这么荒凉的地方，可能具备制造载人气球的材料吗？

伍德曼雇了盗墓贼，从地下墓里收集到纺织品样本拿去分析。他发现纺织品编织得非常紧密，现代人亦自叹不如。他得到启发，以古代纳兹卡人可获得的材料建造了一个纺织品大袋子，倒过来，在里面充满热空气，利用烟雾和烟灰将纺织品的无数小孔洞封起来，使它不漏气。这样，大袋子成了热气球。在热气球下面吊上一个小船，他和懂得操纵热气球的英国人朱利安·诺特坐上去。热气球载着他们飞到将近一百米的空中，突然急剧下降，害得他们还没有着陆便往下跳。卸去重量的气球先是上升，最后摔落在荒原上。他们一共飞行了两分钟。

热气球是造出来了，飞行也算成功了，说明古代纳兹卡可能具备了制造热气球的条件，却不能证明他们真的就造出过这样的气球。考古学家找不到任何古人遗留下的热气球残片，热气球理论成了没有证据链支持的假说。

三

关于外星人的猜想被抛弃，艺术品的理论受质疑，人们一直在问：究竟为什么要画这样的线条和图画？

美国人保罗·科索克和德国人玛丽亚·赖歇是最早的研究者，后者更是把一生都奉献给了纳兹卡线条。他们也要回答这个问题。

保罗·科索克是历史学家，在位于纽约布鲁克林的长岛大学任职，来秘鲁研究古代灌溉系统。他对于荒原上的线条自然是非常感兴趣。线条，可能就是灌溉系统的一部分啊。1940年，科索克在飞机上观察荒原上的线条，看到了鸟的图画。鸟的图画可是超出了水利的范畴。而且，他很快意识到，纳兹卡线条太浅，不能用于灌溉。他的研究方向随即转向。

　　玛丽亚·赖歇来自德国，数学专业出身，能讲五种语言，起初在秘鲁古都库斯科给德国领事当家教，后来搬到首都利马教德语。她听保罗·科索克说荒原上有神秘的线条和图画，立即决定搬到纳兹卡给他当助手。她负责测绘纳兹卡线条，制地图。科索克在1948年左右离开秘鲁，玛丽亚·赖歇接管了研究项目。

　　玛丽亚·赖歇是个内向孤僻的人，和那些神秘的线条一样让人费解。有一回，一个醉汉用石头威胁她，她拿出六分仪与其对峙，把醉汉吓得落荒而逃。第二天，当地报纸报道，本地住着一个疯狂的德国女间谍，手持武器。她被指为德国间谍，因为时值第二次世界大战，秘鲁站在同盟国一边，视德国为敌人。她只能慢慢地说服他们，澄清自己是科学家，在研究很重要的课题。

　　玛丽亚·赖歇住在荒原边沿公路边的一所小房子里，守护着纳兹卡线条。她经常拿着扫帚出去把线条清理干净。扫帚用坏了一把又一把，数量连她自己也记不清楚。别人看见她整天拿着扫帚在荒原上游荡，又开始联想，认为她可能是个巫婆。

　　外星人的说法引来了无数游客，脆弱的线条随时可能受到损坏，这大大地增加了玛丽亚·赖歇保护线条的工作量。如果有车辆和游客企图靠近线条，她便把他们赶走。想来研究图画的科学家，也被她视为入侵者，照样赶走。随着年岁增加，健康逐渐恶化，她坐上了轮椅，仍然是一个守护者，不许入侵者进入。为了保护这些线条，她花钱雇佣保安，甚至在公路边建造起一座高塔，让游人观看线条。她的努力终于引起了秘鲁政府的关注，下令保护线条。

她于1998年病逝，享年95岁。她生命中最后的五十多年，都奉献给了荒原上的这些线条。她住过的地方被辟为博物馆，博物馆以她的名字命名，我乘飞机的机场以她命名，街道和学校也以她命名。纳兹卡线条被联合国教科文组织指定为世界遗产；而玛丽亚·赖歇被视为纳兹卡线条的守护神。

玛丽亚·赖歇和保罗·科索克很早就提出了一个关于纳兹卡线条的理论。1941年6月南半球冬至这一天，保罗·科索克在夕阳下观察到，荒原上有一条直线指向落日。他认为这是冬至的标志线。六个月后的夏至，玛丽亚·赖歇观察到了另一条线，认为是夏至的标志线。他们认为，纳兹卡线条是个天体日历。用科索克的话来说，它是"世界上最大的天文学书"。

从水利到天文，其实不是很大的跳跃。水利属于农业，天文学的日出日落变化和所伴随的节气变化知识，在古代也是应用于农耕，是关乎人类生存的大事。那么那些动物图画又代表着什么呢？玛丽亚·赖歇认为，它们是星座在地上的重现。她在书中阐述，荒原上的猴子图画是对大熊星座的解读，大熊星座在夜空中的运动，可用来标记时间并预测雨季的开始。

玛丽亚·赖歇和保罗·科索克的天文学理论无法被学者们接受。他们发现了两条线条，正好标志着冬至和夏至，她还发现了其他支持她理论的线条和图形。可是，荒原上有几千条线条，从这么多的线条中找出一些线条，正好对应着某种天文现象，这也完全可以用巧合来解释。其他那么多线条，又该如何解释呢？

如今，人们只将纳兹卡线条的守护归功于玛丽亚·赖歇，对她和保罗·科索克的理论却不采信。为什么要在荒原上刻画线条和图画？很多严谨的学者提出各种理论。如果用严格的标准来衡量，没有一个理论可以解释所有的线条和图画。

四

也许我们不能要求学者们用一种理论解释荒原上所有的线条和图画，也许一个或几个符号就代表一种愿望、诉求或功用，在每一个人心中形成各自独特的叙述。至少在我心中就有这样的叙述，我为荒原描绘的故事，开始于水。

在这个缺水的地方，当人们跑到荒原上去挥洒汗水，画出巨大的符号时，荒原时时刻刻在给他们施加着压力，提醒他们：水、水、水！水是他们生命的中心，也是他们生命的死穴。水一断，他们就无法生存。河流的旁边就是荒原，因而可以想象，河水一定也不充裕。确实，纳兹卡周围的河流一年当中至少有几个月断流，甚至一连好几年都断流。河水常常干涸，迫使他们挖掘地下水，并修建地下水道。只有挖出水来，生存才有保证。悠悠万事，唯此为大。

如果说他们祈望得到源源不断的水，为了水才在荒原上挥洒汗水，那么我们就不会觉得这一切不可思议了。如果说他们是在抒发一种情感，那么这种情感也必然包括对生存的渴望。如果说他们的目光投得远，看得高，那么他们应该是在寻求一种关乎生命却超越人类的意味。

那蜂鸟会有什么意味呢？他们知道，蜂鸟传递花粉，在生命繁殖中起着非常重要的作用，蜂鸟是生命繁殖的象征。在当地的传说中，蜂鸟并不是单纯地传递花粉，而是为山上的神传递信息。他们膜拜山上的神，是因为水从山上流下来，是神所赐。莫非，他们把蜂鸟放大，定格在大地上，是想让神无时无刻不感受到他们的祈祷而赐予他们无尽的水？

那猴子的螺旋形尾巴又有什么意味呢？我从飞机上看到，干涸的河道边有一排大井。纳兹卡人在河边修建地下水道，并沿着水道挖一排大井，以便取水。因为大井打得很深，他们沿着井壁修建台阶，供人走下去。从上面往井底看，台阶呈螺旋状。这螺旋的阶梯和猴子的螺旋形尾巴，实在是太像了！螺旋，就是通往水的路径啊。莫非，他们期盼猴子帮他们找到通往水的新的路径？

其他构成荒原图画的线条会有什么意味呢？所有这些图画都有个共同的特征：仅由一条线构成，线的任何一处都不与任何其他部分交叉。因为线的宽度可达半米，可以把它当成路，允许人沿着线路走动。人如果从线上的任何一个点向前走动，最终会走回到那点。把任何点当成起点，起点也就是终点，前程就是归程。每个图画的线条其实既无起点也无终点，所以如果在线上走，就可以无穷无尽地走下去。因此，每个图画都是个无穷无尽的循环。循环意味着源源不断。莫非，他们在表达一种最殷切的期盼：河里的水，地下的水，源源不断地流淌，去了复来，循环不断？

有研究者发现，纳兹卡人还真的把荒原上的线条当成路来走。沿着固定的线路走循环的路，便是庄严的仪式了。我想，如果我是首领，一定会把仪式举行得盛大隆重。我会领着成百上千的人，让每人手里持着火把，在夜里沿着一个图画的线路走动，一直走到午夜，甚至走到黎明。火把会将图画点染得生龙活虎。那该是多么壮观的场面，希望能感动山上的神，将水赐给他们。即使没有感动神，也能激发自己的信念，增强自己的信心，更加尽力去寻找水，达到同样的效果。我们不知道他们是不是真的举行过这样的仪式，但我们知道，他们总能够在地下找到足够的水，使他们将一个奇特的文明维持了长达八百年。

遗憾的是，到了公元500年至600年间，更严重、更持久的干旱出现了，水终于彻底干枯了。这是拜厄尔尼诺-南方涛动所赐。这种气象发生于南美洲沿海，气温冷热交替，但不按照季节变化，甚至也没有固定的周期。如果遇到超级厄尔尼诺，则更会造成长时间的干旱。纳兹卡人恐怕把最深的井都挖了，把最虔诚的心愿都袒露在荒原上了，把最珍贵的生命都奉献上了，水，还是断了。于是，他们只能往山上迁移了。水不再往低处流，人只好往高处走。他们留恋地回望荒原上那些充满着循环意味的图画，告别了祖祖辈辈居住了八百年的乡土，一步步向山上走去。纳兹卡人不再回来了，荒原上没人画画了。

我乘坐的飞机结束航程飞回机场，飞机准备下一次飞行。日复一日，飞机沿着既定的线路往复。古往今来，多少事物一直在类似地循环着；日月落下再升起，水汽上山后水流回海洋。循环无穷无尽，地久天长。而荒原上的图画已经跳脱了循环，它们不增不减，不生不灭，不喜不忧，地久天长地守候在那里。

发表于《散文》2024年第9期

追谒乡贤蒲松龄

李文心

2023年仲夏，我于疫情后首次回故乡淄博探亲。那时，持续了数月的烧烤热依旧不退，突然间刀郎的《罗刹海市》又横空出世，一个在山东也算不得大城市的地方，热度像火山喷发后那样一发不可收拾。游人从全国各地纷至沓来，尤其是弹丸之地的蒲家庄，更挤得水泄不通。大家可以想象，一千多人的村落，每天接待上万名游客，那是怎样的一幅图景！

虽然我生于斯长于斯，此前却从未到聊斋故地拜访。说来惭愧，但这绝不是对柳泉居士的不屑。我年少时，就知道母亲工作的柳泉路是以蒲松龄的号命名。家里来了有文化的客人，父亲也会带去聊斋参观。而我，则在课本上念过他的故事，还知道郭沫若给他的题词："写鬼写妖高人一等；刺贪刺虐入骨三分"。所以，蒲松龄的大名早就如雷贯耳。然而，人的惰性就是如此，我成人之后，去国之前，本来有很多闲暇去参观聊斋。但既然是近水楼台，又何必急于得月？就像我在北京读书时，周末假日，常与室友结伴去慕名已久的景点，长城啊，故宫啊，玩得不亦乐乎。而北京本地的同学，则无一例外地回家猫着，从不与我们到处疯癫。

回程的前一天，天上飘着小雨，闷热的天气稍见凉爽。

我决定趁势到蒲家庄走一趟，去朝拜这位目前热度世界第一的大文豪。车还没到村口，就远远排起长龙。我索性下车，加入摩肩接踵的队伍。雨大了，人们撑起伞，密集的人流，在青石板路上循序前行，礼让不乱。我心里暗说：老前辈，您的小乡亲看您来啦。由于时代的关系，我从小远离四书五经，后来又误入番语夷言之道，背井离乡。用现今的话说，我也算鬼怪的一类，名曰假洋鬼子。因为住得实在远了点儿，所以来迟了，失敬失敬。

之前我听到一个传说，讲蒲松龄曾在柳泉边的草亭里置茶待客，听过路人讲鬼狐故事，然后笔录成文。可惜这则鲜活生动的轶事，后来被行家批评为不靠谱。我倒宁愿相信，蒲老此时正闲坐在窗前，望着雨滴从豆棚和瓜架上溅落（王士禛诗意）。我想告诉老人家，我读过《狐谐》，对上面的红毛国尤其感兴趣，因为我是从黄毛国来。那黄毛国原是红毛国的亲家，在二万六千里外的东海边，应该离罗刹国不远。黄毛国也有人写鬼怪故事，因为没得到您的真传，顶多算是半把刷子。黄毛国的人把这些作家奉为元老，可对您来说，他们都是小辈儿，晚了一百多年呢。

我仿佛听到先生说："老夫愿闻其详，尔且细述之。"于是我接着说，那黄毛作家中有个领头的，写过这么一个故事：一位老汉惧内，躲到山上打猎，巧遇他乡来客，于是酒逢知己千杯少，一醉方休二十年。待他酒醒下山，江山已经易主，换了人间。还有一个女诗人，挺擅长写阴间之事。有一首写两个死人下葬，在坟里隔着土墙聊上了。一个问：你咋壮烈的？答曰：我为美丽而舍生。你呢？我为真理而取义。这对志同道合的难友聊啊聊的，完全没有时间观念，直聊到青苔爬上墓碑，覆盖住他们的姓名。

蒲老靠着座垫，似乎点了点头。我赶紧说，还有一个写故事的，对鬼狐倒没多大兴致，也写些稀奇八怪的事。比如有个少妇，美若天仙，脸上却有块胎记。一日她夫君说：我给你弄掉吧？此君乃远近闻名的大方士，现在的话叫杰出科学家。这娇妻虽然害怕，还是同意了。首选方案是手术割除，但方士做了个梦，梦到手术风险太大，就调了一剂药，妻子喝下去胎记就不见了，但人也死了。我觉得要换您来写，一定会让美女化作鬼魂来找他夫君。至于下面该怎么写，我就不知道了。另外，他写故事有个特点和您一样，就是喜欢在结尾点明要义，以免读者看不明白。他的同伴都不这样做，也不知他从哪里学来的这一手，但肯定不是从您这儿，因为那时候您的《聊斋志异》还没翻译成黄毛语呢。

想着说着，就到了聊斋大院，古朴敦实的牌楼门，一下把我拉回到现实来。我多么希望老人家在天有灵，能看到蒲家庄现在的模样。因承惠他的恩泽，蒲家庄得以大兴土木，变成了全国著名景点。村口建起了气派的石头牌楼和宽阔的大街，每天车水马龙，游人络绎不绝。路边清一色的商铺和酒店，一派兴旺的景象。他那几间透风撒气的茅屋，经过几次扩建和修缮，已成了规模不小的庄园。虽然比起他老东家毕府还差得很远，但是在本庄里，那绝对是一等大户。

进得门来，只见绿树、翠竹、红花交相掩映，石凳、石桌、月门错落有致。由前院到后院，再到大大小小的展厅，各处搜集来的和先生有关的物件、书籍和资料，应有尽有。就以题咏斋主的名人字画为例，据说超过六百件。因为场地有限，每次只能展出一小部分。我那天见到的，除了郭沫若，还有刘海粟、老舍、方成、李希凡和李苦禅等人的作品。这个情形不难想象：全中国最知名的文化名流，都似过江之鲫，纷纷涌入鲁中偏远的村落，来朝拜这位71岁高龄时靠援例才及第的岁贡生。他们所留下的字画，竟有台北故宫博物院的排场：因宝物太多，需分批布展。

立身于这个历经沧海桑田之变的院落，脚踏这片坤厚载物的亘古之土，我思绪万千。1658年，19岁的蒲松龄初应童生试，旋即以县、府、道三试第一，夺得山东秀才的头筹，可见他青春少壮之时，便才华出众。但令人百思不解的是，在此后半个世纪里，他一鼓作气参加了十余次乡试，皆屡战屡败，名落孙山。74岁时，儿子请了名画师为他作像，他题辞如下，盘点人生："尔貌则寝，尔躯则修。行年七十有四，此两万五千余日，所成何事，而忽已白头？奕世对尔孙子，亦孔之羞。"这是蒲老自谦之词，表述此生一无所成，让后世子孙蒙羞。

虽然蒲松龄对《聊斋》的文学价值颇有自信，无奈当时欣赏他的，仅寥寥知己而已。他万万料想不到，身后五十年已有刻本，百多年后，评点刻本已有数部。至民国，《聊斋》已入文学史。到如今，从教材、读物到戏曲、电视剧和电影，《聊斋》铺天盖地，已成最为人熟知的文学经典之一。此生所成何事？所成者大矣！

我望着老人家悬挂在聊斋正堂的画像，感觉三百年时空的间距悄然弥散了。我怀着敬仰之心，沉浸在他淡然自若的气场里。他身着灰色贡生服，头戴红顶帽，高凸的颧骨，稀疏的银须。江南画家朱湘麟所作的这幅肖像，是唯一传世的蒲松龄真容。从他脸上，看不出一丝心酸和失意，也看不出任何孤傲和威严。我眼前是一位跨越古稀的智者，他气定神闲，和蔼可亲，洗尽了壮怀激烈和愤世嫉俗，只落得东坡居士所谓"也无风雨也无晴"的洒脱心境。画像上还有另一则题词："作世俗装，实非本意，恐为百世后所怪笑也。"儿子要他穿上贡生服画像，他觉得有些别扭，又不得已而为之，所以担心后人耻笑。"怪笑"二字，有如神笔，把他当时的窘迫心理惟妙惟肖地展现出来。我含笑不语，庆幸与蒲老有了一次心有灵犀的沟通。

蒲松龄的一生，表面平淡无奇。但他为我们留下一部不朽的《聊斋》，使后人得以窥见他内心的波澜壮阔。人生失意，使他避世寻道，通过写鬼说狐来评判社会，抒发理想。他创造了一个"秋萤之火，魑魅争光"的世界，我们透过这个虚拟的世界，看到了他所处时代的缩影。他生于小康人家，本无衣食之忧，青少年时得以专心读书，尽情吟诗作赋。他初出茅庐即获秀才榜首，可谓顺风满帆。但后来兄弟分家，他生活变得窘迫，被迫外出教书为生，清贫度日。他是传统儒生，视中举入仕为唯一崇高的人生目标。他为什么屡试不中，专家学者有各种推论，因为缺乏物证，我们也无从了解真相。但有一点可以肯定，蒲松龄真正的才华，不在应试八股文，而在于小说创作。

然而，小说在当时属于粗鄙浅俗的街谈巷语，是上不得台面的雕虫小技。他事业有成的好友，包括孙蕙，纷纷劝他要集中精力备考，不要在歪门小道上浪费时间。王士禛是当朝刑部尚书、诗坛领袖，也是蒲松龄友人中官阶和威望最高的前辈。他欣赏《聊斋》，曾题诗曰："姑妄言之姑听之，豆棚瓜架雨如丝。料应厌作人间语，爱听秋坟鬼唱诗。"（1689）尽管他视给人作序为乐事，但始终不肯为《聊斋》写序。他可能担心，如果公开认可鬼狐故事，会损害他的身份和名誉。这也从侧面反映出蒲松龄创作环境的险恶，但他志向已定，一边应试，一边创作，双管齐下，终生不渝。

《聊斋》是一部孤愤之作，是他仕途受挫，情感遇阻的产物。他效仿司马迁、屈原，企望以激昂隽永的文字留名青史。司马迁耗尽毕生精力，忍受身心奇辱，完成跨越三千年的纪传体通史，被鲁迅赞为"史家之绝唱，无韵之离骚"。司马迁常在篇目结尾作标志性评述，称"太史公曰"。蒲松龄效仿此例，在故事的结尾有"异史氏曰"。可见他是从史家的角度来写《聊斋》，虽然是稗官野史，也要有史家的责任。这就是他为什么选择文言来写《聊斋》，而不用白话。鉴于宋朝已出现白话小说（话本），明代四大名著《三国演义》《水浒传》《西游记》《金瓶梅》已为小说创作奠定白话基调，蒲松龄的文言小说更显得逆势而为。

单就小说创作而言，白话比文言优势更大。《聊斋》故事中对于景物的描写非常出色，让我想起唐宋八大家的韵味，特别是柳宗元。但其人物的对话，虽然作了口语化处理，依然文绉绉的，不似《聊斋俚曲集》那样畅快淋漓。但蒲松龄既然有志于史，作为清初之人，难于割舍文言，也可以理解。中国知识分子对于文言文的至深情怀，一直延续到近代。比如鲁迅，推行白话文可谓不遗余力，而一旦写史（《中国小说史略》），富丽堂皇的文言又登堂入室了。甚至，他在第一篇白话文小说《狂人日记》（1918）的开头，也按捺不住，加上一个精美的文言文前言。历史学家邓嗣禹于1936年出版的《中国考试制度史》，也是用文言写成，可以佐证史家对文言文的崇尚，直到民国中期仍然不衰。

《聊斋》的题材有三大类，其中篇幅最多、成就最大的当属爱情故事，其次是抨击科举和针砭时政。后两类虽然也不乏名篇，比如《叶生》和《司文郎》痛斥科举制度对书生的残害，《席方平》和《促织》揭露社会腐败和不公，但是，在中国文学史上光芒最为璀璨的，还是要数《画皮》《莲香》《婴宁》《娇娜》《狐梦》《绛妃》《连城》《狐谐》等篇。这三类题材他都切身感受，刻骨铭心，不吐不快。古人云：日有所思，夜有所梦。弗洛伊德认为，梦是欲望的满足。蒲松龄渴望金榜题名，荣华富贵。他青年时代胸怀远大，愿为国家栋梁，他的楷模是唐人郭子仪。但现实中，他只能寄人篱下，做收入微薄的私塾先生。他41岁丧母，但兄弟几人一起凑，也不够办体面丧事的钱，只好去借，可见他人到中年时，生活依旧是捉襟见肘。

蒲松龄人生中的高光时刻，是他30岁时赴江苏宝应县，担任知县孙蕙的幕宾（文案）。这段经历虽然只有短暂的一年，但对于《聊斋》创作却至关重要。他不但目睹了官场的腐败和黑暗，而且遇到了他终身难忘的艺妓顾青霞。《离骚》中的美人，往往是屈原对贤明君主的代指。对美人的追求，则是抒发自己对完美政治理念的向往。而《聊斋》中多种美女形象，则体现了蒲松龄对爱情的寄托和向往。如果说，他在南下前创作的美女形象，可能是广义的综合加工而来，那么，他回乡坐馆毕家后所创造的美女人物，许多是基于现实中的一个原型：孙蕙的侍妾顾青霞。蒲松龄初入孙府即认识了这位江南少女，她不仅人美，而且通音律，善弹唱，爱吟诗词。孙蕙爱妾成群，顾青霞并不受宠。所以蒲松龄对她的爱慕中，又增添了几分怜香惜玉之情。

特别触动他的，是顾青霞对诗的理解和她莺啼般的嗓音。蒲松龄不仅专门选出唐诗百首供她诵读，而且写下数十篇诗词来咏叹她的音容笑貌。其中《梦幻八十韵》长达九百字，比白居易的《长恨歌》还要长。在我印象里，只有《离骚》和《孔雀东南飞》超过这首诗的长度。在古代，这么长的诗歌极为少见，可以佐证蒲松龄对顾青霞魂牵梦索的爱慕。顾青霞是否回馈蒲松龄的爱，我们不得而知。有一种说法是，蒲松龄有意让孙蕙将顾青霞赠与他，而孙并无此意。古代文人将爱妾赠友司空见惯，比如苏轼以妾换马的故事（出自冯梦龙《情史类略》）。虽然这是小说虚构的情节，但至少从侧面证实赠妾的风气之盛。蒲松龄返乡后，到当地名门毕际有家当家庭教师，直到七十高龄退休。他白天教书，夜晚写作。夜深人静之时，顾青霞的倩影一直活跃在他脑海里，激励他创作出许多名篇，包括《连锁》《宦娘》《娇娜》《连城》《狐谐》《宦娘》《绿衣女》《白秋练》等。

蒲松龄对中国文学最卓越的贡献之一，即在于他创造了一批鲜活、独立的现代女性形象。她们不听命父母之言，不依附有权势的男人，可以放手、大胆地追求穷困潦倒的书生。虽身为鬼狐，也爽朗活泼，温柔可亲，令人"忘为异类"（鲁迅语）。基于这些特点，我们可以说《聊斋》表现出划时代的意义，并且具备了现代小说的萌芽，对后世影响深远。尤其值得一提的是，《狐梦》一篇中，狐女竟然请托主人翁，要聊斋先生将其写进《聊斋》。三百年前的作品，具有如此清晰的"元小说"元素，更令人刮目相看。

当然，《聊斋》也有不尽完美之处。比如有些故事很短，情节没有展开。最短的一篇是《赤字》，只有区区三句话，25个字，比一个故事提纲还要短。有的故事很长，出现了结构统一性的问题。比如《罗刹海市》，全文三千六百余字。从结构上看，似应分为两个故事，一是马骥游罗刹国和海市，二是马骥和龙王公主的爱情故事，因为两个故事各自相对完整，相互没有必然联系。还有《冤狱》一篇，评论比故事本身还要长，显示蒲松龄讲故事未能尽兴，干脆来到前台，把案件的意义说清楚。三百年前的人或许认可这种写法，但以今天的标准衡量，这种既当作家，又当批评家的做法，显然是越俎代庖了。

整体来看，《聊斋》近五百篇中，名作众多，瑕不掩瑜，不愧是中国文学的瑰宝。它不仅对中国文学，而且对世界文学产生了巨大影响。虽然有些学者已经注意到《聊斋》对《红楼梦》的影响，但这方面的研究尚且没有完全展开。我们很难想象，如果没有《聊斋》，《阅微草堂笔记》《儒林外史》《镜花缘》等版本会是现在这个样子。蒲松龄的另一位老乡莫言，在接受诺贝尔文学奖的演讲中公开承认是蒲松龄的传人。他的名作《生死疲劳》的叙事框架取自《席方平》，轮回转世，人兽互变的情节，也来自《聊斋》。阿根廷魔幻文学大师博尔赫斯以短篇小说著称于世，他对《聊斋》推崇备至。在他最喜爱的世界作家中，唯一的中国人就是蒲松龄，并推荐16个经典故事，其中包括《画皮》和《梦狼》，可见蒲松龄对他的影响之大。自从《聊斋》于1880年首译成英文后（书名是《来自中国书房的怪异故事》），迄今已有二十多种外文译本，影响到众多作家。著名作家弗朗茨·卡夫卡和加西亚·马尔克斯的作品中，都可以看到《聊斋》的影子。

蒲松龄的一生，像他的故事一样诡异。他才华横溢，却平凡终生。他应试一世，却全无功名。他教书育人，弟子却无一人中举入仕。他的幻灭感太强烈了，以致在《聊斋自志》（1679）中作如下自我写照：夜半灯暗，桌案冰冷。他像只霜打的寒雀栖于冷峭的枝头，像只悲月的秋虫伏在栏杆上取暖。大千世界，没有人理解他。如果有，也只会是阴间的鬼魂了。殊不知，有心栽花花不开，无心插柳柳成荫。他所泄愤自娱的《聊斋》却被后世"鬼魅"所领会，成就他永世英名。多少令他羡慕的达官贵人、进士状元，早已化作粪土，没人记得。而今，他和屈原、司马迁、李白、杜甫和苏轼等同列中国文学榜首。这种命运反转的怪诞意味，想必会让他老人家在冥界会心怪笑吧。

发表于《美文》2024年第8期

我与"大人物"

刘荒田

引语

我在美国旧金山一家五星级酒店服务了28年。前11年在送餐部（专给客房送食物），后17年在宴会部，性质都和餐厅近似。区区小人物，在与世界级名人零距离，即肢体接触的趣闻有两桩：

1994年某一天，我乘巴士去上班，那是凌晨四点多。下了巴士，在泰勒街走。街上寂静，偶有遛狗人走过。这是钠山，属高级住宅区，街灯密布。我走着，左侧街角一张大海报吸引了我，我边走边看。突然，我的左肩猛烈地撞上什么。急忙掉头，哎哟，撞上人了！我抚摸一下有点火辣辣的肩膀，急忙说对不起。迎面走来的人物，这么面熟？哦，是前总统尼克松。他和一个比他高大，年轻的白人男子并肩走，尼克松的头部偏向伙伴，指手画脚地说什么，与我一样不留神路况，所以撞个正着。他毫不介意，听到我的道歉后摆摆手，微笑着说不要紧。继续走路，发议论。我站在老地方发愣，看他俩隐没在夜色中。

1996年，"全球论坛"在旅馆举办。全球政要来了不少。开幕式在晚间举行，此前有一个鸡尾酒会，地点是视野遍及半个旧金山湾的"阁楼"的大阳台。我和同事们捧着银盘子，上面放着十多只盛上香槟的高脚杯，在密匝匝的人丛中穿行。美国有线电视网（CNN）创办人兼总裁特纳先生从银盘上拿了两杯，把其中一杯交给新婚夫人珍·芳达。我读过他的自传，知道他在大学生时代是参加世界锦标赛的帆船选手，如今是炙手可热的媒体大亨。而后者，是名满天下的好莱坞明星。他礼貌地对我点头。随后，因前面太堵，我打算退后，右脚在身后，似乎踩到什么，连忙缩回。掉头一看，踏在一只皮鞋上，留下一个小印。我马上转过身，最先看到的，是对方额头上一块形如苏联地图的痣，是前苏联总统戈尔巴乔夫先生！我诚恳地道歉。他对着我笑，表示没关系。他并不懂英语。

肯尼迪家族的两代人

洋鬼子有谐谑：要问淑女和荡妇距离多远？答案是：隔三杯"马天尼"（马天尼是最流行的鸡尾酒之一，女士尤其喜欢）。我借来一用：要问"政客"和"老实人"的距离多远。答案是：隔五杯"螺丝批"。

1988年，我在旅馆的送餐部上夜班。一天，经理吩咐我，今晚去位于主楼的388号套间当调酒员。我马上做准备，按照订单去仓库领了伏特加、威士忌、杜松子酒等烈酒，葡萄酒、橙汁、西柚汁、苏打水、各种汽水，以及作为杯饰的腌橄榄，柠檬片。还有佐酒小食——一盘乳酪杂锦，一盘马铃薯片，一碟花生米。我把这些东西推进去，在客厅一侧的小酒吧里放饮料，在咖啡桌上摆食物。

这段时间，全美民主党在旧金山举行一个重要会议。该党的大人物都来了。而费尔蒙特旅馆的老板，是民主党的铁杆支持者和金主。投桃报李，民主党的要人来旧金山，必下榻于此。会议白天开，晚上自由活动。各人进行私人社交。房间内开酒会的不止一处。

晚上近八点，晚宴结束，各人回房。这是鸡尾酒会开始的时间。我在套间内恭候。门开了，进来的是爱德华·肯尼迪先生。这位国会的重量级参议员，经常在电视台亮相，谁不认得？我向他打招呼，他客气地和我握手，寒暄。我问："您喝点什么？"他的手指在吧台上敲两下，说："螺丝批，用'绝对'"。我说好的。调制"螺丝批"（Screwdriver）手续简单，一盎司伏特加上大半杯橙汁。"绝对"牌伏特加（Absolut Vodka）是名牌，完全由天然原料——水和冬小麦制成，与其他伏特加不同，不添加任何糖分。我调好，放在他面前，他谢过，拿起杯子，去客厅的长沙发落座，用遥控器打开电视机，看美式足球直播。

我在酒吧里头，无事干，看着七八公尺以外的男人，国字脸，中等身架，意气风发的模样。千万不要小看，他所属的肯尼迪家族，是美国最显赫的政治世家之一。他1932年出生，这一年56岁，正当盛年。哈佛大学毕业，然后在维吉尼亚大学取得法学学位，在麻省一个县担任助理检察官。1962年，因代表麻省出任联邦参议员的哥哥约翰·肯尼迪当选总统，参议员席位需补缺。他出马参加特别选举，旗开得胜。这一年才30岁。两年以后，再度竞选同一职位，如愿以偿，任期六年。然后，每次角逐连任，都稳操胜券。到这一年，已在参议院干了

16年。他的大哥死于飞机失事，二哥担任美国总统时被暗杀，担任联邦司法部长的三哥罗伯特也横死枪下，他成了家族的掌门人。1980年，他为争取担任民主党总统候选人与卡特对决，败于后者手下。

不一会，两个年轻人敲门，我开门迎客。要不是下午读了英文报纸，做了功课，还不晓得兴冲冲地进来的是何方神圣。个子稍矮的壮汉是约瑟夫·肯尼迪，主人的三哥罗伯特的长子，36岁，去年起代表麻省第八选区出任联邦众议员。个子高，窄肩膀，模样像大一新生的，是主人的儿子帕特里克。人不可貌相，就在这一年，他以在学新生的身份，竞选第九选区民主党众议员提名，锐不可挡，已连任五届的老将铩羽。他代表罗德岛担任联邦众议员时，才21岁，是家族中出任民选公职的所有人中最年轻的一位。

年轻人的言行举止和一般老美没两样，态度随和地走近酒吧，老的要了一杯梦露红葡萄酒，另一个要了一瓶矿泉水。我问约瑟夫，今晚是什么派对。他说，就我们三个人。原来是家庭聚会。

眼看家族中的新一代气势如虹，说主人不得意洋洋是骗人。他放下杯子，左手搭着侄子的肩膀，右手搂着儿子的肩膀，在长沙发前站了一会，说了亲切的家常话。然后让他们都坐下。这么一坐，他就懒得站起来了。我看到他的"螺丝批"差不多喝光，走过去，问：再来一杯好不好？他豪迈地回答："当然。"两个年轻人可能没在宴会上吃饱，一个劲地吃小食。

作为职业规矩，我不能站在旁边偷听。只待在酒吧里，盯着各人的杯子，空了就再调制一杯。主人越喝越起劲。我暗里数数，已喝下六杯，单是酒精，有小半瓶进肚，如果酒量一般，怕要瘫倒或者发酒疯。可是他行，脸孔泛红，嗓门越来越大。

主人喝光第七杯“螺丝批”，酒意难抑，把杯子放在咖啡桌上，双手叉腰，对着侄子和儿子发表演说。我虽距离不近也听得清楚。他说小时候和三个哥哥的故事，做游戏啦，抢玩具啦，互相打气啦，充满趣味。年轻人哈哈大笑。气氛渐渐严肃起来，他说到当总统的约翰，当司法部长的罗伯特，为他们英年早逝而哀痛莫名。年轻人低下头。都是血肉相连的亲人啊！继而谈到美国的前途，身为政治家的抱负，对晚辈的期许。到最后，热泪滂沱。三个男子汉抱在一起。

沉默了十多分钟。主人向我举了举杯子，意思是再来一杯。我把螺丝批送上。两个年轻人也各要一杯饮品。聚会到了尾声。主人逐个叮嘱，看来他们因公事繁忙，一年见不了几次面，今晚如其说是应酬，不如说是两代政治家的坦诚交流。我目击的三个男人，都没有戴面具。也许，酒精教老谋深算的主人撤掉心防。

10点多，两个年轻人告辞。他们虽是国会要人，也合住一个单间。11时，我收拾好东西，向主人告辞。他躺在沙发上，站不起来。酒劲上来了。

第二天早上，我给客房送早餐，在电梯口遇到这两个年轻人，都背着大背包，匆匆忙忙地离开电梯，往外走，看来是赶飞机。约瑟夫责备堂弟赖床，后者辩解。两个人吵起来。我在旁暗笑。

从2023年回头看。掌门人爱德华当了47年联邦参议员，2009年病逝，得年77。约瑟夫担任联邦众议员至1999年。

帕特里克2011年卸任代表罗德岛州的联邦众议员。自此，肯尼迪家族无人在华盛顿任公职，这是63年来的首次。

韩国总统卢泰愚

1990年6月初，太平无事的旧金山有了异样的动静。位于旧金山市区北部的钠山一带，多了许多警车。摩天大楼旁边有直升飞机巡逻。报纸和电视台报道，韩国总统卢泰愚到访，下榻于费尔蒙特酒店。整个访问团包下主楼第七层。每天两千美元的套房——731号归总统和夫人。它含两个卧室，一个厨房，一个客厅。

卢泰愚一行此来，是和正在美国访问的苏联总统戈尔巴乔夫举行会谈。抵达次日，送餐部经理把我以及另一同事——菲律宾裔的达里奥找去，交代一桩紧要任务：侍候他们吃午饭。

中午12时，我俩提前走进套房的餐厅作布置。食物已由大厨房备好，放在带轮子的加热箱。我们是识途老马，并不紧张。餐厅里一张长方形桌子，一端摆着一张扶手椅。两边各放七张椅子。一共15人。除了我俩，还有一位，他叫约翰，是旅馆内意大利餐厅的副经理，白人，不到30岁，长相英俊。我们穿侍应生的制服，他却穿晚礼服。三人在一起低声闲谈，约翰说，是韩国方面提出的，侍候总统的必须是"模样好看"的年轻白人，得先经韩方官员目测，认可。言下不乏得意。

时间到了，我们三个各就各位。约翰站在桌端旁边，手拿一瓶用餐巾包裹的酒瓶，这是加州纳帕谷罗伯特·曼得维酒庄出产的"霞多丽"白葡萄酒，价格中等（一瓶约40美元），普通人也喝得起。特别处在于，约翰手拿这一瓶，以及一瓶采自阿尔卑斯山的意大利"圣培露"矿泉水，都只属于总统，不得和任何人分享，这是韩国管总统饮食的官员预先说明的。其余就餐者喝的酒和矿泉水和总统的一样。

第一次见到卢泰愚。这一年他58岁，中等身高，典型的韩国国字脸，步履矫健，威严自在。约翰拉椅子，侍候总统坐下。随后，各人就座。这是工作午餐，省掉了客套。我们给各人面前的酒杯、水杯斟葡萄酒和矿泉水。然后，在各人面前摆下沙拉，往蔬菜上浇沙拉油。由于语言隔阂且总统在场，没有一个人提出特别要求。我和同事暗里庆幸，真省事。

刀叉声中，卢泰愚讲话，然后官员发言。我不谙韩语，只好瞎猜。既然工作是主轴，那么，在座的就是陪同总统的全部高官，如外交部长、驻美大使、总统的特别顾问、新闻官，如此之类。他们的议题，该是与下午将举行的会谈有直接关联。按理说，全属国家机密。幸亏韩语不是谁都懂的语种。韩方在选侍应生时给旅馆交代过：懂韩语的不要。

沙拉吃完，给每人上一碟浇上白汁的海鲈鱼。三位侍应生肃立在旁。我扫视各位，及时添酒及矿泉水。所站位置离卢泰愚仅数英尺。他的装束、神情看得一清二楚。生来是英武之相，职务又加了分，遂有了一种无可替代的气势，使得他在任何场合，得以和所有部下区别开来。官员们纷纷发言，有时提高嗓门争论。瘦高个子的外交部长发言较长，可能是就各位的意见做综合。总统只管听，并不多话。

十多分钟过去。主食吃完。给每人上一块乳酪蛋糕，可能时间到了。有的吃了一口，有的没碰，便站起来。待总统离开以后，他们鱼贯而出。本来还要上咖啡和茶水，但来不及了。

美国总统克林顿

上世纪90年代中期的一天，现任总统一行驾到，被"空军一号"运来的两辆防弹专车停在酒店的停车场。酒店并没为这"最重要贵宾"做特别的准备。唯独一人忙碌些。他叫汤姆·沃尔夫。别看头衔Concierge并不惊人，中文的新译为"礼宾员"，旧译是"门房"。这一职位是任何一家豪华酒店的"门面"。沃尔夫先生尤其是全美旅馆业礼宾员的标杆。他是白人，年过五十，身高偏矮，个头敦实，行事不张扬，胜在办事踏实。从前，美国的高级旅馆并无这一角色。他年轻时入职于伦敦和巴黎的五星级酒店，1973年才回到美国，成为全国第一位礼宾员，他不但把欧洲的传统带进年轻而粗野的美利坚，还发起建立著名的"礼宾员协会美国分会"。总统来了，沃尔夫要先向华盛顿来的随从了解，总统的饮食上有什么偏好和禁忌，住宿方面有什么特殊需要，并把烹饪细节向行政总厨交代。

克林顿此来，是为好几位本地的民主党人助选。第一次露面，为芭芭拉·柏克瑟站台。传说柏克瑟女士是第一夫人的亲戚，此时代表加州出任联邦参议员，任期将满，正在竞选连任。她和总统同是民主党人，于公于私，克林顿为她呐喊乃义不容辞。在可容纳三千人用餐的宴会厅。实行最高规格的保安，总统进场前要动用十多个警察，牵警犬进行彻底检查。服务人员每次从大厅进或出，都有警员手拿金属侦探器侍候。

正值壮年的克林顿，处于一生中的高光时段。害得他声名狼藉的与实习生陆温斯基偷情虽已在进行中，但尚未暴露。演说时所系的湖蓝色领带十分抢眼，不久以后东窗事发，记者认出他和陆温斯基小姐幽会戴的也是它。

克林顿演讲，我听了五次。无一例外地，不带讲稿，嗓音粗听远远不如电视台播音员，略显沙哑，不算洪亮。然而，一开口，你就被深深吸引。他的记忆力惊人，收放自如，从不会吞吞吐吐，流畅，缜密，稳重而带机锋，大气磅礴，富于激情和逻辑力量。将现场录音转为文字，就是出色的政论或散文。我从来没发现他说过错话。

他和芭芭拉·柏克瑟并肩而立，左手搭在她的肩上。这样开头：

"女士们、绅士们：请大家看清楚，我身边的女士，身高才五英尺二吋（约158公分），然而，芭芭拉在华盛顿国会山的会议厅，是威风凛凛的巨人！举凡环保、妇女权利、枪械管制，所有关乎国计民生的议题，她都是无畏的斗士。她的工作使全体加州选民得益。无论是沙林纳斯农田上的拖拉机手，还是卡梅尔海滨牡蛎养殖场的主人；无论是圣地亚哥码头的吊车手，还是洛杉矶罗兰岗的售货员，都明白芭芭拉是为他们全体服务的……"芭芭拉甜蜜地笑着听。场内所有人都起立，热烈鼓掌。

此外，1999年冬天一个晚间，在旅馆内的"皇冠厅"，我还目睹克林顿总统的拍照绝活。他来旧金山湾区，也是给民主党籍议员、市长等助选。某电脑企业花巨资，请总统来他们举办的私人酒会，发表演讲并拍照。我和同事们在站立的客人中间游走，送上小吃以及葡萄酒、鸡尾酒。克林顿发表讲话后，与所有人合照。负责拍照的是白宫的专业摄影师，和总统的配合堪称天衣无缝。如果对方是男士，总统向他点头，微笑，同时伸出右手，对方亦然。两手相握的同时，总统靠近对方的身体，摄影师说一声"看这里"，两个人比肩的合照在咔嚓中完成，全部过程约三秒。如果是女士，便把握手改为亲脸颊。定格的姿势是总统轻搂她的腰部，耗时也只是四秒。和上百人拍照，只要一二十分钟。克林顿的另一省时绝技，是左手写字。2004年6月，他的自传《我的生活》即将面世，出版社大肆造势。美国人素来有趋奉名人的风气，这本书尚未付梓就登上畅销书排行榜，网上和书店的预购超过200万册。克林顿本人来旧金山签售。买书者在下城闹市排的队环绕几个街区。前总统笑成一张扑克脸，坐在桌子旁，一个个手拿新书的人轮流走近，总统伸出右手，与之相握，同时，以左手签名。从容，得体，还有余裕说闲话。换上一个用右手写字的，和人家握手，可不能用左手，那是教养，只能把笔放下，握过手，再拿起笔。二者相较，时间差不了一分钟，但且想想，他一天要签名上万次。

第一夫人来演讲

1997年秋，一天大清早，宴会部忙起来了。在小而雅致，三面落地窗尽收旧金山海湾美景的"亭子厅"，我们给桌子铺上雪白的桌布，摆上经过特别抛光的银质刀叉和餐盘。大家都小心翼翼，上头说，这是本地民主党人的重要集会，第一夫人将发表演讲，弄砸了可不得了。酒店的头头，从总经理到餐饮部主任都到场督战。

一位白人小姐拿着宾客名单跑进跑出。这位侍从职司宴会的安排，每十分钟出一个新点子，座位加若干减若干啦，一会说须摆上酒杯一会又说须撤掉啦，第一夫人的位子在中央怕人碰着，太靠边又有失身份啦。侍应生们给支得团团转，还得强装出职业性笑容。末了，连她也不好意思了，先告罪："唉唉，你们一定要打我的屁股了，劳驾，再帮一次忙。"央求我们把其中一张桌子换成大号的。

一个一百来人的午餐，平时个把小时就准备妥帖了，这回折腾五个小时。末了，小个子女人郑重地检查放着第一夫人名片卡的座位，掸掸套上雪白布套的椅座，像是询问又像是自语："不脏吧？她不爱脏东西。咳，管它呢！屁股什么也看不到。"继而哈哈笑起来。不料，她旋即引进一位白宫来的小伙子。他叫安迪，办事近于吹毛求疵。他四处查看过，急忙招来宴会部经理，说，那演讲台不牢靠，要想法固定下来，因为第一夫人发表演讲时，会不经意地推推讲台，若讲台从两尺高的台子上掉下，可不是玩的。经理检查过，说，讲台脚部的轮子已给固定，之所以还会移动少许，那是因为轮子的"刹车"开关留着小小空隙。安迪果断地说："不行，要换。"于是搬来另外一个讲台。安迪又提出，讲台内的水壶和杯子所放位置不对，第一夫人若要喝水，必须弯腰低头，姿势不雅观。那好，换一副，安迪还是嫌杯子太高，拿出放进不顺手，最后给换成矮小的玻璃杯。稍后，白宫的安全人员来，做最后一次检查。十来个人，加上一条专门嗅炸弹的狼狗，里里外外，每一张椅子、每一个空调出气口、每一条缝隙，都不放过。别忘记，此前已进行过至少两次，头一次是一个星期前，先头部队预做勘查，已相当彻底。第二次是今天大早，主要是查看四周环境，安全人员考虑到宴会厅处于高楼的包围中，人站在对街一家俱乐部的楼顶，可以透过落地窗看到第一夫人，决定把窗帘全部放下，宁可牺牲掉光线。至于侍应生，也逐一经过保安部门审查，确定既无犯罪记录，平时又没有过激言行，更不会是恐怖分子(鉴于该年美国与伊拉克的火爆关系，如果酒店雇员中有伊国移民的话，恐会被请出去)。

这时，一位高视阔步的白人女性在两三个手下的簇拥下进来，雷厉风行地召集众侍者，就午宴程序作了扼要说明。原来，她是第一夫人的贴身随从，即所谓"生活秘书"。她先请求负责音响的人员再试一次麦克风，确保不出岔子。她说："上个月总统在芝加哥演讲，麦克风坏了，起先那二十分钟净是噪音，气死我了！"无意中把"大内总管"的身份抖了一抖。然后查看为第一夫人特别准备的茶具，指明众多茶包中必须含不带咖啡因的"立顿"牌红茶，还要蜜糖和脱脂牛奶。检查了矿泉水，看见都是来自欧洲阿尔卑斯山的"爱为安"，皱皱眉，向宴会部经理说，第一夫人只喝国产货。宴会部经理气急败坏地跑到仓库提货，才知道偌大酒店，就是没有国产矿泉水。他急得跺脚，打算用舶来品冒充，"我就不信她能品出美国产和欧洲产的，有什么不同！"转念一想，如果露馅不得了，便吩咐部下跑步到不远处的小杂货店，买上一打国产矿泉水。经理苦笑着说："第一夫人爱国嘛，有什么办法？"

11时半，好几位穿警服的本地警察进来，看臂章官阶至少是"沙展"，即警佐，神色凝重庄严。第一夫人一行已进入酒店，这一群警察坐在警车上负责开路。宾客已陆续进来，在宴会厅前签到，戴起了名牌。戴着耳机或拿手提电话，因腹侧带着武器而使外衣鼓鼓囊囊的保安人员，在厅外长廊里星罗棋布。几个不懂看英文"禁止通过"告示的欧洲游客，伸长脖子向园内好奇地窥探，让警察赶走。

依原定时间表，午餐该在12时半开始。宾客们也早已就坐，时间早过，第一夫人还没露面，宾客们似乎不急，也许是出于礼貌，都各自捉对儿聊天。贴身侍从似乎着急了，因为夫人的日程环环紧扣，误了这一场，往下的也全得延后。"总管"不停地打电话，终于了解到，夫人曾去美容院保养指甲，稍多花了时间。走出美容院，又忙着与人合照。请求拍照的人大大超出预计，她脱不了身。终于，保安人员走动起来，一片忙碌。通向宴会厅的各处大门，都被白宫、本地以及酒店的安全人员堵上，暂时一律禁止出入。一群记者打头，镁光灯大闪特闪。在警卫的包围下，第一夫人雍容地走来，跟着几位联邦或州的议员、政坛新旧明星、历年来热心捐款的"金主"。第一夫人笑容灿烂，保养得宜的脸孔上，脂粉没有加意覆盖50岁的皱纹，恰恰显出成熟的、内涵丰富的高贵气度。这位"母仪天下"的女性，不像前任第一夫人——布什总统的贤内助芭芭拉那般宽厚慈祥，带点家庭主妇的俗气，她干练自信，机敏雅致，偶然流露出不服老的女人所特有的傲娇。她与夫婿克林顿总统的外观和风度，代表"战后婴儿潮"一代的后现代新格调。尽管以口没遮拦和保守著称的参院议长金契瑞背后骂她为"母狗"，她越权干政的作风也偶受诟病，近年来的国内舆论对她颇有好评。

全体起立，热烈鼓掌，第一夫人进厅就坐，餐会开始。在忙着上菜递咖啡的空隙，一位见惯大场面的老侍者，偷偷地对同事说："看见了没？第一夫人今天不穿套裙穿长裤子，中看多了。她的小腿粗得不像话，早该学会遮丑啰。"另一个感叹道："权力这玩艺儿真妙，怪不得谁沾手谁上瘾。你看，我们老百姓要是幸运，不闹家变，一辈子才弄上个把配偶，男人即使离婚，一辈子顶多娶两三个老婆，未必个个体贴殷勤。你看人家第一夫人，身边多少忠心耿耿的男男女女，都那么年轻有为！"

新闻界大腕莫耶斯先生

上世纪80年代末，我在送餐部上班，早上8时多一点，负责送一份"美国早餐"（含熏肉加炒鸡蛋、烤面包、橙子汁和咖啡）给塔楼的1002号房。我推着上面放着食物的带轮子折桌，先敲门。一位白人绅士微笑着打开，迎我进去。

房间里面十分明亮，窗帘全拉开，旭日把最好的光线洒进来。可以断定，这位客人昨晚睡得好，大早起来，洗了淋浴，十分之神清气爽。我一边把折桌打开，把一张椅子拉来，一边暗暗琢磨，干嘛他这么高兴，莫非昨天中了六合彩？我布置好了，要招呼客人落座。这瞬间，神差鬼使似的，我说："莫耶斯先生，请就座。"

见到客人，力求称呼具体姓名，而不是放之四海而皆准的"先生""女士"，这一守则90年代以后才在五星级旅馆的员工手册列上，那年代尚未流行。但我这次做了。惊奇的是客人，他坐下，我在他膝上铺上餐巾。他笑呵呵地问我："你，怎么晓得我的名字？"

我说，莫耶斯先生，我只要在家，每天傍晚7点，就和成千上万的电视观众一样，和您见面。

他仰起头，右手拿的叉子叉着一块熏肉，本来要往口里送，却停下，哈哈大笑。没有什么比这一刻更富成就感了。我加上一句："我十分喜欢您的评论。"他差点站起来和我握手。

我并不是拍马屁，不过，话没说全。真实情况是这样：前几年，我集中精力学英语，收看电视新闻练习听力是每天的日课。那年代，美国晚间黄金时段新闻主播有"三巨头"：哥伦比亚广播公司的丹·拉瑟、美国广播公司的彼得·詹宁斯和国家广播公司的汤姆·布罗考。我独爱拉瑟，原因是他的发音好懂。而这位莫耶斯先生，是坐在拉瑟先生左侧的评论员。前者把头条新闻报完，他就用数分钟，对重要新闻作扼要的分析及精到的评论。看他的脸孔看了三四年。

粉丝在旁，快乐的莫耶斯先生更是乐不可支，和我聊开了。

看样子你是中国人？

是的，我来自中国大陆。

噢，我刚刚去了一趟上海。

很喜欢新闻吗？

是的，我天天看CBS的新闻，还看别的书，比如文学。

太好了。中国的文化传统很长久哦。我这次在上海，访问了好几位作家。

记得名字吗？也许我读过他们的著作。

有一位是Lu Xun。

您访问过Lu Xun？我问，缓慢地把Lu Xun说了两遍。

他肯定地说，是的，出色的作家。

我的脑筋转了一圈，想不起上海哪个作家叫Lu Xun。莫非他指的是鲁迅？不敢动问。

谈到这里，想到他要吃早餐，不能多叨扰，告辞了。

后来，在图书馆翻到一本美国传媒界名人录，从中查到他的资料。我见他那一年，他五十出头。往前一二十年，即60年代，他担任总统的特别助理，还成为约翰逊总统的新闻秘书。

"维纳斯人厅"的驻唱歌星

詹姆斯·布朗（James Brown，1933—2006），黑人，被誉为美国灵魂乐的教父，说唱、嘻哈和迪斯科音乐的奠基人。一生录制了逾50张专辑，单曲超过119支。1965年和1987年获得格莱美两项大奖。我侍候过住在塔楼最豪华套间的布朗及他太太好几次。

布朗其貌不扬，矮个子，偏胖，总是一副大咧咧的土豪架势。90年代，他陷入财务困境，连来这里登台的收入也预先花掉。一天中午，他从套房打电话，为自己和第三任太太点了午餐，并不奢侈，每人一客俱乐部三文治，一块栗子蛋糕，加上咖啡。账单上标出的总数为60多元。我把食物放在一张带轮子的餐桌，推上22楼。开门的是布朗先生。布朗先生穿旅馆提供的高级睡袍，刚洗了澡，神采奕奕，一反过去的冷淡，居然和我聊起来。

"你是亚洲人？"他笑嘻嘻地问。此时，靠在窗口，背后是蔚蓝色海湾，天使岛前后的白色游艇，有如天鹅。他的厚嘴唇裂开。我想，从那里吐出多少美妙的歌曲，早在近三十年前的1965年，就以一曲《老爸的新袋子》获得格莱美最佳唱片奖。

我连忙说：是的，中国人。

噢，真巧，我下月去亚洲巡回演唱。

太好了！去哪些城市？

台北，新加坡，首尔，东京……

亚洲歌迷有福了！布朗先生，也许阁下有所不知，亚洲人选"全球最受欢迎歌星"，把您排在第二。

是吗？他紧张地靠近，直视着我。

你从哪里知道的？

当然知道，我从亚洲来的嘛！

我对西方音乐所知极少，布朗的灵魂乐只偶尔听过。迈克·杰克逊几首最热门的歌充其量哼得出一两段，如此而已，何曾有发言权？不过是逗笑取乐，英语叫"Bullshit talk"。不料他当真了，可见，"人爱奉承"乃是和"人总是要死的"一样的真理。

呵呵，那么，谁是第一？

我略加沉吟。他的头微俯，更靠近我，仿佛在等待法官的判决。

我响亮地说，第一名是迈克·杰克逊。

他豪迈地笑起来，握着我的手，连说感谢。

这时，他睡眼惺忪的太太从卧室走出。他迎上去，对她说：甜心，这位先生刚刚告诉我，亚洲人把我选为全球最受欢迎歌星第二！他太太竟笑了，吻了他一下。这是我所见到的，他夫妻唯一的欢乐与亲密的镜头。

布朗忽然省悟，问我：账单呢？

我来前领班已交代，不必让布朗签单，由陪他来的演出公司经理签即可。

我说，您不用签。

给我。他下命令。

我只好把账单递上。他拿起笔签了名字，加上小费：200美元。按常规，小费为账单总数的15%到20%，也就是10元至15元。他太大方了！我连忙道谢，祝他亚洲之行成功。

回到送餐部，我把账单交给领班。领班说，他的签名没效，把"小费200美元"的一个零划掉，我只拿到20元。领班是流行乐迷，他告诉我，最近，布朗先生的演艺生涯达到高峰，刚刚获得"格莱美"终身成就奖，怪不得心情这么好。

2011年，我从旅馆退休，至今已十二个寒暑。生命的精华消耗在"饭碗"上，良可慨叹。谁不是这样呢？好在，留下丰沛的记忆。

发表于《香港文学》2024年2月号

疫后归乡拾零

陈 谦

　　飞机在傍晚时分开始降落。机窗下的水岸越来越清晰，夕阳的余光在海天交接处打出细长的金边。繁星般的灯火连成一片，桥和离岛出现了，接着是水面上的船影。香港已在脚下，我心里还是不敢相信，这一程归乡之旅，居然走了四年。在这个之前，我每每说到自己作为中国大陆改革开放后最早出走的一拨留学生，在早年艰难的异乡岁月里熬到终于可以回乡探望父母亲友时，总会强调，去国离家后的第一次归乡之路，居然走了五年。现在想来，那曾令人以为是不堪回首的五年，我一路求学，积极地适应新大陆的文化和生活，顺利地安家、就业，日子过得忙碌而充实。在别离故乡五年后落地北京机场时，无论是行囊还是心情，都塞填得满满当当。真是"没有比较就没有伤害"——眼下这刚过去的四年，除了给人和历史留下巨大的黑洞，还有什么？不敢深想，也不愿想。

　　香港机场的入境大厅远不如想象的繁忙。外籍人士的专用通道很少，看上去多为亚裔面孔。边检官并不在乎我要去哪里，在香港要不要待几天，只不紧不慢地，贵手一抬，我便顺利过关。我选择坐计程车去往离香港机场最近的深圳湾口岸，从那里入境中国大陆。

　　车子在香港地界上向着边境开去，一路的灯火很黯淡，跟记忆中的香港挂不上钩。有个瞬间，脑子里突然冒出一个古怪的想法：难道新冠病毒能将人间灯火扑灭吗？这个奇思将自己吓了一跳。好在一眨眼，司机就说，到了到了！车子"哗"地一下，停到了关口外边。

　　深圳湾口岸比我想象的热闹多了。下得车来，发现来往行人都在哗啦啦地跑来跑去，脚上带着风一样。我拖起行李，也被他们带动得快步走起来，一边仍忙不迭地四下张望。疫情中朋友们流在边境线上的泪水，传说中核酸检查站点带来的无以穷尽的折磨，四处幽灵般让人恐惧的大白的魔掌，孤绝而漫长的隔离里朋友们的悲怨，……至今仍如游走在街角拐弯处的噩梦，冷不防地就偷袭而来，让人在阳光灿烂的日子里瞬间崩溃。可眼下举目四望，那些曾长时间占据新闻媒体头条，令人闻之丧胆的防疫场景没有留下一点痕迹，让人怀疑自己的记忆是不是出了差错，或者是历史跟我们开了天大的玩笑，死无对证？

　　目力所及，只有少于50%的人还戴着口罩。我不敢懈怠，认真地将自己的口罩戴好调正。整个疫情期间，我坚持着要让自己的生活最小程度地受疫情影响，照常出门购物、运动，有机会还不时下下馆子。欧美疫情稍有缓解后，就开始在美国东西海岸旅行，还去了土耳其、西班牙、葡萄牙和法国南部。神奇的是，在这样的东奔西跑中，我幸运地逃过了新冠魔掌。这使得我相信，除了打疫苗之外，戴口罩，勤洗手绝对是有用的防护手段。就算现在全面开放，大部分人已抛弃了口罩，我仍不敢掉以轻心。

中国边检人员冷铁般的面容一如既往。外籍通道虽然人也不多，但非常慢，原因不明。我咕哝了几句，引来前面那个女边检员狠狠地瞪了我一眼。想到再不用经历大家形容过的那些苦难，我告诉自己再慢也要忍，赶紧收声。终于，我被放出了闸口，出去只一眼就看到了对岸深圳湾的万家灯火。华润集团总部大楼那个人称"大春笋"的深圳地标出现了。它从上到下滚动着花里胡哨的耀眼光标，让人想起邓丽君唱" Hong Kong Hong Kong, 霓虹多耀眼"的嗲声嗲气。我正在发愣，发现身边的人都向前面的公交车站、计程车站冲去，好像是怕慢一步就会被拦下，驱赶出境。伴着国语粤语此起彼伏的混杂声，我拉着行李急行起来。这时前面出现了一个个高高的大门，门顶墙面红色的底色上出现了巨大的"中国特色的社会主义"字样，我退出一步抬眼再看，这回反应过来了——走了这么久，我终于又回到了中国特色里。

接下来的一路，我以那夜冲入国门的姿态，在大陆最南端的两广之间急速穿行。无论是走在深圳和广州这样的一线城市，还是游荡在著名的国际旅游城市桂林，或是流连于我的故乡广西省会南宁，最突出的印象是几乎没有见到一个外国人的身影，联想到听说的外资的撤离潮，不免阵阵心惊。令人欣慰的是，跟国门口那些冷口铁面的边检员相比，各行各业的服务态度比过去好了许多，就是到往日鼻子翘到天上去的大银行和政府部门办事，过去经常被人吼的情况都没遇到，让人有点受宠若惊，更不用说服务业的人员了。我在深圳的银行办事时，就亲眼看到一个衣衫不整的打工仔模样的人走进来问能不能用一下银行的卫生间，被保安放行，这在过去是难以想象的。大家的心好像比过去软多了，是不是劫后余生的温柔，不得而知。

虽然确实如之前听说的那样，实体店在纷纷关门倒闭，市面上的商业活动冷清多了，但抗疫时期发达起来的网上购物、快递和外卖服务，使民众的生活变得非常方便，更重要的是在很大程度上解决了经济下行中的就业困境。看着满大街黄蜂般来去的外卖小哥年轻的脸上那紧绷的表情，却也喜忧参半。当初为行程码的使用而铺出的天罗地网，让移动支付无孔不入，人们已经到了一部手机行天下的地步，不仅没人担心什么隐私泄漏的隐忧，大家还很自豪地说，现在铺天盖地的摄像头和跟踪技术，让中国变得非常安全，恶性刑事案件大幅下降。最特别的是，我注意到各地的大专院校都没有松绑疫情期间严格的入校安检设施，这是不是让学校更安全了不好说，但肯定是更不自由，更不方便了。当然，对校方而言，肯定是更便于对师生进行掌控了。

最让人欢喜的是与亲友们的久别重逢。大家都闯过了去年初那令人毛骨悚然的"坠机式"开放，见面都是一切尽在不言中的兴奋。不少朋友同学开始了退休生活，他们属于享受到了中国改革开放红利的一代人，眼下的日子过得相当滋润，对时局多是装聋作哑。大家都不太愿意提起疫情生活的细节，就是偶尔说到认识的老人家没有扛住，在疫情中过世的事情，也是轻描淡写。既然往事不堪回首，真是等不及要将它快点翻篇，让人想起这个国家从上到下一以贯之的"向前看"口号。

跟每次回故乡一样，拜访父亲的生前好友曾伯伯是一件重要的事情。曾伯伯年轻时代曾在重庆的中美合作所工作过，这让他哪怕是在全民蓝蚂蚁的时代，也总是衣衫笔挺，在80年代的开放之初，他就早早穿上了当年罕见的风衣，还戴上礼帽，风度翩翩，大有引领潮流的味道。父亲与曾伯伯是湖北老乡。他们在年轻时代从中原南下到广西，在南疆的土地上工作、生活了一辈子。从两个年轻人在异乡初识时"老乡见老乡"的两眼泪汪汪，到我父亲病重不起，与前来探视的曾伯伯默默无言的抱拳作别，他们一生的友情让我感动并铭记。我对曾伯伯有着对父辈的感情。

2019年初冬，我回美国前去看望时，曾伯伯已年届94岁高龄，跟住家保姆一起生活，享受着良好的医疗照顾，身体相当不错，脑子也很清楚，每天还由保姆陪着下楼去江边慢走一大圈。当我离开时，曾伯伯坚持要将我送到电梯口，这在以前是没有过的。我们拥抱作别时，94岁的他忽然伤感地说，见一次少一次了，下次不知道还能见到否。我安慰他说，好好保重，我明年再来看你。没有想到，这一隔就是惊涛骇浪的四年！我在疫情中一直联系不到他，但也没有更坏的消息传来，心里一直在为他祈祷。

如今已年届98岁的曾伯伯明显老多了。因为一直不敢出门，他幸运地躲过了新冠的袭击。只是时隔四年，他的听力几乎完全丧失，只能靠书写与我沟通了。我一直想要好好跟他聊聊他的年轻时代，打捞他在中美合作所的那些史海沉钩，可总是因为慌慌张张地来去匆匆，一直在等"下一次"，以为前面还有大把的时间。可这一次道别时，曾伯伯已无力将我送到家门口，只能吃力地站起来，颤颤巍巍地扶着柜子，向我摆手作别。他这次没讲"见一次少一次"，我心里的感伤，却无法用言语形容，想起前些天在广州见到的马华作家朵拉跟我叹说她先生在疫情中突然失智时，反复说的那句话——"人是会老的啊！人真的是会老的啊！"

离开南宁前，我像往常一样去给父母扫墓。那是个阴冷的早晨，墓园里很安静。我们安静地上香献花，静静地坐了一会儿。出来时，天空飘起小雨，我看到不远处有个与我年龄相仿的女士在走动。墓园里没有更多的人了，我就多看了她一眼，走近时，惊讶地发现她并不像通常的扫墓者那样带着鲜花或祭品，却是在那里布置着野炊用的锅碗瓢盆，还有个小小的天然气罐。我留意地看向她面对的墓碑，是一对老人的合墓。难道这是家里老人的忌日？他们是不是去年底开放后疫情大爆发时走的？她是因为思念太深，今天来陪老人吃一顿午饭吗？在停车场，我见到那个女子出来从SUV车里取食材，表情非常平静。想到每一个人在过去四年里都经历过各自的惊涛骇浪，却又无法彼此安慰，我没有打扰她，默默地离开。

发表于《世界日报·副刊》2024年2月11日

寂静之声

盛林

"我又来和您说话，因为梦幻悄悄袭来，那图画扎根在我脑中，伴随着寂静之声……"这段歌词，来自保罗·西蒙的《寂静之声》。

保罗谱曲于"寂静之声"，我写作于"寂静之声"，这，是不是我喜爱《寂静之声》的根基？

我住在德州乡村，一幢寂静而简陋的农家木屋，我被"寂静之声"包围，或者说，我沉沦于"寂静之声"。我的"寂静之声"极为寂静，但不简陋，它有层次有情节有心跳，有时如细雨一般丝滑，有时如雷鸣般跌宕，有时如泣如诉。

我的心我的情总是涌起动感的温柔，如同聆听保罗的《寂静之声》。

我倾听、微笑、写作，15年写了10本书，大部分关于乡村，关于我的"寂静之声"。

我十五年的生命韧力与我的"寂静之声"凝聚，拼接成谦卑又华丽的独立宇宙。天衣无缝。

我的"寂静之声"，有时来自频繁的敲门声。敲门声搅拌了寂静，就像风搅拌了树叶，那"咚咚"之声着实让我分心，放倒了我打字的手腕，我起身查看，谁是那敲门者。我说的敲门者，当然是小动物，绝不是人类。15年了，我家几乎没人前来敲门，人群离我们远得很，不用担心突如其来的造访。

敲门者往往是一群鸡仔，他们闲逛到书房门前，发现了粘附在门上的虫类，有的鲜活，有的是风干的尸体，有的在半死的路上，鸡们替我清理门户，顺便吃了午餐，那"咚咚"声不绝于耳。我举着扫把冲了出去，差点在鸡粪上滑倒。鸡们咯咯笑着狂奔而去，肥胖的肚子居然飞了起来。看他们的背影，看我鞋上奶黄酱似的粪便，我的骂声化作大笑，差点被自己笑死。

这样幽默感的场景，比我作品中任何段落都好看、可读。

跑来敲门的家伙，或者说一心一意中断我写作的家伙，包括德州红鸟，我称他"嫉妒鸟"。他穿灿烂的红外衣，对着心上人唱情歌，就在这时，透过书房玻璃门，"嫉妒鸟"看到了另一只红鸟，和他一样英俊，正与他的爱人调情。"嫉妒鸟"醋意大发，撞向了玻璃门，像喷火的火箭，想做出穿越的壮举，百分百杀死情敌。可惜事与愿违，他或撞落羽毛，或撞昏头脑，一个跟斗栽下来，昏迷不醒，还没等我去解救，他成了金蛋的午餐。金蛋是只猫。

我责骂了金蛋，警告了其他红鸟，可又有什么用。我一转身，门上又传来撞击声，另一场荒诞的决斗开始了，直到有谁倒地不起。像极了普希金决斗丹特斯。

我常常想，因嫉妒而决斗，是不是某种行为艺术？包含了某种逻辑美？因爱而生的同归于尽念头，应赞美还是谅解还是听之任之？我想，我至少不会鄙视。理由是，婚姻的一方或双方，仍存嫉妒心、猜疑心，值得恭喜，说明爱情或亲情还有活力，至少没有死透。没有"嫉妒"存在的婚姻，早是一潭死水，或是同床异梦，或是互相背叛，像动物一样错位寻欢。这样的事固然恶心，萨特写《恶心》时，必是这样的心境。我倒没觉得这么严重，这是理解问题，把人理解成人，你才会恶心，把人理解成动物，你会莞尔一笑。就像看孔雀与火鸡交配。

我的"寂静之声"，也来自动物间真正的战争，真刀真枪，那一片混乱声，逼迫我停止写作。

有一个故事。鹅爱上了白鸭，与白鸭寸步不离，他们时时做爱，完事后鹅"引项向天歌"，出于对白鸭的爱情，鹅不允许有人靠近鸭子，否则斩立决，鹅是说到做到的暴君。不幸的是，那天孔雀先生过于自信，他走近了白鸭，还调戏了几下，老鹅吼叫着扑过去，纵身跳上孔雀背脊，咬紧孔雀的短羽，挥动双翅死命地抽打，仿佛要把孔雀抽死拍碎。孔雀频繁旋转，苦于身体过于庞大，根本甩不脱老鹅，只好背负老鹅逃窜，像只背负盔甲的乌龟。我奔出书房追上他们，硬生生从孔雀背上扯下了老鹅，孔雀立刻飞了起来，然后落在草地，没命地逃跑，拖着冗长的绿色长羽，全没了骄傲自信的风度。

那老鹅咬了一嘴孔雀毛，引吭高歌，迈着胜利者的方步回到白鸭身边。

从此以后，孔雀一看到白鸭子，拖着长长的尾羽就逃。别人更是不敢对白鸭有非份之想，哪怕是公鸭子，白鸭的原配丈夫，也是多一事不如少一事的姿态。

同类雄性博弈，属于正常。非同类雄性拼杀，真是莫名其妙，让人看不懂。除了公鹅斗公孔雀之外，还有公鸡斗公鸭，公鸭斗公火鸡，公火鸡斗公鹅，公孔雀斗公羊，公羊斗公猪……斗得难解难分，你死我活，为了什么呢？领地？妻妾？权力？

欲望，世上所有战争的正解。

雄性动物混战时，我会出去观战，如果过于血腥，我会出手劝和。比如公火鸡之间打架，他们互咬鼻子，互揪头发，尽管头发不比鸡蛋多，也是死揪不放，希望对方先死了。我站在他们中间，拉开一个，抱起一个，火鸡40磅，我照样抱得动，从小抱大的。

火鸡进了单人牢房，互相隔空谩骂，我也骂骂咧咧。

回到了书房，不知文章写到哪里，于是不再写作，回想刚才那一阵"混响乐"，托着下巴笑。

我的"寂静之声"，也来自邻居小动物的奉献。

听到"咩咩"声，我知道邻居的宠物羊又走丢了，此羊是妙龄少女，胡子却有一大把，我对她说："叫我妈。"她叫："妈！妈！"这个游戏玩腻了，我请她吃面包，她居然不吃，吃了我一盆月季，我拉着她的羊毛衣领，拖进了小木屋，我不是凶恶，我是怕她走丢了，她会一直走，走到墨西哥。

然后给邻居打电话，失物招领。

听到"嗷嗷"之声，我知道邻居的猪来了，黑呼呼的猪少年，总爱离家出走。我们见过多次。我喂小猪吃米饭，他吃相难看，却不掉一粒米饭，舔得极干净，咀嚼声雄壮。我喜欢听，人类不这样吃饭。人假模假样，在猪看来，人一定是很没趣的动物。

我把猪少年关进小木屋，也是怕他走丢了。

　　有一天猪少年被郊狼追赶，千钧一发时枪声响了，我端着冒青烟的步枪，救了他的猪命。

　　每次收留羊牛猪，或救了谁谁，前来认领的总是女主人，她们跑着来，哭着来，告诉我没了宝贝她们活不了，真的活不了。显而易见，我救的不是猪羊，是他们的女主人。有时候，女人的爱会错位，不爱丈夫，却往死里爱"某些"东西，比如猪。这可不能怪女人。婚姻像打开的可乐，时间久了只留下清水，激情的泡沫不翼而飞。是不是这样。

　　听到"哞哞"之声，我知道是牛妈来了。我家对面是奶牛场，住着大奶子牛妈。牛栏挺结实，牛妈们更是结实，她们双足一抬，胸脯一压，牛栏倒了，越狱的牛妈颠着奶子跑到我家，踩烂花草，绕着木屋游行一番。我折断一根竹子，呼呼地挥，但不敢近身，怕被牛妈踢飞。

　　牛主人终于光临了，他们驾着四轮车，像驾着二战坦克，把牛妈们赶回了牛场。我有些后悔，应该挤点奶水再放走她们。

　　可是，我的文章写到哪了呢？

　　叽叽啾啾，这声音来自我的书房。

　　在书房孵化小动物，是我写作的附加活动。18天孵出鹌鹑，20天孵出小鸡，24天孵出小鸭，28天孵出小鹅，29天孵出火鸡，34天孵出孔雀……

　　我每天在书房写作，每天为怀孕的蛋翻身、加水、测温。某一天，蛋内有了刮擦声、叽叽声，若干小时后，蛋面出现小洞、小缝，我盯着蛋看，看着小生命破壳而出，它们湿漉漉、软绵绵，叫唤声倒是惊天动地。一小时后，它们变成毛绒绒的小毛球，躺在软木花上，我为它们亮上一盏灯，日夜伺候。

从这时起，书房成了育婴房，婴儿们一块睡觉，一块醒来，一块喊叫，叽叽啾啾，活像蹩脚的乐队在排练。我往耳里塞进棉花，假装专心写作，可是天晓得，吵闹那么刺耳，我还能写什么呢。

一周后毛球们长了本事，跳出了木盆，满屋子乱跑，我捉了这个跑了那个，它们乐此不疲地开着派对，我打开了家门，毛球们一去不回，融入了美丽，险象环生的树林。

书房重拾静谧，我的心窝却空了，仿佛心也逃去了树林。

我开始想念小家伙，我很想对它们说，想回来就回来吧，我可以不写作，看着你们胡闹，倾听你们的尖叫，哪怕难听得让我发疯。

但，它们再也没回来，就像我再也没回到人之初。

我的"寂静之声"，让我心烦，也让我嘿嘿地乐，甚至求之不得。

但事情不全是这样，我的"寂静之声"，有时让我凄凉让我揪心让我害怕。

寂静之中母鸡在惨叫，老鹰偷了她的孩子；寂静之中母鸭在哀嚎，蛇吞掉了她一整窝蛋；寂静之中母鹅在呻吟，这是她的临终遗言，她被豹猫咬破了喉管；寂静之中公鸡在怒吼，他在和郊狼血战，他被剖了肚开了肠，一败涂地，一命呜呼，却给了母鸡逃跑的机会。

孔雀被野狗围攻，断气前还能腾飞，空中翻个跟斗，"噗通"一声坠地。

我正在写作，听到诸如此类的杀戮声，我会跳起来，抄起枪，子弹上膛，拉开保险，冲出去。我看到了敌人，它们快如闪电，我心慌腿软手抖，对着它们的背影开枪，总是失手。

敌人成功逃跑，我看到了尸体，我亲密的小朋友，倒在了血泊中。我扶着枪跪下，泪流满面。太晚了，我没能救下它们。我沮丧、恐惧、愤怒，对着天空射击。

保罗·西蒙，是不是在这样的境地里创作《寂静之声》？或许他比我幸运，他心里有梦，眼前有好景，所以有了极美的《寂静之声》。

那是某年的感恩节，我们去参加节日聚会，离开前我看望了小动物，他们都在草地上玩耍。

于是我犯了一个天大的错误，没有狠狠心把他们关起来。

几小时后，我们回到了家，林中一片死寂，满地是鸡鸭鹅的尸体，有的没了头，有的没了腿，有的肚子成了血洞，肠子铺在草地上，挂在树上……

三条流浪狗还在跑动，围捕瑟瑟发抖的尚存者。它们目光凶残，嘴边沾着血和羽毛。

我先生一声不吭，举枪冲向了流浪狗，狗们见过世面，都认识枪，它们疯了似地逃散，其中一个窜进了鸡院，被枪口逼到了死角，它瑟瑟发抖，目光绝望，发出呜呜的哭嚎，哭声如同锥子，刺痛了我的心，我拉住了枪手，为流浪狗求情，我说算了吧算了吧算了吧……

枪声响了，一枪，二枪，三枪，那狗抽搐着，喷血而亡。

三声枪响，几乎击碎我的灵魂。我悲怆，我悲悯，我悲叹，为我的小动物，为该死的流浪狗，为夺命的枪声，为这片沉默不语的未置可否的原封不动的寂静树林。

这件事后，我一度想离开乡村，我受够了，听够了，我难以为继了。

我甚至不再想写作了，写作是一种怎样无力无聊无趣的工作，写作对现实有何意义？能阻止什么？能改变什么？看看我们的世界，那么多杀戮和阴谋，而写作的人还是一张张笑脸，笑得就像格温普兰。

"世界是苦海，而水面浮满了笑脸。"雨果说。（注：出自《笑面人》）

当然，我没有离开，我留在了乡村，留在了"寂静之声"，继续倾听，继续写作，15年出版了10本书，关于乡村，关于"寂静之声"。我没有走，因为无处可去。您说，世上还有什么地方，比我的林子更单纯更宁静更干净呢？世上还有什么工作，比写作更有助于消磨时光呢？世上还有什么工作，能把我的生命凭借文字留下呢？

是的，我还在这里，我和我的爱人、小动物，和我的"寂静之声"，我的灵魂在这里固执地蠕动。

那就继续写，继续倾听，倾听我的寂静之声。

鸡的咯咯声，鸭的嘎嘎声，鹌鹑的咕咕声，火鸡的嘟嘟声，蜂鸟的嗡嗡声，夜虫的丝丝声，树蛙的呱呱声，啄木鸟的敲打声，孔雀的开屏声，猫头鹰夫妻的对话，鹰飞过树梢时呼呼的翅膀拍打……

还有风。风过树林，窸窸窣窣，仿佛把许多仙子、精灵一起吹了进来。

我的寂静之声，滑过指尖，潜入我的文章，每一个字就有了耳朵，每只耳朵都能倾听，倾听淡淡浓浓、深深浅浅、断断续续的"寂静之声"。

我抱起了吉他。

发表于《黄河文学》2024年第6期

月色如水

崔淼淼

　　唐宪宗元和十年，白居易被贬为九江郡司马。次年秋季月夜，于浔浦口送客远行。忽闻江船中传来铮铮然的琵琶声，有京都长安之韵。一番千呼万唤之后，琵琶女犹抱琵琶半遮面出现在客舱之上，为江州司马一行人弹奏一曲琵琶，音律嘈嘈切切，仿若大珠小珠坠落玉盘。江上羁旅天涯的倦客之心，在琵琶声中慢慢沦陷。一曲终了，东舟西舫悄然无声，唯见江心一轮秋月，当空皎洁如雪。琵琶女沉吟良久，自诉离乱身世，又低眉信手演奏起一首新曲，曲调凄凄不似向前之声，满座重闻皆掩面涕泣，众人为这凄清月色下绝美的琵琶之声而流泪，更为人生际遇而感怀不已。

　　千年前那个枫叶荻花、明月高悬的秋夜，琵琶女、众宾客、江州司马白居易，这些人世影像串联成永恒的时空意象，凝固在那个月色淋漓的江畔秋夜。

　　我独立船头，仰望秋月如水，心中默诵这首《琵琶行》，有无限感动充盈心间。这才是真正的雅乐之音、文士之风。琵琶与月色江天，彼此成就了三分，增色了七分；而月的阴柔与含蓄，让天地万物有了绕指柔的意境之美。我沉醉在这月色中的江海乾坤，心游天地远，身有纸砚香；在千年前的浔阳月色中，揽清辉入怀，与白居易共赏一船淋漓月色。这盈溢满舱的月色，在浔阳江上"击空明兮溯流光"，从时空的无极中照耀古今中外一代代为梦为心而远走天涯的江畔过客。"夫天地者，万物之逆旅；光阴者，百代之过客。而浮生若梦，为欢几何？"于是，千金散尽之后，依旧能恃才复得，尽收囊中，在月色中"开琼筵以坐花，飞羽觞而醉月。不有佳作，何伸雅怀？"

月色，从来不只是满舱清辉的素洁，它于黑暗中吸纳了光明，收复了人心，它是至阴至晦生出的至高至明，它是阴晴圆缺的天象，悲欢离合的符号。博尔赫斯说："月亮里住着梦幻，不可企及者。"面对满地的六便士，你会选择月亮还是六便士？毛姆选择了六便士，因为月亮不一定能得到，六便士却俯拾皆是，可是有了六便士的安稳人生真的比追寻月亮的漂泊人生更值得吗？或许就如同张爱玲笔下的白月光和朱砂痣，无论得到哪一个或者放弃哪一个，都会留下一生的遗憾。

参悟月色并不容易，在月下天风中凝思静坐，清风明月无人管。我看这夜色朦胧，花非花，月非月。"鸟语虫声，总是传心之诀；花英草色，无非见道之文。学者要天机清澈，胸次玲珑，触物皆有会心处。"月亮是实，月色是虚，虚实之间便有了这若远若近、若有若无的执念和不舍。

遥想当年，三国乱世烽烟中一个皎洁月夜，才高八斗的曹植辗转难眠，遂起身披衣在幽寂无人的园中夜行。他踏着月色独自清扫长满兰草的园中小径，夜露打湿了他的衣服，他丢下扫帚，静坐在一块岩石之上，在空寒的洁白月色中盘膝独奏起古琴曲。此时正值秋冬之交，草地上升腾起一层漂流游弋的浓雾，缀满星星点点明亮的露珠。这轻柔流散的迷雾将曹植团团笼罩包围。他浑然不觉，在丝丝缕缕的悠扬音韵中沉醉于天地之间，物我两忘；他仰望明月，依稀觉得今夜的月华光辉灿烂，如美人妩媚动人的笑颜。他边弹边低声沉吟："东方之月兮，彼姝者子，在我闼兮。在我闼兮，履我发兮。"臣子王粲听闻曹植醉心月色，便跪拜求见，诉说月亮之为天地阴灵的精华，月亮的盈亏警示世人要谦逊守礼，月光预兆着神秘天象，既会使东吴昌盛，又会让汉武大帝心爱的妃子李夫人受孕生女，甚至还会让东汉王朝鼎盛昌茂。弹琴、吟诵、长歌、冥想、静坐，凡此种种，是何等风雅的参悟月色之道！月色淋漓中，参悟的不仅是悲欢离合，还有人世间的生老病死和王朝的兴衰起伏。

我等凡夫俗子，未必都有这样的智慧和心性参悟月色，然而这又何妨？！只需静坐在月光下，品中秋的月饼和果子，缥缈月色中过一个烟火慰平生的庸常夜晚，如此随遇而安也未尝不是一种恩赐与幸运。

抑或，可载一船美酒佳肴，在月色中乘舟而行，看山高月小，水落石出，看波诡云谲之后最终的人世结局。与苏东坡在赤壁舟上听箫饮酒，看"月出于东山之上，徘徊于斗牛之间"，一同高歌窈窕之章，扣舷而歌："惟江上之清风，与山间之明月，耳得之而为声，目遇之而成色，取之无禁，用之不竭……"山行月下，与白昼清晰琐碎的日子截然相反。舟上满舱清辉，江上月色朦胧，你我有诗酒为伴，通宵达旦，不醉不归。

而今，旅居曼谷，月的清辉在亚热带奔腾翻涌的热浪中幻化如镜。镜像明灭幻睹，世间百态横陈，天地玄黄在眼，观者入心入梦。我想起阿瑜陀耶王朝的辉煌国都"大城府"，在阴柔月色中历经战火洗劫，曾经的天堂之都，不知在月色柔辉之下，历经多少爱恨情仇的羁绊与缱绻，最终与宫墙殿宇、红粉佳丽隐遁消亡无踪，化为时光幻海中一朵微弱的浪花。无声无息，消弭了七情六欲与战祸疾厄。我曾提笔写道："时隔六百多年，我和丈夫缓步行走在这座大城的残垣断壁间，脚下是残存的宫殿遗迹，眼前是斑驳的佛像和破损的红砖，在开满繁花的粉红色落英树下圆寂安眠。亚热带的雨水无数次冲刷血腥屠城的恐怖记忆，一块块霉黑潮湿的砖瓦和一座座寂静无言的佛塔，在流光溢彩的热带繁花碧树间，静卧于波平如镜的河湖之中，追忆着斯地尘世如天堂般美好的魂魄与瑰丽的盛世幻影。遥想600多年前，商贾云集，水陆并行，将世界各地的珍馐美味运送到此地集市上，这份浓稠味觉应该是源自旧时南来北往的交汇。次日晨起，走在空旷的街道上，向著名的马哈泰寺前行。穹苍下，矗立着繁茂的菩提树，树与天空之间是无言静寂的高耸塔庙。猩红色的砖头裸露在朗润的空气中，血一般嫣红，触目惊心，苍凉凝重，三分沉郁，七分荒芜。几只野狗在残垣断壁中嬉闹，清晨扫尘的人们一言不发，低头缓慢清扫落叶。似乎感知到什么，我猛然回头，竟看见一颗石雕佛头被包裹在千年菩提树根之中，面目泰然安详，笑看人世流迁——这就是泰国七大奇迹之一的'树抱佛'奇观。千百年栉风沐雨，依旧沉静慈悲，阅尽苍凉悲欢，不言亦不语。"

记忆中，那夜更深露重，我独自行走在天风浩荡中，脚下是残垣断瓦。仰头望见孤月高悬，澄明如琉璃。月晕飘摇，月影婆娑。天地间，一树一树嵯峨菩提静默不语，高大茂盛的枝叶捕风般轻飔。在历史的清风流云中，暗藏禅语寂寂。远处，影影绰绰的圆形佛塔，高耸入天际，泛着清冷月华。

回到书房，独自站在阳台之上，出神眺望那轮皓洁明月，陡然想起纳兰性德笔下那句"一夕如环，夕夕都成玦。"月满则亏，水满则溢，盈缺之间便是人生。对于花好月圆的向往，对于人生圆满的执念，何尝不是一种明知不可得而为之的缺憾之美。但，不圆满恰是人生。花枝春满，天心月满，终归是对圆满的执着祈愿。而生命最好的时刻，便是"花未全开月未圆"。我认同："佛教的美学其实是以'圆'为美，因为'圆'如同一个轮回，有生有死，生死相连，循环往复直至极乐净土。而佛教的终极审美，就是进入涅槃，途径有二：灭智，毁身。仔细琢磨，像极了超现实的美学，赋予死亡以美感，沉寂着无言的虚空之爱，高高凌驾在俗世生老病死之上，是寄托来世，也是解脱今生。"

在月色如水中，我亦不忘家附近那条寒溪的清冷柔美。趁丈夫酣睡之际，我独自披衣下楼。伴着一望无边的万壑松风，步行至寒溪，独坐桥头，俯首抬头皆是月色阴柔安宁。周围散落的灯火，环抱簇拥着清浅明亮的寒溪水，在广玉兰洁白的花瓣落英中酣眠入睡。我脱下鞋袜，小心翼翼步入寒溪，踏碎一溪琼瑶。影儿落在起皱的溪水波纹上，一圈圈漾起涟漪。我停住脚，深夜的寒气在溪水之上腾起阵阵仙境般的乳白烟雾，倒影在溪水中的明月松林，以及我孑然一身的影儿，如梦似幻，遗世而独立。这，难道就是画家们所推崇追求的大自然的灵性多维空间？平行世界中的另一个我，是否也在眺望同一轮明月，踏入同一条溪流？

时光倒流回15岁那年的夏夜，芙蓉花开得正盛。少不更事的我和女友一同站在窗前，听着树上起伏有韵的蝉鸣，对着月色彼此倾诉少女的心事。那些羞赧青涩的秘密，如同席慕蓉笔下那落了一地花瓣的树，在佛前祈求了百年，只为今生一次擦肩而过的重逢。而那一首轻盈流畅的钢琴曲《少女的祈祷》，此刻也化作漫天星辰，在两个女孩的倾诉中飞入心海柔波。我们就这样偷偷跑下楼，月色中，两个15岁的花季少女携手奔向那一棵开满芙蓉的花树，一朵朵拾起落入泥土中的芙蓉花，轻轻放入手心。此去经年，少女时代的玩伴各奔东西，选择了不同的人生道路，从此再无交集可言。然而，人世沧海桑田，却依旧改变不了那一夜清丽的月色，随着一朵朵芙蓉花，藏进漫漫人生的厚重书页。

秦时明月汉时关，几度月缺月又圆。仙家降世渡劫，凡人柴米油盐，终不过是时空中的一缕萤火流光，虽微不足道，却汇聚成熠熠星光万点，辉映浩荡月色乾坤。在李太白"霓为衣兮风为马"的不羁之旅中"一夜飞度镜湖月"，在"青冥浩荡不见底"的大千世界里，亲历爱恨情仇、命运流迁，看遍山川日月、城郭山村、市集街巷、阡陌交通、万物生灵。

如水月色，耿耿星河欲曙天，恰似人间烟火之众生婆娑幻境，也是时代镜像之返璞归真符号。

你或许想，这月色汤汤，奔涌不息，恰似心中无边侘寂禅意。观照外物之形，内映无我之心。正如：刹那之思，永恒之忆，成就了台湾作家萧丽红的小说《千江有水千江月》。少时读来，只觉舒畅安适。闲暇时，总爱随手翻看，神往中平复了学业的重担焦虑。而今，人到中年，却依旧难忘书中诗情画意的灵光片段，以及那月色江天下的点点渔火愁眠。"月在青天水在瓶"的各归其位，谦和有礼的风俗礼节，令我心安踏实。难怪有人曾评价说："萧丽红的台湾，王安忆的上海，宗璞的北平，萧红的呼兰河，女子心中的城不是男人，却是从小到大一点点的懂得，懂得什么为大，什么为重，什么为流水，什么是青山。"寂寥清雅的江天月色下，是旧时的安谧祥和生活，在那个车马信件与时间都慢的时代，守护一方心灵净土。

年复一年，林花谢了春红，中秋来了又去，而我依旧忠实地重复着从父母那里传承来的节日习俗，很有仪式感地筹备中秋食物，心中不停思念着远方的亲人。月明星稀的夜，我会坐在庭院中，紫薇树下，独自弹奏一首应景的古筝名曲《汉宫秋月》。休息片刻后，回屋写作，继续笔耕不辍直至深夜。没有泛舟月下的心境，更没有满眼的清风明月，唯有乐观坚毅的身心，纵使暗夜悠长，依旧看得见微弱的月光星辉。

满舱月影漓漓，琵琶女的京都之音在江畔响起悠远的回声，鸥鹭纷飞惊起在曹子建的古曲旷远之中，一叶小舟桨轻影暗，了无波痕，慢慢隐遁入江湖之远，山海之间。

发表于《厦门文艺》2024年冬季号

古道孤旅

卢迈

从高山古镇回程，顺道去木曾路走走。那儿是日本中世纪的一条古道。有"马笼宿"和"妻笼宿"两个13世纪的村庄。

日本庆长五年（1600年），德川家康统一天下，先定东海道为传马之道。四代之后，至万治二年增设了中山道，甲州道，奥州道，日光道四条衙道，用跑马接力传递书信，传马之道设驿站，即邮政局，速度非常快。中山道从东京（江户）到京都，计一百三十里。那时候的里程，是从江户的日本桥为起点，三十六町为一里。一町就是一条街。木曾路是中山路的一段，其中有十一个驿站，日本人称"笼"或"宿"，古时候，为皇族出巡，役人通勤，商贾来往的下榻之所，有许多史话、逸闻和传说。如今还保留了几百年前的房屋街巷，用作旅馆民宿、乡土民俗馆和博物馆，有的仍作住家。

从高山经名古屋、吕下、美浓、鹈沼、歧阜到中津川，蓝绿层叠的树，溪流浅滩，风景如东山魁夷的画，静谧清新。途中下起雨来，中午时分到了马笼宿，才知道自己来得太晚了，在站前的土特产店买了一把红色的纸伞，斜斜撑着，雨线朦胧中，见路旁立了一柱路碑：中山道，江户八十里半，京五十二里半。京就是京都。

路标指向一个石叠的板坡，坡底一家大店前有一匹草扎的马，带古式的马鞍，雨打在石上，溅起白色的水烟。远处黛色的峰峦，丛丛的山林，参差的木屋，顺坡排列而上，山林中的宿场已透出几点黄光。没有一个行人，只听到自己的喘喘的气息。我想起刚才买伞时两位青年山民疑惑的眼神：一个女子，怎么在这个时候，来到这个地方？我愿是一个武士，凭着冒失有余的勇气，走遍天下，而腰间只差一柄剑。我是孤独的旅人，一朵红伞撑住了风雨。

只见一座大木房子，一块黑木板悬在檐下，上书汉字"清水博物馆"。见到路上有两位白人，暗自吃惊，他们在风雨中裹紧雨衣，寻找归宿，我的心也安定了。我从古意回到现代，决心半小时内看完这条"十曲石叠"，赶上五时十五分的巴士，到下一个驿站妻笼宿去，再乘晚班车回东京。

沿路的木屋，板条看来从不涂漆，经久了变成了黑色，细细的木格子门窗，内贴白纱纸，纤巧玲珑。古时候的治安大概很好，否则，纤纤的木条怎能作防卫。想起城里森严的铁闸门窗，便有一番叹息。吊在檐下的灯笼是竹篾编织，再糊上白纱纸，上面墨写的平假名，估计都是书家的笔迹。门前垂挂蓝染布短帘，带白色的图案，路灯栽在地上，有半人高，下段是木造。顶上的灯是毛砂玻璃，昏暗朦胧，在寂静的山林，尤其幽然深邃。

石路拐角处有一座新茶屋，说是江户年代宿场的休憩所，原来有十七轩，现仅存这一轩了，茶房旁有一里冢，古时候一里立一冢，是作土台，以木筑栏，高一丈，种上花草，立石碑作路标。石碑刻上的是平假名，"此去木曾路"，这石碑便是地界。继之的石碑，有俳句，有正冈子规歌，至坡顶的藤村纪念馆，这山村的坂坡竟是一条文学的路。藤村博物馆是纪念文学家岛崎藤村的，可惜关门了。纪念馆一带的民家，已是夕晌时分，这些远离繁嚣的人们，如今正围着矮木方桌，捧着山茶吃岩鱼。何等悠然，坡顶那座大水车，木片发黑，长满深绿的苔，也在悠然转动着。水车下的一条水道，淙淙流向坡底。这就是山间的节奏。

横在面前的是一条大路，无人无车，有一条自然步道是通往妻笼宿的路，天黑路遥，不敢浪漫山径，须去坡底乘汽车，往回走是下坡，景色又不一样了。只见层层叠叠黑色的屋脊，上面压着大大小小的石头，阵阵山风夹着泠雨，吹向坡底，行人已绝迹，旅馆的门窗紧闭，盏盏昏黄的路灯透然而下，石坡路有紫色的反光。黑色的木屋，黄色的路灯和紫色的反光，雨雾，构成一幅如此凄美的装饰画。

赶到山底的车站，土特产店都关了门，而深山的汽车，竟在雨中准时而到，那是前往木曾国铁车站的，途经妻笼宿。

汽车在山路左折右拐，有两个乘客在是当地的学生，第二个站就下了车，只剩下司机和我了。窗外的山谷，氤氲缭绕，路旁和树下一堆堆积雪，笼罩着淡蓝的夜光，司机说几天前这儿下过一场雪。我想，雨水夹着融雪，路面打滑，若是汽车翻进深沟，便死于异乡，打个电话也来不及。人固有一死，死于山中也图个清净。正在胡思乱想之际，司机告诉我妻笼宿车站在此下车。

已是五时四十分，离下一班车还有一个小时，可以看完这条古村，从林中小径进去，见一座吊桥，桥下是浅滩，流水很急，过了桥见一块黑板，点点圈圈画的是地图，天暗了看不清楚。见右边有几户人家，便拐了进去，木屋前晾着红黄蓝三把伞，与黛色山林又成一幅画。房子疏落，渐而消失，不久见一条公路，眼前只有荒山，才知道方向错了。拉紧背囊前行，想沿着公路找回刚才的村落，举目不见人，只听到风声水声雨声，有点心慌。一个女子，迷路于荒山野岭，若遇人兽袭击，无可防御。此时此地，必须拿出武松的勇气来，前面一带村落，若有酒旗撑出，必三碗不过岗。

从公路边进去，又见一座吊桥，原来是刚才那座，只是绕了村子一周，从另一条路而入，吊桥左面才是妻笼村。

天色昏暗，雨沥沥地下着，只听到伞上笃笃的雨声。一座两层的楼台，下面悬一盏四方的灯笼，微光透出"妻笼宿"几个字。靠着街上几点灯笼透出的光，辨出一列店铺，都是门窗紧闭，门扉是整齐的细木条，白纱纸格子窗，门前的招牌隐约可见，"伊势牛"，上槎峨屋有一堆木柴，蓝色的短帘上白色的菊花图案。陶瓷山货、鱼店、米铺、木器、漆器店、工艺店，都是一片幽暗。只有前面几家旅馆窗口透出些许黄光，衬出一棵奇怪的树，下段直立，长到檐下便往外弯曲，显然房子比树老。街上没有一根电线杆，也没电线牵连，为保留古时模样，电线都装到地下去了。

据说妻笼宿是日本最早实行保存措施的古迹。13世纪的古集落，到16世纪一度繁荣，是伊那路的据点，村中有妻笼城迹，留有旧时城郭，建于1264年。在武士年代，这儿的村民，要为藩主提供50匹马，50个差役的义务，这是从资料所得。如今置身其中，在这漆黑的雨夜，独自前行，灯笼引路，何等的神秘。

经过那棵树，有七八级的石阶落坡，下面有几座大木屋。第一间是松代屋，站在石阶上看到屋顶压着石块，以防风吹顶，这松代屋的木条已经很古旧了。接着的一间门口垂两页发黄的竹帘，屋脚用石头围着，路中一家工艺店，木架上放着精致的纸人形，竹器木器，却无人看守。继而是二三家旅馆，右边上坡，转入上町。这时雨少歇，路边的灯笼亮了一点，可以看到屋前的门匾，上町的光德寺前面有棵古樱，是指定的天然纪念物，树龄有二百五十余年。光德寺是观光案内所，都关了门，对面是妻笼宿邮便局，门前的木板上写着这邮局从古时以马传递消息到如今电脑作业的历史，邮局对面是本阵迹，即旧时的衙门，正在复修。中町有妻笼城，天黑无法找到古时城郭。附近一家乡土馆，是旧时的官场货栈，明治天皇在十三年来过妻笼宿，曾在此歇息。到了下町，有口留番所，即哨所。战国时期，妻笼城有哨兵守卫。

匆匆走完这条村，沿路标往车站走去，穿一条屋间的窄缝，是一片菜地，一盏孤灯，墙上贴着一张时间表，最后一班车今晚不来，只在周末才有这班车。我折回旧路，要寻找旅店，今夜只好在此留宿了。

中町有一家旅馆亮着灯，出来一位中年妇女，说是今天休息，敲第二家门，里面亮着灯，却没有人应，敲第三家说是满员，第四家出来一个男人，说必先预约。那时心里实在慌了，想起东京的旅店，经常有拒绝外国人的事。然而，乡间的旅馆，也如此可恶吗？于是挨家的敲，一个老头，看我狼狈的样子，指指右边的小巷说，你进去问问，可能会有空房。

那条窄小的巷，是两堵木墙间的缝，巷头亮着一盏灯笼，写着"下槎峨屋"，拉门进去，好言相问，出来一位年轻女子，见了我，又跑进里间，带出一个穿和服的老太太来，说二楼还有一间房子。我暗中侥幸，在玄关脱下灌满了雨水的沉重的短靴，上了楼，楼梯留下水迹，进屋，脱下湿漉漉的外衣，老太送来一篓子衣物，是和服睡衣腰带，和一件粗布短褂，还有茶壶茶叶，一块糖山栗，她说现在做夕食（晚飡），你可下楼去御风吕（浸浴），热水已备好。此情此景，令我想起了温暖的家庭。虽然独身的生活能纯化自己，造就事业，轻松自由，而在人生的风雨中，沉沦失败之后，上有瓦盖，下有枕席，中间有茗茶美酒，温馨细语，才是生活的根本。

换上和服，扎上蓝布腰带，穿上草履，拖沓着下楼，从武松变成村姑。浴后，到饭间去，跪坐方桌前的蒲团上，看这丰盛的晚餐，用著名的木曾漆器盛着，味噌汁（豆酱汤）盐渍菜，糖渍鱼，褐色的皮上带黄斑，是一种岩鱼，还有一块蛋，生鱼片下垫一片新绿的桑叶，一格白饭，饭面上缀颗红色的樱果。日本料理五彩缤纷，味道清淡，有人说中看不中吃，有人说没有味的才是真味。不管怎样，这一顿来之不易，老太太看我吃得精光，脸上露出满意的笑容，说：你早早休息吧，便没有再露面。

回到房中，坐在矮桌旁，把发麻的双脚伸进桌底，桌下是暖炉，发热管装在桌子下面，桌上铺着毛毡，一直盖到地板，日本人冬天就这样围着桌子吃茶看书。我慢慢地沏茶吃栗，浏览这房间，想寻找古时在此住过的武士，差人和仕女的痕迹，或是大相扑力士来过，留一个手掌印贴在墙上，或某某到此一游的签名。可惜没有，墙上挂着的玻璃镜架，上写着住房规则，说是为了保护稀有文物，遗留后世，禁止在房内抽烟饮酒，放歌高吟以及打麻将，弹乐器，走路要轻步，不得喧哗。这些旧木屋，脆弱得连喧哗都经不起了。

天花板吊下一盏灯，是用细木拼成的四方框子，榻榻米有点发黄，屏风上有水墨画，两页木拉窗至房顶，下有一横匾，上书"龙吟虎啸"，草书颇有豪气。拉开木窗，外面一片漆黑，不知什么时候下起的滂沱大雨，雨水沿檐边哗然泻下，如一道水帘。今晚无夜色可看，只好关窗。静静地坐着，深山听雨，还是第一次。人生几何，有如此的闲逸，想起东京的日子，风风火火，庸碌无为，与其为生活而生活，不如山国乡民，日出而作，日入而息的悠然自得。

早早歇息，起身关门，两页轻薄的拉门之间，竟没有门闩，细细找寻，连个扣子都没有，楼下住着男人，隔壁有三个日本女孩在高声谈笑，带着浓重的关西口音。山里的人，夜不闭门，活得何其坦然磊落！然而我还是不放心，用枕头顶住门框躺下。久久不能入睡，于是我想起一件往事，那时我还是知青，回广州探亲，途中要在广东斗门县白蕉旅店住一晚，半夜上厕，门却打不开，似乎外边上了锁。次日早起，问及服务员，说是店规，凡是女客，夜间门必上锁，一是保护你的安全，二是防止娼宿。当时我又气又恼，哭笑不得，那是把人当成动物，如今这内外都没有锁的门，又说明了什么？

一夜无眠，我想起在日本度过的七年，已渐渐习惯了日本的生活，忘记了中秋，甚至忘记了过年，活得如东京的男人机械，也如东京的女人，目光下垂，脸上毫无表情。日本的女人以侍奉男人和家庭为天职，结婚后被称为"家内"，称丈夫为"主人"，丈夫死后自称"末亡人"。这些汉字的称呼，从中国的旧书搬了过去，沿用至今。我为日本女人抱不平，然而她们却活得心安理得，这又该如何理解？

我想世界上不同的民族，因自然条件、地理和历史不同，而形成不同的文化心理和生活习惯，如海岛、内陆、沙漠、高原的人们都过着不同的生活，即使改变了地理位置，也难以改变生活和饮食习惯。日本人善于从世界上取其所需，而不容易融纳异族，这片狭窄的土地是不能住得太久。

雨终于在半夜停了下来，不久听到敲门声，老太太请大家起床吃"朝食"，那时才是六时半。吃了一顿最早的早餐，背起行李就出门。老太太问："您这就回东京了么？"我说："是啊，虽有美景，不可久留，残念（可惜）得很呢。"

走出门来，好一个清清楚楚的世界，昨夜车站的孤灯，如今换了阳光，回头看这古老的村庄，黑色的木屋，湉静地坐落在山谷---它们在世界上应有的位置。

发表于北美中文作家协会会刊

《东西》第367期，2024年

在旧金山与杰克·伦敦的世界相遇

凌珊

旧金山与杰克·伦敦

如果城市可以用年龄比喻，旧金山应该是青年，自由奔放，头戴鲜花、发带，吟唱着"如果你来旧金山,别忘了戴上一朵花"。

有一阵很喜欢一本杂志，就是因为其封底每期都是一幅西洋油画图片，艺术唯美。

其中一期封底是一大片蒿草地，齐腰深，青黄色的草地中间站着一个年轻女子，白衣蓝裙，低头敛眉，大草帽半遮面颊，手里一束花草。

这张画很像旧金山——年轻，奔放，花儿的孩子。

如果你到旧金山

一定要在头上别一朵花

来到旧金山的人

夏天是个可爱的时候

在旧金山的街道上

温柔的人们头发上戴着花

……

Scott McKenzie 的这首歌把旧金山唱成了一个传说。戴着花儿的人们在上世纪60年代的嬉皮文化里摇动着斑斓色彩。

蒿草在风中摇动。旧金山有风。

马克吐温说过，他所经历过最冷的冬天就是旧金山的夏天。

第一次去旧金山还是读书的时候，金门大桥下面，风卷凉意，身上的衣装大有不遮寒冷之势，迎风站在草地上给金门大桥拍照。

那时节跟着导师一行人去开会。

站在伯克利大学校门口，靠着建筑栏杆咔嚓照片。身旁是又高又壮的老美女生和从爱尔兰来的小巧玲珑的同学。

如今真是地球变暖，寰球同此凉热了？金门大桥上，阳光高照，感觉跟以暖出名的德州差不多了。

从旧金山到伯克利要穿过大桥先到奥克兰。

旧金山与奥克兰仿佛上海与苏州。眼眶与眼眉一样的近。

有的时候，去一个地方倒像是为了重寻足迹，一个想法，某个念头。

来奥克兰寻觅杰克·伦敦的足迹，就像去北京大观园，在里面找寻想象一下《红楼梦》里的那些人物。

当年杰克·伦敦追富家女子罗丝就在这一带。他骑着自行车穿越市中心去伯克利找她。

罗丝在伯克利读英文专业，但是却不看好杰克·伦敦写小说。

当然也有她家庭的影响。

杰克·伦敦跟罗丝的故事很像经典里的版本。穷小子跟富家女一见钟情，家长作梗，然后一拍两散，穷小子一夜成名，富家女回心转意。但是无用。

这两人的情形也像菲兹杰拉德和泽儿达（Zelda）。

但是菲兹杰拉德一直没放弃，并且乘胜追击把美人追到手。

那句be aware of what you wish有道理，就是小心你所希翼的。

菲兹杰拉德的婚姻一点也不好，还不如娶不到Zelda呢，简直是给她害苦了。

不过杰克·伦敦也够刚烈，罗丝回头来找他，他不但直指她虚伪，为了钱和名气，还自己去寻短见以回复这个世界的邪恶。

还是太年轻？像老费那样，好死不如赖活着的多少人啊。

不知道。

这个世界反正怎样都是苦的，娶到意中人，娶不到意中人，都有要走的路。

奥克兰也有些钢铁城市的面貌，去杰克·伦敦广场，车子开在铁路上，有很长一段路，竟然全是在铁轨上开。

却原来这附近有个火车站，很漂亮现代。

临近火车站的一条街房子却很破旧，墙上布满涂鸦的街头艺术，几个黑人站在停着歪七竖八的车子前抽烟大声喧哗。

空气里飘浮着淡淡的烟味。

仿佛能感觉到杰克·伦敦书里的情景。那样暗淡的街道，矿工的生活。

不知道为什么总把杰克·伦敦跟矿工联系起来，其实他这里是码头，应该是码头工人。当然也有过金矿，马克吐温的《百万英镑》里开头画面就是讲的在旧金山矿山做办事员的男主人公。

沿着街道走，路旁的店铺商品堆成山像批发商，黑厚的门帘半敞着，看不到人影。路旁却躺着一个无家可归的人。

好在不远处已经能望得到高耸入云的杰克·伦敦酒店招牌。

杰克·伦敦广场

现在想来当年从旧金山到伯克利应该是坐船。

就是摆渡，奥克兰的港口，每天轮船往返就像黄浦江摆渡浦东浦西一样寻常。

还有捷运火车，交通其实非常方便，不像杰克·伦敦当年。

1900年代的时候，淘金热的人汹涌到旧金山，杰克·伦敦也投入其中，金子没淘到，却得了病。

看他的小说《野性的呼唤》就是记录着那一段时期顽强的求生经历。

被狼群包围，几天几夜不能合眼，最后在自己周围点起火圈，才能闭眼睡一会儿。狼怕火，但是想象一下被野狼包围着睡觉也够超现实的了。

杰克·伦敦广场，大大的一个镂空铁门横跨在岸边，上边印着 Jack London Square 英文字母。椰子树摇曳，餐馆簇新宾客满盈，举杯对话，靠着栏杆看海的人们，很像电影里的画面。

有意思的是，如果镜头朝后扩大一圈，就会照到刚才那条街上的落魄流浪汉。但是也难说，也许人家就是《百万英镑》里的富豪冒充的呢也说不上。他这样的人在旧金山看到好几次，流浪汉不稀奇，稀奇的是他们总有一种说不出道不明的情形。

一个城市是有时代感的。

旧金山是这样，还因为有海。

用狄更斯在大卫科波菲尔里的话就是：海边的人，不到潮水快要退尽时，是死不了的。不到潮水涨满时，是生不出的。要是他还能活到下次涨潮，那他就能挺过潮水涨满，然后再次退潮时，跟着潮水一道去。

广场中间竖立着杰克·伦敦塑像，铜质像上闪着亮光。塑像当然也很年轻，杰克·伦敦在短暂的40年生命里写了19部长篇，150多个短篇，3个剧本，还有大量的散文和论文。太厉害了。不算他前边二十多年的浪荡生活，整个16年的时间里创作出这么多作品也是辉煌绚烂。

围绕塑像的是一圈小小的狗爪印，那是他的故事里的主角，狗跟狼们的足迹。

看完一圈，就觉得人类的苦难是共通的。

前面提过杰克·伦敦的经历有点儿像菲兹杰拉德。不同的是杰克·伦敦功成名就后也没有娶成富家女。

虽然他的婚姻好像没有菲兹杰拉德那么坎坷，但是他的个人苦痛一点儿也不少。最后就是跟他的长篇小说《马丁·伊登》里的人物一样的命运，自杀身亡。

杰克·伦敦的信念

进入奥克兰往北开十几分钟就是伯克利校园。

路上的年轻人多了起来，背双肩包的，骑自行车的。树木高大地耸立在道两旁。

要说杰克·伦敦也在这里读了两年呢。后来缀学没读完。

当然主要是父亲生病没钱读书，还有就是他觉得浪费时间，什么数理化对他没有用。他就是想写小说，那些东西不需要。而且他认为一个人穷其一生对某一学科也不可能全知全能，那还不如直接专心一门学问。

他很推崇赫伯特·史宾塞，就是那个教学理论中的三要素：一是学习应该是快乐的；二是自助教育是人生中最有益的；三是有健康的体魄和心智。

感觉他前两项都实现了。

尤其是第二项，他基本上全靠自助，自学成才。连高中都没上过的人，写出世界文学经典。

他靠海量地读书，记笔记，真是认真，又有动力。这样一个人，也可怜，因为是私生子，没人管教，后天的一切全靠自己琢磨。看他跟罗丝约会，要使劲儿想小说里人物的约会经验，然后用到自己身上。

这样哪里还能得到她那势利眼的父母欢心呢？

说到底，杰克·伦敦靠自学的大部分还是成功的，就可惜最后这一项没成。健康的体魄和心智。

就是承认人的不完美，世界的冰冷邪恶。不黑不白，全是灰色的底蕴。

就是在碰得头破血流后，也要跟罗曼·罗兰一样的英雄主义，即使在认清生活的真相后，依然能充满热情地生活下去。

想说的是杰克·伦敦的信念。

就是当全世界都背叛你的时候，还有你自己相信自己，那，你就不是孤独的。所有的人都不看好他写作，从女友到家人到社会，稿子卖不出去，女友离去，生活没有着落。但是，他相信自己，相信文学，相信灵魂。就是你的灵魂与文学的缘分不可分割，那么你就不是孤独的。只要坚持下去，你就是在真诚地活着，诚挚地拥抱着这个世界。

《马丁·伊登》里，基本描绘都是在奥克兰这个地方，年轻的他穷得上顿接不上下顿，自行车进当铺来来回回。

最后，时来运转，卖不出去的小说全都卖出去了，而且还热销，大热，稿约不断，名声大躁。

除了《马丁·伊登》，我也比较喜欢《野性的呼唤》。讲了一条叫布克的狗，是狼跟狗的混血，兼具狗和狼的特性。

有一个片段特别感人，就是布克碰到一条狼，它们在旷野里奔跑，快乐无比。

其实读这个小说，对自己的身份认同很有意思，就是你可以跑去美国，欧洲，跟人家融合。但是，跟你与自己族人在一起的那种无障碍的心有灵犀的交流，无芥蒂的顶级文化交融是无法比拟的。这好像在说，如果你是狼狗，那么，你心底的热爱是不可压抑的，狼子野心迟早要暴露出来。

或者正能量的说法就是，找到自我。

在伯克利流连徘徊。喜欢大学的氛围，看看钟楼，还到顶楼去望了望，可以看到金门大桥，和旧金山市区。

"旧金山屹立在高地上，像层叠模糊的轻烟。横在中间的海湾犹如熔化了的铅般闪着暗淡的光，水面上的帆船，有的纹丝不动地躺着，有的随着缓慢的潮水漂流。金门海峡在西斜的阳光里，仿佛一条淡金色的小道。再往远处是辽阔的太平洋，苍茫一片，在地平线上掀起一团团滚滚的云块，它们正朝着陆地汹涌而来，警告着冬令第一股狂风的即将来临。"

这是《马丁·伊登》里的描绘，杰克·伦敦眼里的旧金山。

下面是一大段他跟罗丝在一起读勃朗宁爱情诗篇的情景，简直美到极致。

一个地方能够在文学作品里永存，并且闪闪发光，那真是这个地方极大的幸运和最好的归处。

发表于《世界周刊》2024年9月15日

行走大美西部

吕红

仿佛冥冥之中的召唤，古丝绸之路上的声声驼铃，让遥远的旅人踏着戈壁沙漠的热浪，翻山越岭追寻梦想。青海的西宁、格尔木，还有昆仑山，既吸引我，又使我忐忑。它们驻留在我从地理课上获得的朦胧印象中，却从未抵达。一个偶然机会，我终于圆了心中的梦！

青海天地辽阔，山川与江河纵横。车窗外，长江源头、万丈盐桥、昆仑雪景、沙漠森林，一帧帧从眼前闪过。昆仑山口、西王母瑶池、昆仑神泉、胡杨林等激起大家一阵阵惊叹，来自世界各地的文友不惧高原反应，来此寻微探幽。大巴行至109国道青藏公路，不知谁起了头，同伴一齐唱起那首歌，"清晨我站在青青的牧场，看到神鹰披着那霞光……那是一条神奇的天路，带我们走进人间天堂。"哦，原来这就是天路啊！

不知不觉来到昆仑山口，这里位于东昆仑山中段，海拔4767米，是青藏公路沿线一个重要关隘，也是青藏交通线观赏昆仑山的绝好位置。8月昆仑地带风貌奇特，地势高耸，群山连绵，雪峰林立，自然景色十分壮观。立足昆仑山口，蓝天、白云和雪山映衬下，万里河山静卧脚下，人世浮沉困惑，刹那间云淡风轻。

　　大巴沿着文成公主进藏之路，途径海西蒙古族藏族自治州。停车逗留，登日月亭。一扫文弱斯文，骑上白色的牦牛留影。

　　行至一处昆仑神泉之地或"沼泽中的平台"，亦称"佛台"。民间传说当年文成公主进藏时，行至此处遭遇风沙烟瘴，无法前行。迎亲大臣禄东赞拜见公主，说此乃神山，要虔诚拜祭方可通过。在海拔3700米处，公主下辇在一平台上拜祭时，忽然一股清泉从佛像前喷涌而出，形如宝塔莲花，这就是昆仑神泉。泉水为构造岩溶水，高寒区冰雪融化后沿岩石构造裂隙渗入地下，在岩溶裂隙和溶洞中，因水中富含多种微量元素，拥有了"人间圣水""冰山甘露"的美誉。小伙伴们纷纷争先恐后掬起一捧甘泉，品味良久。

　　令我印象最深的是青海的"湖"。茶卡盐湖，这是怎样一个魔幻的仙境！茶卡盐湖四周雪山环绕，平静的湖面像镜子一样，反射着令人陶醉的天空景色，它也因此被誉为"天空之镜"。置身盐的世界，漫步湖畔，如行走云端之上，水映天，天接地，宛如画中游。"茶卡"是藏语，意即盐池，蒙古语称为"达布逊淖尔"。无需美颜加滤镜，这里有色卡难以定义的蓝与绿。青翠的盐卤湖水中，雪白的盐花像有生命般在生长。难怪诗人曰：天上有云，云下有镜，镜前有影，影中有"雪"，"雪"畔有你——这就是此刻的全部世界。

　　西王母瑶池是一座天然高原平湖，湖面呈如意形，整个湖区宁静而神秘。民间传说西王母的诞辰日是每年农历的八月初八，天界各路神仙都会集于"瑶池"，举行蟠桃盛会。瑶池湖水清澈，水鸟翱翔，湖泊周围山峰林立，呈现出一派刚中带柔的高原景象。瑶池湖水波光粼粼，周边水草丰美，鸟兽成群，气象万千。

"格尔木"为蒙古语音译，意为"河流密集的地方"。是傍着青藏公路修建和柴达木盆地崛起的一座新兴城市。由中心城区、唐古拉山区两块互不相连的区域组成。途中有个小插曲，在昼夜飞行又转航班时本人旅行箱却不翼而飞。虽机场客服承诺将运送下一站点，仍心里忐忑：从西宁到海南州共和县，又从海西州乌兰县出发至格尔木，路上行程超五小时，每天行色匆匆，赶赴新的景点，何况也不是所有地方都有机场啊，能否如愿还真是个问号。一到格尔木就接到信息，似有现代交通神器，那旅行箱从一个机场运到另外一个机场，并快递追踪送至住地。充满悬念的心终于放下，立马向亲友报喜！

夜逛格尔木，广场灯火通明。据悉格尔木多民族聚居，多宗教并存，多文化交融，当地总人口30万，有汉、蒙古、藏、回、土、东乡、撒拉等35个民族，佛教、伊斯兰教、道教等宗教并存真是名不虚传。锅庄舞翩翩，天籁歌喉绕梁不绝；一群来自东南西北的文人墨客被感染了，竟也情不自禁地汇入热舞的人流中！

逶迤延绵，九曲回环。青海，是我第一次来的地方，也是我还想再来的地方。从青藏高原到河西走廊，我们无不感受到当地人的热情淳朴。所到之处，迎面是热情洋溢的笑脸与青稞酒一杯又一杯。雪白哈达献给远道而来的客人，还有扎西德勒的祝福语，连绵不绝。博大而又神秘的大美青海，有闻名世界的可可西里，有穿越时空的唐蕃古道，这里是三江之水的源头，是地球难得的一片净土。

青海湖如海般宽阔，由远观到乘船兜风，湖水时而激荡时而温柔，蔚蓝如镜，倒映天空变幻不同颜色，绝世美景尽收眼底——感觉人生颠簸及异乡打拼的诸多辛苦都值了！

从青藏高原到河西走廊，对于早已见识过科罗拉多大峡谷的旅人，没料到大西北甘肃采风，竟也是啧啧声不断的惊艳：七彩虹霞台景观色彩丰富、艳丽，犹如七彩虹霞洒落在山丘之上，在夕阳余晖映衬下色彩尤为绚丽。山势跌宕起伏，色彩波动，有种一览众山小的感觉，尤其是晨雾之中或云海之上，仿佛海市蜃楼，又如仙山琼阁，绝美景观让大家兴致勃勃各种角度拍不停。

遥远的敦煌在人们心目中多少有些神秘。当举世闻名的莫高窟从三维全景电影，再到可触可观的洞窟系列呈现于面前，惊艳了一众文友。称这洞窟的惊世绝伦之美，放在整个人类艺术史中，都毫不逊色。莫高窟见证了一个民族文化生命的延绵不绝。近800个洞窟中，492个洞窟里布满精美的壁画，覆盖了约4.5万平方米的空间，被认为是世界上最精美神秘的艺术宝库之一。犹记得上世纪70年代末、80年代初的大型民族舞剧《丝路花雨》，其中"反弹琵琶"的倩影至今驻留在我心中。如今，以敦煌为背景的艺术创作不断创新，强烈的视觉效果、浑厚的文化底蕴、鲜明的现代样式、博大的精神气势，给观众带来无与伦比的美的享受。

艺术家说，崇高雄浑是华夏山水的特征之一，巍巍昆仑的苍莽壮阔、珠穆朗玛峰的神圣宏伟、三江横流的浩然之气、岱宗观日的神秘火焰，这些壮丽景观交织出了华夏大地的斑斓画卷。

发表于《人民日报》海外版2024年10月26日

初到新大陆的邂逅

舒怡然

这个世界上的确存在两种人，一种人在等待命运的安排，而另一种人是去改变命运的安排。——题记

一

那是九五年一月初，我乘坐的美联航波音747在里根国家机场降落。在行李提取处，正当我左顾右盼的时候，忽听背后有人喊我的名字，回头一看，正是来接机的博纳教授。他身材修长，一看就是个经年锻炼的人，穿一件深灰色夹克衫，同色棉质长裤。最令我印象深刻的是他的络腮胡子，几乎遮住了半张脸，使他的五官看起来比实际小了一圈。博纳教授一见到我便说，你运气不错，一月份下雨在华盛顿这个城市可并不多见。我弄不懂他是幽默，还是认真的，心中好生奇怪，出门淋雨竟然是好运的征兆，这文化差异也太大了一点儿。

他拉起我的两只大旅行箱就要走，我小声问了一句，要不要找人帮忙。他诧异地看我一眼，好像是说，怎么了，你不相信我有足够大的力气？他拉着两只箱子，大步流星地走在前面，我赶紧加快脚步紧随其后。博纳教授将是我的导师，看来美国教授还真是没什么架子。

我坐进教授崭新的斯巴鲁跑车，雨还在淅淅沥沥地下个不停，路灯忽明忽暗，迎面疾驰而过的车辆溅起水花，飞旋地拍打着车窗。博纳教授夸奖我说，你挺勇敢呢，一个人从东京芝加哥一路过关，我自己还没去过东京呢。他两眼专注地盯着前方，似乎陷入了回忆。

一九二一年希腊与土耳其大战期间，我父亲跟随我祖父逃离希腊，落地纽约，成了第一代移民。这是博纳教授后来告诉我的。那么说，他就是博纳家族的第三代移民了，难怪他留着大胡子。自古以来，希腊人就一直喜欢蓄长而浓的胡须，在希腊进入罗马统治之后，胡须成了学者和教师的标志。我心中顿时生出莫名的亲近感，原来我和教授是同类人，都是"外来户"。不过我马上为自己的这个想法感到好笑，美国本来就是个移民国家，哪一个不是背井离乡到这里来的呢？

博纳教授打开了车里的音响，那音乐的旋律缓慢，忧郁，浸着一缕忧伤，宛若一个人在娓娓倾诉。我还从没听过这么动人的曲子，感觉好像河水漫过堤岸，而我正坐在一条船上，沿着这条无名河漫无目的地漂流，不知会漂到什么地方。多年以后，每每回忆起初到美国的那个夜晚，都会令我蓦然心动。

博纳教授把我送到一位中国留学生家。他说，明天上午我过来带你去看房子，你得给自己寻个栖息之地。找房子可真不容易，主要是我付不起太贵的房租。博纳教授带我跑了一天，看了三四个地方，没有一个看得上眼的，要么房间小得像伏契克的狱室，要么窗户小得跟透气孔那么大，有个房子简陋得床垫子直接撂在地板上，连博纳教授都不好意思了，为难地看着我。我下定决心，下一个房子不管什么样子，我闭着眼睛也要说同意。就这样，我遇见了我的第一位美国房东。

二

赶在开学的前一天晚上，我终于搬进了莱恩和波拉的家。那是一个三层维多利亚式独立屋，房子年头很久，门廊和屋檐上的绿色油漆都有些剥落了。远远看去，好像一座绿色的梦幻小岛，我管它叫绿房子。

第一次见到波拉，觉得她很美，高挑个，金黄色的头发松散地披在肩上，映衬出她脸颊的白里透红。握着她伸过来的那双手，真软，好像软到骨头里去了。

她领我到二楼，先看了我的房间。然后站在隔壁房间门口，轻轻敲了一下门，"莱恩，她来了，你方便吗？"

房间里传出窸窸窣窣的声音，好像有人在起床穿衣服。门打开了，一个身材高大的男人把整扇门都堵住了。他睡眼惺忪，头顶上稀疏的灰白头发显得凌乱。他伸过手来，"你好，我是莱恩。"我估摸着他有60岁了，而我身旁的波拉，看上去也就30岁刚出头。莱恩住在我隔壁，波拉住在顶层的阁楼间，成了我的"顶头上司"。我揣摩着，这俩人可能不是夫妻关系，要不然为何不住在一起呢？

莱恩是经济学博士，在位于郊区的一家小杂志社做编辑。每天清晨六点钟刚过，他便咚咚咚地跑下楼去，吃个简单的早餐，然后匆匆地去赶地铁，日复一日从不间断。我在楼上耐心地等着，一直等到前门被"哐当"一声撞上，就跟侯宝林相声中等楼上那只掉不下来的靴子一样。然后整幢房子又恢复了宁静，我便可以踏踏实实地再睡个回笼觉了。

与莱恩正好相反，波拉的动作像猫一样轻盈，我从来不知道她是啥时候离开家的，又是啥时候回来的。大学毕业后，她一直都没找到稳定的工作。当过办公室秘书，旅行团导游，百货店的售货员，有时跟母亲一起去教会做义工。她每天出出进进，看起来忙忙碌碌，只是不知道她在忙些什么。

波拉称莱恩是她的"男朋友"，他们在一个屋檐下过日子，却各人忙着各自的事儿，看起来是井水不犯河水。波拉负责家里的食品采购，每次她都会叫上母亲，那个住在地下室走路颤颤巍巍的老太太，她也很大方地邀上我和另一位房客。我忍不住为她那辆两门旧跑车担忧，担心它的四个小轮子会给压爆了。

波拉是个颇讲究小资情调的女人，她从不忘记买一把鲜花点缀客厅和餐厅，哪怕是最便宜的那种花，连餐巾纸都选别致的花样，从不买大路货。每个周末，他们一家三口雷打不动地去教堂做礼拜。遇上心情好的时候，波拉和莱恩还会共进烛光晚餐。一束鲜花，一瓶红酒，有时换成香槟酒，再点燃几枝香烛，花香与酒香缭绕在一起，使这间小房子充满了浪漫气息。

好日子并非天天如此，波拉和莱恩也经常吵架。平素彬彬有礼的莱恩，吵起架来跟变了个人似的，暴跳如雷，大喊大叫，他那愤怒的声音会在瞬间形成一道冲击波，把整幢房子震得发颤。以前在电影里看过的美国男人，差不多个个绅士风度，莱恩却彻底颠覆了我的这个肤浅印象。生活原本就没那么简单，有风和日丽，必定会有暴风骤雨。别看两个人白天打得不可开交，可到了夜里，波拉又会像只猫一样，轻手轻脚地推开莱恩的房门，她得给他消消气。当然谁也没有赋予她这个责任，是她自己心甘情愿的。

有天晚上，我从学校上课回来，见波拉一个人坐在客厅，独自啜泣。见我回来，她抹去泪水，难为情地冲我笑了笑。我问她为什么哭了，她说，真羡慕你。我一愣，我一个穷留学生，有啥好羡慕的。她说，看你多么自由啊，出国留学，做自己喜欢做的事。我说，你也可以做啊，比如去上学，再拿个学位，找一份你真正喜欢的工作。听我这么说，她低下头，小声嗫嚅道，莱恩他不高兴我再去读书，他说没什么用。再说，我也考不起GRE，我数学特差劲。我看着波拉，虽然已经三十多岁了，眼神却还是那么天真单纯，我不知道该说什么才好。在这个极力倡导女权主义近百年的国度，我却遇见了一个无力追求自我独立的女人，目睹她被现实胁迫绑缚的境遇。或许，这也是她喜欢的生活方式，对于女人来说，依赖往往会变成一种习惯。毕竟，并非每个女人都愿意自我奋斗的。

生活不会总是那么糟糕，命运终于给了波拉一份惊喜。在我搬进绿房子三个月后，波拉找到了工作，是在一家放射科中心为医生做笔录，据说薪水还不错。波拉兴奋得像个小女孩似的，在房子里跑上跑下。她悄悄告诉我说，这下我就有望实现梦想了。我问，你梦想什么呢？她把脸一扬，去英格兰寻根呗，小时候我妈妈常常跟我念叨我太祖父母和太太祖父母的故事，那时我就想啊，将来等我有了钱，一定重返故里，去看看我祖辈生活过的地方。这么说，波拉是正儿八经的英格兰后裔，那么她又是第几代移民呢？

三

　　我去研究生院报到的第一天，遇上了一位叫阿历克斯的男生。初次见面，就被他神采飞扬的谈话风格感染了。他来自莫斯科，身材魁伟肩宽体阔，一双又浓又黑的眉毛，只要一开口说话，就会不停地上下牵动，好像只用嘴说还不够，眉毛也得跟着凑热闹，才好营造出热烈的气氛。

　　阿历克斯身上似乎有燃不尽的热情，他喜欢和各种各样的人交往，系里的教授没有他不认识的，连办公室的秘书都和他混得熟稔。到了学期末，他轻而易举地就拿到了暑期学生奖学金。在激烈的竞争中出线，说明阿历克斯公关到位，而其它外国留学生包括中国留学生都只能自叹弗如了。

　　阿历克斯的胆子也出奇的大。来美国之前，他曾参加过莫斯科城市自卫队。当时正值苏联解体，一个偌大的国家顷刻之间分崩离析，人心躁动，社会治安可想而知。莫斯科城市自卫队就是这样应运而生的。

　　我问阿历克斯，你打过枪吗？他把头晃了晃，言外之意，打枪算什么，那还不是小菜一碟。我又问，你打死过人吗？他耸耸肩膀，没有正面回答我的问题，倒是神侃起防身战术来。他说，要想紧急关头化险为夷，必须得练就在一秒钟之内回身还枪的本领，不然你自己先玩完了。说罢，还做了一个抢枪回身射击的姿势，我只在恐怖片里才看过那样惊悚的镜头。接着他赶紧补充了一句，"说实话，我可一个人都没杀过。"阿历克斯真是足够聪明，可谁会相信他的这句"实话"呢？

　　系里还有几位俄罗斯男同学，他们和阿历克斯的性格十分相像，从里到外透着一股强悍。不过如果没有罗马尼亚人做陪衬，俄罗斯人的强悍也就派不上用场了。

留学生里罗马尼亚人也不少，有个叫卡尔的人和我交谈最多，他长得又高又瘦，满脸络腮胡子，讲话时胡子跟着嘴巴一起动，脸便生动活泛起来。他是我们研究生院年纪最大的学生，他的太太和两个孩子都还留在罗马尼亚。不像其他东欧留学生，都打定主意要留在美国，他是准备完成学业就回国的。卡尔总是一副谦谦君子模样，连说话声音都低八度，他最喜欢谈的是儿子和女儿。有几次在图书馆听卡尔和其他同学高谈阔论罗马尼亚经济改革，他一反平日轻言细语的姿态，居然也提高了嗓门侃侃而谈。

罗马尼亚人有很多共同特点，比如都非常谨小慎微，不屑于争辩，一遇到唇枪舌剑的场合，他们大多选择回避，一言不发地快快走开。不过，懦弱的人一旦反抗起来，那种孤注一掷的劲头更令人刮目相看。在博纳教授家的感恩节聚餐会上，我便亲眼目睹了这一幕——胆小的罗马尼亚人与强悍的俄罗斯人针锋相对，他们的论战焦灼混乱，难分胜负。到了最后，双方都不晓得到底为何而争。卡尔激动得面红耳赤，阿历克斯则是满脸不屑。一个人过去的生活会给他的一生打上无法磨灭的印记，从某种程度上说，民族性格也决定了民族的命运。

四

我就读的大学位于哥伦比亚特区东北边，据说直到20世纪中叶这里都是很不错的地方，交通方便，乘地铁几站地就能去看白宫、国会山和华盛顿纪念碑。但是到了上世纪末，DC东北区的社会治安愈来愈差，以至于直接影响了大学的生存环境。校园公告板上几乎每天都登出犯罪案件，警示学生哪里又发生了抢劫案或枪击案。别人已经见多不怪了，可我这个初来乍到的新生却整天提心吊胆。我跟阿历克斯抱怨说，这还怎么出门啊，到处都是抢劫犯。阿历克斯开导我说，世界上哪有不危险的地方，在莫斯科我也觉得不安全。危险到处存在，关键在于心态，你要在危机四伏的世界中寻找安乐一隅，要学会与狼共舞。我可真是佩服这位学兄，什么问题到他那里都不成问题了，他有着哲人一般的理性思维。

说归说，每天去校园我仍然小心翼翼，夜里从来不敢出门。即使这样，不该发生的事情还是发生了，而且是在光天化日之下。那是个细雨蒙蒙的午后，我撑着红伞，沿着梦露街独自走在回家的路上。可能是我太专注于脚下的路，以至于一个人挡住了我的去路，我才猛然抬头。只见一把明晃晃的刀子在我胸前晃动，那个黑人冲我高声叫喊，"把包给我！把包给我！"我想起刚入学时，校警给我们讲校园安全规则时的训导，遭遇抢劫时，千万别抵抗，先设法逃脱。于是，我马上松开手，黑人一把夺过我手中的皮包，撒腿就跑，还回头冲我大声叫嚷，"滚开！滚开！"我下意识地朝相反的方向跑去。

气喘吁吁地跑过几条街，我才停下来，回头一看，抢劫犯早已不见踪影。我木然地站在人行道上，汽车一辆接一辆地从身边疾驰而过，没有一个停下来的，我并未期待会有什么见义勇为的英雄从天而降。对于一个犯罪率居高不下的城市，抢劫已经司空见惯，没什么值得大惊小怪的。我不记得自己是怎样拖着沉重的脚步回到绿房子的。波拉一定是被我惊恐的脸色吓坏了，急忙打电话报了警。

我在家里躲了两天，最后还得硬着头皮去学校。等见到博纳教授，原以为他会表示震惊抑或愤怒，哪想到他只轻声说了一句，"对不起"，便没了下文。反倒让我觉得是自己过于矫情，一次抢劫乃区区小事，应该转身忘掉才对。倒是阿历克斯过来安慰我说，你够幸运的了，那人不过拿了一把水果刀。前些天我在地铁站被抢，人家拿枪捅在我腰上，恶狠狠地吼道，"举起手来！钱包在哪？"我赶紧乖乖地回答，在牛仔裤兜里。我调侃他说，你为何不使出回手一枪的绝招呢？阿历克斯冲我做了个鬼脸，这叫好汉不吃眼前亏嘛。

这桩案子并没有就此打住。过了两个月，我收到华盛顿DC警察局的一封信，他们询问我是否愿意去警局指认，那个抢劫犯因其他犯罪行为已经被拘捕，看来这是个惯犯了。我向师兄（一位美国小伙子）请教，问他我该不该去。他耸耸肩说，如果我是你，我就不会去。我理解师兄的好意，他是为我的安全着想。当时正好赶上期末考试，我忙得天昏地暗，也就顾不上这件事了。

至于那个抢劫犯的下落，他真的被关进了牢狱，还是被无罪释放，继续他的抢劫营生，我不得而知。美国有多少这样的人游荡在纽约芝加哥洛杉矶这样的大城市？这个社会毒瘤何日才能根除？谁知道呢。

五

　　落地美国还不到一个月，就迎来了第一个春节。这时情不自禁地就怀念起在北京过年的日子——大街小巷红红绿绿的装饰，商场里进进出出买年货的人流，电视机里热热闹闹的春晚，这才是年该有的味道啊。离开故土，过年再也没了这种气氛。

　　不过留学生们自有排遣乡愁的方式。大概是农历初五晚上，学校的中国留学生社团搞了个春节聚会，包饺子，放春晚录影带。我走进位于校园大教堂旁边的健身中心，一下子看见了那么多张中国脸，虽然都是陌生的，感觉却格外亲切。连我这个平时不爱热闹的人，都被现场的热烈气氛感动了。我理解了某些时候人为何要抱团取暖。

　　那天夜里下起了大雪，凛冽的北风吹在脸上，又麻又疼，天边几颗星星冷冷地注视着我。我踏着白皑皑的积雪，朝绿房子走去，那是我的家，虽说它只是个临时驿站，可那也叫家。平生我第一次体悟到"独在异乡为异客"的滋味。一年之后，我告别了绿房子，告别了波拉和莱恩。

　　生活像一条河流，它载着我们永不止息地漂流。卡尔早已回到罗马尼亚，与他的家人团聚。阿历克斯和我一样，留在了美国，凭他的能力和激情，我猜他一定活得如鱼得水。而博纳教授在2005年就走了，永远离开了这个世界，他很年轻，还不到60岁。15年后当我惊闻此哀讯，不胜唏嘘。

　　当年如果没有遇见博纳教授，也许我不会走出国门，也就没有机会见识各种各样的人生——希腊人、俄罗斯人、罗马尼亚人、土耳其人、波兰人，当然还有美国人。我们都在这个星球上活着，虽然各有各的活法，但总有些东西是共同的。蓦然回首，初到新大陆时的那些不期而遇早已成为我生命的一部分，它们与我不弃不离，难舍难分。

发表于《文综》2024年冬季号

越过山丘来看你

陈瑞琳

我是在窗外的一竿玫瑰忽然绽放的时候知道了你要来休士顿的消息。

我站在冬日的阳光里，看那枝头上两朵明艳得让人心醉的花蕊，风里面分不出是冷还是暖。脆裂的落叶在地上沙沙地行走，提醒我那是你悄然走近的脚步。眼前苍茫无序，幻梦般的感觉就如同普鲁斯特笔下的"似水年华"，往事追忆的幸福与伤痛立刻就弥漫了我的心。

记忆回到1985年的夏天，穿着绿色的蜡染裙子徜徉在西北大学校园里的我，微风正吹拂在踌躇满志的脸上。真是巧了，老天竟鬼使神差地将那中文系的男男女女摆在了一向不苟言笑的物理系楼上。而我那个时候，骄傲的心也只肯将那物理系的男人多看几眼，目光里揉进几分说不出的羡慕，因为我知道自己纵使再悬千根梁也永远弄不懂那神秘的声光电力。于是，我先看见了那个想嫁的人，后来看见了你。

青春的岁月毕竟是青春的岁月，记得在西北大学读研究生的第一年，耐不住寂寞的我筹办主持了全校研究生的第一届联欢晚会，之后首创西大研究生会，并担任了首届的副会长。那其间，我们还联手西安交大在牡丹盛开的兴庆公园举办了整个西安地区近百所高校研究生的大团圆。再后来，我亲手制作的那个研究生会会旗，就一直交接在物理系小伙子们的手上，也传在了你的手里。

回想起来，在你重返物理系读研究生的时候，我已经开始准备结婚的日子。我对要嫁的人说："其实我的快乐不仅来自你，还来自你身边的这些优秀的朋友！"我结婚的那天晚上，一群物理系80级的老同学围坐在我小小的家畅饮，穿着红毛衣的我正在墙皮剥落的走廊上为大家炒菜，你出来帮我，忽然全楼停电，我们就在黑暗里站着，说了很多话，直到那突如其来的明亮。

我婚后的小巢就窝在近校门口的旧楼，因为在一层，又是楼门口的第一家，进出的朋友就常喜欢先在窗下敲喊，如果屋内有人答应便进来一坐，那其中常见面的就有你。

那个年月感觉有大把的时间可以挥霍，聊天就成为一天中最重要的事。久之，先生的朋友也都转化成了我的朋友。当年的那个挂着金黄色丝绒窗帘的小屋曾带给我多少欢乐啊，不用预约，你就可能突然进来，我们坐在一束阳光里，海阔天空地瞎聊，不是文学，更不是物理，却尽说些彼此都能听懂的话。

我永远都会记得，那个全世界都在关注的春天，我们在一夜间流着泪长大。暴风雨后的沉寂让我们相见无言。你毕业后决定下海经商，而我已准备远渡重洋。我们各自像受伤的燕子，努力振动着翅膀，重新寻找着自己的方向。离开中国的时候，是你请我吃最后的一顿午宴。我心里滚动着无限的悲怆，此去经年，不知何日才能相逢。

整整十年之后，我才又一次看见你，却不是在美国，而是在你的上海。那是一个多么明亮的早晨，五月的阳光把展览馆广场上的花草映得色彩缤纷。风吹动着我黑色的披肩，你则穿着米色的夹克站在远处的太阳底下向我微笑。我们去豫园吃克林顿称赞的蟹黄包，我们逛眼花缭乱的南京路，我们在异域风情的新天地喝酒，我们在黄浦江畔看夜晚灿烂的灯火。

深夜的歌厅，你唱了一曲《三国》里的"滚滚长江东逝水"，声音恢宏壮阔，让我登时傻眼，早年曾听你唱姜育恒的《再回首》，情深意长，低徊黯然，如今却是一腔煮酒论英雄的豪气！认识你的人都以为你是男儿中的秀儒，其实，我最明白你心里是怎样的鸿鹄浩淼，一脉海天。

这些年，不时地传来你事业成功的消息，我毫不为喜，因为那是预料中的事。那年秋天，我在庐山开完笔会，途经上海转赴威海的国际研讨会，在浦东滞留一夜。你带我去路边的一家小馆吃陕西饭，马路上车辆多，我有些紧张，你回头斥我："真成了美国人？连马路都不会过了！"

那晚，跨过了千山万水的我又看见你抽烟的样子，爱喝酒的你总嫌啤酒不够凉，连叫那姑娘换了三回。其实，我是多么想听听你这些年的故事，南非扎寨，欧洲转战，美洲拓疆，上海鼎立。

秋凉如水，你送我回浦东的酒店，为我打开沉重的窗子，遥望万家灯火，你说希望我能创造一种人间的幸福，其实我也不能，这任务太艰巨，但我会为此努力。你问我还有什么话，我就委托你："中秋节到了，麻烦你给我西安的老爸寄一盒上好的月饼，女儿不孝，过家门不入。"你点头，向我挥手：“走吧，我会来美国来看你们全家！”

如今，你真的要来了，我想带你去看德州的草原，让我们坐在绵软的沙发上，举杯碰盏，从昏黄的夜里一直喝到鱼肚泛白的黎明。

发表于《羊城晚报》2024年10月10号

花瓶与油瓶

子姜

修剪前后院的灌木时剪下的一堆枝叶，横七竖八散落了一地。我从中挑拣了几枝叶片健康枝型漂亮的，拿进家里，用两个玻璃花瓶插好，当作清供赏玩。一瓶插的南天竹，摆在客厅壁炉台上，另一瓶是冬青，放在了厨房岛台的一角。

放在厨房岛台上的这个"花瓶"，原本是一只带柄的水晶玻璃醒酒器，土耳其制造。它的瓶口不大，口沿倾斜成25度角，造型像一只昂首向天歌鸣的大鹅的嘴喙。从瓶口往下，瓶颈部分向内弯曲，略微收细。瓶子手柄在口沿低斜的这一边，以跟瓶口倾斜度一致的角度向下伸展，再弯进去与瓶肚连结，连接处弯成一朵卷起来的花的形状。从瓶颈到瓶肚过渡的曲线极美，容易让人联想起天鹅的颈项，又联想到安格尔的画笔下土耳其大宫女优美的腰臀及背部。

当年我在店里看到这个醒酒器的第一眼，就被它简洁而优美的造型所吸引。我买它倒不是为了醒酒，而是用来盛放每天喝的凉开水。水烧开了倒进这瓶器里，扔进去几片柠檬或是几片黄瓜，晶莹剔透的玻璃瓶壁洇上热气，透出柠檬的黄色或黄瓜的绿色，柠檬或黄瓜的清香也从瓶口溢出来。待水晾凉，放进冰箱冰镇，喝的时候倒出来，简单的冰水，丝丝清凉，阵阵清香，因了这瓶子晶亮的光泽与优美的外形线条，似乎变得更加沁人心脾了。遗憾的是，因为使用不当，这玻璃瓶器的手柄与瓶肚连结处出现了一小丝裂纹。我担心日常用它盛水，频繁的提起放下，会令裂纹加重，最终致使瓶柄断裂，便把它收了起来，偶尔拿出，插几枝鲜花，当花瓶用。

我家厨房的炉子是嵌在岛台上的。做饭的时候，手忙脚乱之际，我会无意识地把油瓶随手乱放。那天，我就把油瓶放在了插有冬青枝条的花瓶旁边。炉子上炒着菜，我想起菜里要放一样平时不大用的调料，便手里举着炒菜勺，走过岛台，去墙边的食品储藏室里翻找。找了半天没找到，锅里的菜却快要糊了。我连忙回到锅边，匆忙间身体活动的幅度大了一点，一不小心，手里的炒菜勺把油瓶和花瓶同时给碰倒了。我眼疾手快，左手扶住了晃动着正要倒下的花瓶。这时只听"啪"的一声，同为玻璃制成的油瓶已摔下岛台，碎了。橡皮塞裹着的金属油嘴连带着玻璃瓶口断在一边，瘫在溅了一地的橄榄油中，仿佛奄奄一息临死前的某种小动物耷拉着的头，让我心生怜惜与遗憾。我关掉炉子上的火，蹲下身去，一边收拾碎玻璃和汪在地上缓慢流淌的橄榄油，一边不停地自责。

待我把地板清理干净，站起身来，打算重新开火把锅里的菜继续炒好时，我看到了那只被我救下的花瓶。瓶里的冬青枝条有些凌乱了，然而花瓶本身完好无损。我心里那股因碎裂的油瓶而起的遗憾与自责感，瞬间被扫荡一空，取而代之的是一种奇妙的庆幸的感觉：还好还好，花瓶还在！橄榄油与带嘴油瓶到处都有，这花瓶——这款造型优美而独特的醒酒器——却再也买不到了。

想起读大学的时候，暑假在亲戚家，心直口快性格爽朗的亲戚长辈一脸认真地对我说玩笑话，"哟，蓉姑娘，蓉姑娘，你读书读秀气啰，怕是油瓶倒了，都不知道扶起它来。"这话在现在的我听来，戏谑之外是有些贬义的，因为读书读到油瓶倒了不知扶起，那是书呆子啊，被人说成是书呆子当然不是好事。但年轻的我听到耳朵里，非但不愠不恼，心里反而喜滋滋的。我那时就怕自己不是或不像个书呆子。书呆子在象牙塔里当书蠹，不食人间烟火，就是神仙啊。神仙不食五谷，吸风饮露，乘云驾雾逍遥自在，多么潇洒，多么超凡脱俗！更何况长辈说的是读书读秀气了，就是"腹有诗书气自华"的通俗说法嘛。

现在回想起来，我那时候少不更事，不懂人情世故，在大学象牙塔里，远离被称为"江湖"或"染缸"的社会，崇尚精神，贬抑物质，以为"万般皆下品，唯有读书高"。可我毕竟是个俗人，当不了神仙。读书又没有读到极致读到尽头，终究还是踏上了江湖。认真想来，人生何处不江湖，人间非仙境，可以有呆子，却哪里找真正的神仙？

初出校门，在一家清水衙门杂志社里当个小编辑，每个月薪水有限。每天下了班，自己在路边菜市挑些便宜蔬菜，买回宿舍用煤油炉煮了吃。宿舍里油盐酱醋俱全，那时候做饭从没把油瓶碰倒过。如若油瓶倒了，一定会第一时间把它扶起来。我才不是一个油瓶倒也不知扶的呆子呢。

又再往早些年想想，我年幼的时候，那时全社会物质匮乏，不独我家拮据，似乎家家户户的日子都过得捉襟见肘。父母给我们说起最难的时候，谁家要是能用小半勺猪油炒菜，那猪油的香味会在镇子整条街上弥漫开来，十天半月，久久不散。所幸父母把我生得晚，那种如妙音般绕梁三日的肉香油香，我不曾闻到过。然而，我小时候夜里做梦常梦到大碗的酱油猪油拌饭，待我伸手去端它，梦却醒了，空留一片遗憾在惺忪朦胧的眼底。那时猪油还是宝贵。我家炒菜舍不得全用猪油，总要掺一半更便宜的菜籽油。虽是便宜些，但菜籽油也是油，浪费一滴都是罪过。记得我家装菜籽油的是一个敞口的直筒状陶罐，外壁光滑，土黄的颜色里泛着锃亮的光。有一次父母还没下班，我二姐姐给我们做油炒饭，不小心把那油罐子打翻了，菜籽油泼撒到了木地板上，所幸罐子没掉下地。她急慌慌蹲下，用炒菜铲子从地板上一点点铲起四散开来的菜籽油，倒回油罐子里。一边铲一边跟我们说："不要让爸妈晓得。不能浪费，不能浪费。一滴也不能浪费！"狭窄的厨房、水泥砌的简易煤灶、扎着两个羊角辫的二姐姐、二姐姐那绯红的焦急忙慌的脸……彼情彼景，我一直记得清晰。

在那个年代，我家虽穷，竟也有一个玻璃花瓶。那是个普通高圆瓶，粗玻璃，不够透明的瓶子四壁有着凹凸不平的几何花纹，略微呈蓝绿色。它的来历我没有问过。在野生的红石蒜或紫鸢尾盛开的季节，我们喜欢去野外采上一大把，回来用水插在花瓶里。此外我们楼下空地里有父亲和邻居伯伯的花，木芙蓉、鸡冠花、大丽花和唐菖蒲等等。唐菖蒲开水红色的花，因为每个枝条上有13个花苞，我们也叫它"十三太保"。我大姐姐最爱剪一把十三太保来家，插在玻璃花瓶里，再往瓶里灌满水，把花瓶摆在父母卧室里的三抽桌上。那桌子表面压了一大块玻璃，玻璃底下是家里人的各种新旧相片。桌上摆了一个铺着白棉线钩织的蕾丝盖垫的收音机。收音机边上还有一盏台灯，用那种肯定不是玉但又不像普通石头的石材制成，有镂空雕刻的花与鸟，浅黄褐色，夹杂着黑褐色斑点与条块，雕工粗陋。水红的十三太保、发黄的蕾丝盖垫、花瓶上凸起的花纹、老照片、雕花台灯，这些种种，组合在一起，让我对物的"雅致"与"美"朦朦胧胧有了最初的概念和最早的向往，尽管那些器物在现在看来，远不够精，远不够雅，也尽管那时候我还不知道有"雅致"和"美"这两个词汇，但幼小的我知道，对比灰扑扑空荡荡，对比一无所有，那些器物是好看的、顺眼的。

不知为何家里那个花瓶总是不稳。装满水插着花的时候，它翻倒过两次，洒出来的水渗进桌面的玻璃，泡坏了压在玻璃底下的相片，其中有些是找不到底片了的绝版老相片。为此我大姐姐没少挨数落。有意思的是，印象中我二姐姐倒从未因弄翻油瓶而被数落过。

我幼时的家住得窄小粗陋，但卧室是卧室，厨房是厨房，油瓶不可能被拿进卧室，花瓶也不可能被摆放到厨房黑乎乎油腻腻的灶台上，难以想象花瓶与油瓶同放一处同时翻到的情况。当然假设那时家里的油瓶和花瓶同时翻倒了，所有人都会伸手先去扶油瓶，不然的话，接下来的一两个月，恐怕只能白水煮菜蘸酱油，饭菜碗里见不到几星油花。诚然，在贫瘠的生活里，我们也会种些花草，也会用哪怕最粗朴最有限的材料器物，搭出小小一个相对美的、雅致的角落，使心情放松，让精神高扬，但是，当"美"与"吃饱饭"起冲突时，我们会选择先顾好肚皮。肚皮里没有油水的时候会饿，会惶恐慌张。惶恐慌张的人如何能心情放松精神高扬？

　　几十年过去了。看着岛台上这个醒酒器改作的花瓶，我庆幸我救下了它，没让它粉身碎骨。我更庆幸在油瓶和花瓶同时倒下之时我能够选择先扶起花瓶。当物质充足到不再能够羁绊我们的身心时，我们对美与精神享受的追求才会更大胆更自由吧。

发表于北美中文作家协会会刊

《东西》第400期，2024年

无边丝语照夜白

二湘

从东方走到西方，他们给你驮来了你希望的东西。

——古突厥人《商人赞》

二十多年前的夏天，还是留学生的我从北京飞到了美国南方的德州，满怀着对新大陆的希冀。十多年前的夏天，我们决定离开德州。那是个艰难的决定。德州就像一件老旧的袄子，穿得越久，越难脱下。然而我们终于还是告别了德州，告别了蓝莹莹的散发着淡淡清香的德州矢车菊，告别了德州的老友们。

从德州搬到加州没多久，我的朋友索菲卡在公司内部发信给我说她被裁员了，这是她上班最后一天，我忙安慰她，没想到她倒不是那么颓丧："没事的，这一定不是最糟糕的安排。"我一下子想起了她几年前说的话，我说是的，肯定不是。

我和索菲卡是在公司的一个演讲俱乐部认识的，我那时很积极地想提高自己的英语口语表达能力，索菲卡大概也是同样的想法。她也是移民，英语说得比我好，但还是有口音，她来自克罗地亚。"你知道，就是92年波黑战争发生的地方。"我知道那个地方，飘摇在巴尔干半岛上，小时候学世界历史知道那是欧洲的火药桶，两次世界大战都是从那点燃的，而那个地方，也是丝绸之路欧洲大陆的一站。

索菲卡样子好看，鼻子高高，眼睛是绿色的，猫眼石一般晶莹，可是她好像总是不太笑的。我和她熟悉以后，有一次她讲起了她的故事，原来她是以战争难民的身份移民到美国的。波黑战争期间，飞机轰炸，把她的父亲和弟弟炸死了，"我整天哭，为什么会这样，为什么最糟糕的事情会发生在我的身上！"但是没过多久她儿子的一条腿在战火中被炸断了。她傻了，终于醒悟到原来天下的事情没有最糟糕的，只有更糟糕的。她不再怨天尤人，想尽一切办法办了战争难民签证，移民到了美国。"那时候，我们在欧洲很多地方呆过，四处流离，惶惶终日，住的都是临时住所，条件恶劣极了，儿子又是残废。"但是她心里希望的光一直在亮着。一家人辗转到了美国，儿子装上了假肢，还上了大学。

我去过她家，桌子上摆着克罗地亚的珊瑚类饰品，茶几上站着橄榄木雕的小动物，到处都是来自那个国度的痕迹。最引人注目的是客厅正墙上的一幅摄影作品，美丽的海，无边无涯的蓝，无与伦比的蓝，深邃却又通透，一旁是高高耸起陡峭险峻的山峰，海水簇拥着，碰到岩石的地方，激起一片片银白。"真好看。"我说，"真希望有机会去看看。""你一定要去的！"她很兴奋，"那是世界上最美丽的地方。"

"比意大利还美吗？"我知道丝绸之路的终点是意大利，那里有水上之城威尼斯，有比萨斜塔，有庞贝古城，还有到过东方的马可波罗。我也知道克罗地亚和意大利隔海相望，在亚德里亚海的东西两侧。"当然。亚德里亚海靠巴尔干半岛的这一边有海洋，有高山，又险峻又美丽，而意大利那边只是平原。"她骄傲地说，"可惜，那么美的地方回不去了。"她的脸上又有了一丝小小的忧愁，"回不去了。" 我看着那幅摄影，想起了家乡清峻而绵延的山，到了春天，满山满野的杜鹃花开了，团团簇簇，红云一般铺满了一个个山丘，把黛青的山挑染成玫红色的海。那也是我心目中最美的地方，那山脚下潺潺的溪流，千万次在我心里流淌。然而我亦深知，那也是一个回不去的地方。

又过了几年，我要搬到加州去了。"我们常联系啊，"她说。我说好，我们拥抱了对方，满怀着对明天的希冀和祝福。那是个初夏的下午，路边的矢车菊已然开败，我到她办公室匆匆驻足就告辞了。我记起她说过的回不去了，心里的惆怅像矢车菊一样蔓延。德州，我的第二故乡，也会一如远在太平洋那一端的故乡，成为又一个回不去的地方吗？

我到加州在公司内部换了一个部门，汤米是我的部门项目经理，属于管事不管人的一个职位。他和我年纪相仿，中等身量，眼睛有些深陷，头上的发际线很高。"再过几年恐怕就没头发了。"他有一次吃饭的时候开玩笑说。IT行业最显著的特点就是第一代移民的员工多，哪个国家的都有，尤其以亚洲和东欧的居多。我们这些移民员工到了中午会聚在一起吃饭。汤米喜欢带Pho，一种越南米线，一盆是牛肉清汤，一盆是透明的细细的米线，他把两个盆子放到微波炉里加热之后混在一起，稍微搅拌一下，再放上九层塔的叶子，香气袭人，看着就让人馋。汤米是越南人。他一开口大家就知道他是越南人——他的英语带着浓浓的越南口音，尾音拖得很长。其实我们每一个人一开口就都知道来自何方了。中国的，印度的，韩国的，还是伊朗的，或者是俄国的，一开口就知，我们的英语口语都带着来自母语的或深或浅的烙印。

有一次周末我在 Home Depot 买东西的时候见到一个人像极了汤米，中等个子，头发也是稀疏。我很高兴地跑上去冲着那人的背影喊了好几声，那个人却是毫无反应。我纳闷极了，周一的时候问汤米是怎么回事。"啊，那一定是我的双胞胎弟弟。"他说。我这才知道他还有一个双胞胎弟弟。"他自己开了一个小餐馆。我们两个性格不太像的。"汤米那日兴致高，说起了他们的故事。原来他们都是越战中从南越移民到美国的——也是以战争难民的身份。上个世纪80年代的时候，他们一家四口都在越南，他父亲是南越政府官员，越战结束后，他们处境很糟糕，想要离开越南。但是他们很多次试图偷渡到马来西亚都失败了。有一次是船只中途被发现，他们被押送回越南，进了监狱。还有一次是天气太恶劣，遇到暴风雨，他们的船只走了一半，迷失方向，绕来绕去，又回到了西贡。"一共试了20次。"他说，他的父亲是个坚韧的人，心里的希望之火一直倔强地燃着。最后一次偷渡的船只上挤满了人，根本没有位置了。他的父母亲硬是把只有12岁的他推到了船上，要他到了马来西亚的难民营再申请去美国。"你先去，我们随后来。"他的父亲说，他的母亲眼里都是泪，什么都没有说。"她一直在哭，弟弟也在哭。"他说。

"他们怎么放得下心？"我问，眼睛有些湿。"没有办法的办法，能出去一个是一个。要是待在越南就一点希望都没有了。"他说，陷入了对往事的回忆。他一个人在马来西亚的难民营待了10个月，住在难民营的平房里。每一个平房里通铺睡着二十来号人。什么都要抢，吃饭尤其如此，稍微慢一点就没有吃的。夏天热得要死，蚊子特别毒，房子也没有空调，一屋子的溽热和臭气。这都还罢了，最难以忍受的是总是被人欺负，被人打骂，因为他是孤身一人。"所以我从小就学会了打人，不要命地打人。只能自己凶一点，不然就会被别人打死。"我好像有点明白他为什么会那么执拗，会在电话上和产品经理争得面红耳赤，一点也不退让。后来他申请到了美国，再后来他的父母亲和弟弟几经周折也终于到了美国。"比起来我们真的很幸运了。很多人在偷渡的时候葬身大海，有些船只遇到海盗，有些迷了路，没有水和粮食的供给，整船人都死了。还有一条船到了马来西亚，不让靠岸，因为那时候马来西亚政府不敢收留难民，只好又返回越南。最惨的是有一次他们开枪打死了很多冒险涉水上岸的越南难民。"我听得目瞪口呆，上个世纪80年代，我还是个中学生，坐在有很多明亮窗户的教室里上课。教历史的老师讲到海上丝绸之路，提到越南，也提到马来西亚，那些都是丝路途经之国。

"现在还常回越南吗？"我问。"不常回了。我五年前回去过一次。"他说，喝了一口牛肉汤，"越南还是很落后，可是那里的东西是最好吃的。"他的眼睛发亮。我知道他的孩子也都在学越南语，到了春节他会特意请假庆祝这个节日，他的妻子也是越南人，会穿上漂亮的越南旗袍。而他的老父老母都不太会说英语，只能收看越南语的电视。"他们总想回越南，可是，那个地方他们已经回不去了。"他有些黯然。是的，回不去了，我默默地点头。

我居住的南加州移民众多，不同的种族又都喜欢聚居在一个地方。小西贡那边是越南移民聚集的地方，尔湾这边是中国人，中东人也很多，伊朗的，伊拉克的，埃及的，都有。我的一个邻居是叙利亚人，有时候隔着落地的窗户，我会看到他全身匍匐在地上做祷告。我的健身教练是个土耳其人，五十多岁了，身段柔软得像一个窈窕少女。有一次我问起去土耳其旅游安全吗？"还好还好。"她说，"那里有世界上最美的风景。"

我有时去小西贡越南人开的杂货店买菜，海鲜和肉类实在是太便宜了，又便宜又新鲜。店子里有时候播放着我知道的中国歌曲，却是用越南语唱的，熟悉又陌生，似曾相识，飞来的却不是家乡屋檐下俊俏的燕子。这样的感觉真是有些新奇。我也常去伊朗人开的店子买一种薄薄的大张的饼，有些像新疆的馕，不过没那么厚，刚出炉的，上面还撒满了芝麻，咬一口又脆又香。他们的牛羊肉都是放了血宰杀的，和美国超市不放血的肉食品比起来要新鲜，还少了一点腥味。店子里的伊朗员工是高鼻深目的美人，男的女的都美得不可方物，大概是因为东西混血的缘故。波斯人，我想起我们曾是这么称呼他们的。我知道他们有很多也是战争移民，在那些黑沉沉的夜里，美国像是一盏明灯，照亮了前行的路。他们终于辗转来到了这一片新大陆，也似乎都找到了一丝安稳，没有战火的现世的安稳。和我一样，他们在这里建起了一个小家，大概也和我一样，在某一个瞬间抬头看到天上或明或暗的云朵时，会想起千里之外的故乡，想起故乡和暖的春风和故乡照水的弯月。

我记起中学时上历史课的时候，胖胖的老师讲到丝绸之路，讲起丝路沿途经过的那些国家，我总觉得有些隔膜。那些遥远而陌生的名字，于少年的我像是一颗颗珠子，猫眼一般发出神秘的光泽。我从未想过，在过去的未来，现在的过去和现在的现在，我会因为那些来自陌生国度的子民或者是他们开设的店铺而触碰到那些神秘的珠宝，一颗又一颗，鲜活又具体，点亮了年少时那个历史老师在黑板上画下的那条丝绸之路。在那条古丝路上，曾有多少匹照夜白驮着人们的希望奋蹄飞奔。那八千里的路上飘着不一样的歌声，不一样的云彩，然而不管是哪个国度出来的人儿，都和我一样，从东方到西方，在这块新大陆上找寻我们希冀的东西。我们找到了吗？我们迷失了吗？我不知道答案，我只知道我们在这里终日奔波，在这里生儿育女，在这里放声歌唱，在这里低声啜泣，却一直一直把故土揣在心间，隔着千山万水，默默地却又无比清晰地深深念怀。

注：照夜白是唐玄宗所喜爱的骏马。

发表于《海燕》2024年第6期

并非禁欲

胡刚刚

一

　　"所以你一直为婚姻守身如玉？你从来没动过叛逆的心思？你不觉得遗憾吗？"冉芒以红冠啄木鸟凿树干的频率连发来的十几个问号，比他的问题本身更能体现他的错愕。自从他看了我写的东西，就把我当成知心大姐，用文字聊天的古老方式跟我诉长道短。冉芒的聊天风格让我想起十五年前的自己：偏好堆砌语气助词、标点符号和动物表情包。

　　有时候我不得不提醒他："你这么个宣泄法，小心哪天我不爽，把你编排进我的文章里。"他大笑："素未谋面就能当你的模特，小辈不胜荣幸啊，哈哈哈哈哈！"

　　话说回来，我笔下的故事大多悲伤，我倒真希望冉芒能贡献点喜剧元素。

　　冉芒正在美国读研，刚入学就对一个同乡女生一见钟情，不顾她在国内有交往多年的男朋友，一心要横刀夺爱。另一位师姐犹如冉芒的镜像，一面网聊着千里之外的未婚夫，一面对冉芒公然示好，秉着"聊胜于无"的态度，冉芒来者不拒。师姐给他的温存源源助力着他追求同乡女生，但同时破坏了同乡女生在暧昧游戏中的独家体验。后来三人谈判，两个女生要求冉芒择一交往，为了不伤大家面子，他需要把决定写在对折的便利贴内侧，封好后交还她们，选择哪个女生就写"我爱你"，拒绝哪个就写"对不起。"

"你选了谁？"面对一个所有人物都脚踩两条船的故事，我提醒自己务必循循善诱而非以宫笑角。克制用词的最好办法莫过于倒带时光，还原旧我，附身于他，因为人面对自己总有不自知的宽容，虽然我最过分的叛逆对他来说也不过是小儿科。恍惚中，"叮"地一声，冉芒的新消息跳进来，是一只摇头摆尾的流氓兔：

"你猜？"

二

"你猜？"小餐馆里似有似无的情歌旋律中，坐在我对面的高律师冲我似笑非笑，汹涌浑浊的顶光把他褶皱里塞满阴影的脸渲染得惊心动魄：凸起的地方冒油花，干瘪的地方掉碎渣，眉弓光秃秃，鼻孔黑丛丛，眼睑打不开，嘴片闭不拢，一系列附着于面部表皮的人体器官随机组合，让我体会到造物主千虑一失的敷衍。

高律师除姓氏之外与他"玉树临风"的网名格格不入的形象，无法激起我足够的兴致去探究刚才没话找话的一问"你结婚了吗？"我与他对视仅仅表示尊重，但他的陈词无法令我维持与他的对视。

他富有煽动性的口中喋喋不休的野心，是在八大学院的每一所中都捕获至少一位佳人芳心，如今他胜利在望，猎物出处列表里只差我就读的学校。而我让他大跌眼镜，他嫌我头发太短，不穿裙子，背个卡通塑料水壶，毫无女大学生风姿。他为什么中意女大学生？因为她们之中依然有人相信忠贞不渝的爱情，并竭力用教科书式的纯朴净化着世俗的湖面，以保持他俯视的角度，假如湖水干涸，他将无法继续欣赏自己有如皇帝般的倒影，而是面对鱼虾成山的死尸。

高律师熟谙对话节奏，见挑逗之词引来冷场，立即转入正剧格调的煽情模式，娓娓道来自己从素门凡流到服冕乘轩的奋斗历程，期间数次拭泪喟叹，待我逐渐入戏，突然冒出一句："怎么样？今晚跟我回家？……哈哈哈，逗你玩儿呢！看把你吓的。"他咧开嘴，露出萎缩的牙龈上一排黑三角孔隙串起来的黄牙。

那时候，我真切地体会到什么叫做哭笑不得，如坐针毡。我比他高出半个头的魁梧身躯里回旋的只有一个幼稚的念头："妈妈，你在哪儿？"

三

这就是叛逆的后果。2003年，我上大二。全球信息连通的时代，网络开放，网民保守，照片比贞操值钱。很多人习惯将文字聊天酝酿成"盲约"。我在名为"摇滚至上"的聊天室里和一个叫"玉树临风"的网友一拍即合，相约去买唱片。他欲说还休的"宝藏小铺"吊足了我的胃口，他说他年龄刚满18，身高一米八八，是走到哪儿尖叫跟到哪儿的校草，我脑中即刻闪现出二次元篮球场上健步如飞的翩翩少年。然而我在百分百沦陷之前保持了一分清醒，将心动告知父母。母亲有所顾虑：事情太好多半为假，莫非他是五短身材的抠脚大汉？

我不解，身高年龄见面见分晓，骗我有什么意义？要是真撒得出如此明显的谎，说明他别的话也不可信。母亲决定远距离尾随我，并建议：“你若对他满意，就跟他去买唱片，当我不存在，否则的话尽快脱身来找我。另外，给人家带份见面礼，哪怕你临时撤退，也算尽到礼数。”我连连点头，还是母亲考虑周全。

准时到达相会地点，我来回扫视人群却无法根据男主角的特征锁定目标，纳闷中，一位体型如黄铜秤砣般的中年男子从我视线下方猛蹿上来，差点顶到我鼻尖。他站稳之后仰头看着身高一米七零的我，喉咙滚痰似地嗫嚅道：“不好意思我来晚了，咱俩赶紧上路吧。”突如其来的受惊让我心里拔凉拔凉，果真几乎尖叫，来不及看清他的相貌便脱口而出：“不晚不晚，我刚好接了个电话，临时有事，不能奉陪，咱们以后联系！”顺势做出鞠躬动作，把礼物往他怀里一塞，拔腿就跑，远远看到母亲在树后捂着嘴笑。我给“玉树临风”带了一件“冷血动物”乐队的文化衫，特大号的，恐怕要被他当作睡袍了。

母亲在我狂奔到她身边时招到了出租车，一钻进车里就对我展开大规模训诫，司机也趁热打铁：“小姑娘，社会上的骗子太多，你没经验，听父母的没错。”可惜诲尔谆谆，听我藐藐，我脸皮薄又一根筋，总觉得出师不利乃时运不佳，下次叛逆要对父母保密，我相信自己的眼光和能力。于是就有了小餐馆约见的第二位“玉树临风”——德才兼备的高律师，他把简历写得有多靠谱，说出的话就有多离谱。他向我炫耀一个又一个女大学生为他争风吃醋要死要活的时候，是不是在根据我的反馈，来衡量我值不值得作为一项低风险投资，纳入他征服下一个女大学生所必备的论据？高律师，一位投机取巧的浪子，深知如何运用边角料的好处和泡影般的誓言成就爱情的绝笔，将处于对欲望期待又畏惧的动荡年龄段的女孩子无能为力的沉溺，落实成通往现实的墓道——沾染鲜血的手攥紧老茧，熟练而有力地拔出丘比特之箭，留给心头的空洞，用加长版的忏悔词便可填满。

后来母亲知道了我的出格，令我意外地，她以温柔的态度原谅了我。也许是年轻，也许只能是年轻，才能使过来人对混沌魍魉的冲动萌生仅一次的原谅。是不是每个孩子的成长中都难免有一场遭遇败类的劫难，给风娇日暖的青春上一堂冰雪严寒的课？

"师姐喜欢你，同乡女生享受被你追求的感觉，估计也喜欢你；你依赖师姐的关爱却对她无感，你喜欢的是同乡女生。如此看来，选择同乡女生效果最优。我猜得对不对？"我以当年母亲原谅我时的平稳情绪，把权衡利弊的分析结果摆到冉芒面前。

"刚刚姐姐，你还是太保守了，"冉芒另起一行，"我在两张便利贴上都写了'我爱你'——好戏正式开始。"

四

什么是所谓的好戏呢？是在尚未具备能力去驾驭自由的时候拥有了过量的自由吗？初出茅庐的判断力该如何辨别薄冰

下的锁喉之吻与流沙上的海市蜃楼？雏鸟忘乎所以地逃出了父母的庇护范围，惊觉恐怖全面来袭，片片纷飞的羽毛像繁华落尽的尾音，颤抖在一意孤行的背面。老鹰捉小鸡的布阵里我不谈服从，没有了救星母亲，我必须急中生智，运用有限的智慧激发峰回路转的潜能。

我是靠装傻脱险的。揣测出高律师的企图后，我对他抛来的任何话题答非所问，如同大脑宕机，制造出鸡同鸭讲的尴尬效果。没有有料的外在，也没有有趣的内在，高律师必感索然无味，知难而退。

那是我记忆中最煎熬的晚餐，我只点了一罐新上市的气泡水，陌生古怪的味道令我难以下咽，我全方位的守口如瓶将高律师的试探全数弹回，他决定开车送我回学校。一路上，他自诩多才多艺，嘲笑毕加索的画功比不过幼儿园小孩。看到宿舍楼近在眼前，我忍无可忍地打断他："毕加索从小接受绘画训练，在14岁的时候已经能画出有高难度细节的传统现实主义作品了，他的个人风格是从他罹患抑郁症而历经创作的'蓝色时期'才开始展现的。"他靠边停车，意犹未尽地打量我："哟呵，你不是一问三不知啊？……下次我见你的时候，你给我把头发留长点。还有，去做个下颌角削骨手术，哪个男人不爱狐狸脸？""糟糕，露馅了。"我以最快的速度切换回白痴态，打开车门落荒而逃，庆幸只给他留了我的网名，次日便更换了手机号，与昨夜的黑历史一笔勾销。

向来不怕从一而终的岑寂，唯恐整座山林的啼啭在一瞬间静音。徐徐降临中的变奏乱了谁的方寸？双十年华，我在雾锁烟迷的幻象之上悬崖勒马，冉芒却没抽中命运的吉签。他盼来的不是预期中的好戏，而是深陷情欲泥沼的危机。他将人生劈成两半，暗度陈仓：一半与师姐同居，柴米油盐；另一半与同乡女生不定期开房，如糖似蜜。从游刃有余到自顾不暇的转折点，来自师姐发现他在聊天软件上修改了同乡女生的昵称并与其互换私密照片。师姐情绪崩溃，不顾一切破门而出，冲向滚滚车流……尽管是一场虚惊，但由于诡计败露，他被双份的责骂、威胁、讨好和乞求左右夹击，在折磨与享受之间坐过山车，不日又遇考试挂科，他一时焦头烂额——大好人生大掉个儿，冉芒，陷入彻底的茫然。

靡靡之音中的错乱迷失……我想起法国作曲家德彪西，他开创的全音音阶为听觉营造出飘忽不定的神秘氛围，如果用在乐曲的某几个小节中，会给人惊鸿一瞥的浪漫感，但若任性地把全音音阶从头到尾地用在主题式、强旋律的音乐创作上，那么听者会被卷入踩在钢丝绳上般的晕眩，仿佛一不留神就会失身于星云刺绣的深渊。

"她们让你二选一，你怎么这么不坦诚？"冉芒听不到我有如被钝器撞出淤青的沉重叹息。

五

"我不做选择，是单纯好奇事态能失控到什么地步。"冉芒的阐述中没有自辩"一往情深"的优柔寡断，也没有两位"玉树临风"的大言不惭。我不确定他有没有用"过尽千帆皆不是"的玩世不恭来削弱自责或自得，但我清楚任何选择一旦做出，命运势必分裂为貌合神离的两个走向。就像画一道竖线割开名词"珍珠鸟"——珍珠，被河蚌富含碳酸钙的硬翅膀保护；鸟，柔软的羽毛下孕育着莹白精致的卵，它们在深层意义上有近乎孪生的对应，但终究一个跃不出水域，另一个只属于苍穹。"你已经做出了选择，"我接过话，"你选择的'兼得'终将导致'皆失'。"我客观中性的反驳将他置于沉默，而我没有乘胜追击，因为任何形式的否定中必含有无法被否定的成分，这在逻辑上不可避免，如果不把主宰直觉的道德当作分析行为举止的唯一切入点，那么我们就有可能超越逻辑，发现比否定的反面更高一层的解释。就像日本思想家铃木大拙解释在他眼中既非哲学又非宗教的禅："你很难在外观上捉摸它，乍看得到了它，其实它不在那里，在觉得接近它时，反而离它更远。"我的希望大抵是个蚍蜉撼树的模拟，就像我经常在梦中分身，试图叫醒另一个自己，但无论如何都发不出声音，梦中的我在做什么梦，我永远不知道，除非我能更深层地走进自己——这是举步维艰的探索。尽管如此，我依旧希望眼下的纸醉金迷是冉芒开悟的过程，毕竟"舍得"本身意味着"得——舍——得"，有得才能舍，有舍，才有可能迎来更高阶的得。

"印度瑜伽士萨古鲁曾从记忆的角度劝告大家洁身自好，"我试着淡化叙述的针对性，"大意是，你以为有些经历不会被头脑记住，但它们存储在身体里，一旦身体靠近类似性质的客体，就极易乱作一团。所以不要在不经意间让身体获得大量嘈杂的记忆，它们会妨碍你明智地生活，让你难以保持平和与喜悦。"

"可我做不到像你一样禁欲呀……"冉芒丢来小恐龙皱眉的表情。

"不要把'禁'看得太严苛，我从没禁止过自己做什么，相反，我倒像个欲望的旁观者，无为而无不为。"写下这句，我想起"禁"的来源。根据《说文解字》："禁吉凶之忌也。从示林声。""林"指趋吉避凶所应杜绝的言行，"示"代表祭坛，即来自上天的启示。上天有何启示？有人结合"婪"字来理解："二木之下，一女择果"——伊甸园中有一棵生命树，还有一棵上帝不许亚当夏娃接近的知善恶树，夏娃受到蛇的引诱，起了贪念，偷吃了知善恶树上的禁果并分给亚当，于是上帝把二人逐出伊甸园。借着不同文化冥冥之中不可思议的相通性，一个汉字遍历希伯来语撰写的故事，寻得了量身定做的剖析。

当树林外竖起"禁"的告示牌，游客应该明白此地不能随便进入，但告示牌并未封锁树林，执意进去的人依然可以探险。他们可能会迷路，遭野兽攻击，掉入猎人的陷阱……也可能安然无恙。生死有命，一切在于自己的选择。可见所谓的禁欲不是刻意禁止，而是选择怎样去生活，选择生活被什么支配，或者不被什么支配，进而有所舍弃。自从我选择让智慧而非激素主导生命的一刻起，我就必须要保持身体记忆的简单。七情六欲都可以压缩进维持生存的区域，把更多面积留给求知欲。

"长话短说，我选择了某种获取愉悦的方式，或许它不被你理解，也不被别人理解，但于我极度舒适。"我陈述完毕，点击了"发送"按钮。

"哇哦，你一直这样务实吗？那你是怎么找到另一半的？"我想冉芒此刻一定睁大了眼睛，像重置记忆的金鱼盼望穿过凸透镜中魔法般倒立的珊瑚群。

六

断目东海扬尘，含眸袖里乾坤。有哪种天象覆盖面很小，杀伤力却极大？龙卷风。自省的龙卷风在头脑内部环行，沿着最大风速半径，整合排序长短不一的人生目标，被甩出漏斗云的优先级，无需直觉证明。两度"盲约"捣毁了动情的憧憬，几经谶悔，我从此心如止水——唯琅嬛福地，意往神驰。

随着年龄增长，我对男女之事看似不开窍的不上心，招来了不少揶揄："你这学霸是不是读书读傻了？"我不觉得我是学霸，凭着中上游的成绩，只能算老师口中最有前途的"第十名左右的学生"。老师的本意是这类学生不是死读书，而是把一部分精力放在了爱好和社交上，因此得以全面发展，但我是死读书才拼到这个名次的。不过那些揶揄的中心思想倒不算妄断，不少学霸在恨嫁年龄之前，常常无感甚至反感坠入情网，这种冷淡在我看来是冰川期人类进化竞争的潜意识。

经过数次严寒酷刑的洗礼，人类幸存的本质趋向智力较量。如会生火的直立人淘汰掉了只会造石器的能人，之后又被更聪明的早期智人——尼安德特人淘汰。尼安德特人与恶劣气候抗争了至少20万年后，败给了文明程度更高的晚期智人，也就是现代人。据科学研究，黄种人携带最高含量的尼安德特人基因，这种基因与抑郁症相关——摧残人的种子亦会催生天才。既然智慧是生存之本，学习好的人就不用过早考虑婚恋，因为那并非进化最优选择。

这就解释了为什么有些成绩优异的漂亮女生也对恋爱反应迟钝。和酸葡萄无关，"美丽"这项稀缺资源或许真的是推动繁衍的隐性基因。其实我觉得自己更像是由于相貌欠佳，几乎无人问津而歪打正着地潜心治学，进而意识到现实世界的无常。我很有可能从我的孩子"人之初"起，就尽量向他展示客观事实，趁他还听得进去我唠叨的时候，因为我不想看到他重复我当年走出象牙塔时才发觉自己一直被彩虹泡泡蒙蔽的震惊和心碎，也不敢保证他的叛逆期度过得如我的一般四平八稳。

我们一直学习经典物理，习惯将问题解决在理想环境下：无限光滑的平面，无重力，无摩擦力。但这种情况不存在于书本之外的任何地方，牙仙子和圣诞老人不会现身，营救公主的屠龙王子也不会，即使你虔诚祈祷，彻夜恭候。但现实并非无懈可击的残酷，毕竟我们是依靠无处不在的漫反射才看到了世界上琳琅满目的部分。当我们开始欣赏不知名的鱼儿在藤萝摇曳的水藻间穿梭，优游卒岁，挥霍着与未来无关的波光。一阵暖风，已提前把我们的执念吹散。

七

2010年，年近而立的我架不住父母催婚，注册了征婚网站。彼时修图尚未成为提高配对成功率的默认选项，会修图的我坚持上传了原始证件照，也做好了颗粒无收的准备。内心公正的准则不允许我欺骗有可能陪我走完后半生的枕边人，尽管我有一张不符合普世审美的脸，我也唾弃套用第一位"玉树临风"的拙劣手段来赌一个瞬时的胜算，也正是这张脸，给了我面对贬损时足够强大的心理素质。

我的先生比我更坦率，他甚至没有网名，直接以本名注册，他的本名通用得像超市里批量生产的大路货，给不了我任何想象空间。他是直接从证件照里走出来并赋予"玉树临风"具象性的人，他的敏锐和果断，引领我一路风驰电掣地从初恋步入婚姻殿堂。我曾问他："你不嫌我丑？"他的表达量超出了我原音重现的能力，删繁就简，大致是他着迷于我淋漓尽致到破釜沉舟的真诚，外在向来是个各花入各眼的浮动指数，我在他眼里最美，这已足够。的确，一千个人眼中有一千个哈姆雷特，如果我面前的一千个人眼中只有一个哈姆雷特，而那个哈姆雷特恰好不是我，那我再换一千个人便是。"弱水三千，只取一瓢"，有些人熬过了常人无法忍受的疼痛等级，赢来被舆论广泛认可的流水线美貌，但再多的追求者，最终只能委身于一人。什么样的人？一个第一人称眼中的而非第三人称眼中的人。何以做到？欲择人，先知己——了解自身所需是任何行动的前提。

当然说起来容易，命中总有些趋势不明朗的开端，像针织围巾里躁动的线头，诱人忍不住去揪，一路拉扯到底，除了一团乱麻，一无所有。

我没有向冉芒滔滔不绝地输出我的心路历程，因为我不想让自己像祥林嫂一样招人烦。不过我可以把它写下来，给巧遇它的人高度自主性去细读或跳过——就算没帮助，至少也没害处。

"你料事如神啊，"几个月后，冉芒发来信息，"师姐毕业后打了个'飞的'投奔未婚夫；同乡女生跟我和好了没几天便被外系男生挖了墙角，留我一人形影相吊……我不计后果，偷尝禁果，自食其果。""节哀。但愿你否极泰来。"我回复了一只拥抱姿势的小熊，我想安慰更多，但担忧词不悉心，言多语失。

"刚刚姐姐，我累了，想好好学习了。将来我打算创业。"

八

2023年，我在新闻里看到高律师又获得了某个令他的同行望尘莫及的头衔，加在他已经享有的几十项荣誉之上，远远超过"锦上添花"的分量。修图过度的今天，距离产生美的海报里，高律师像吃了回春丹，肤若凝脂，笑不露齿，似乎在抗衡造物主对他不负责的设计。恐怕连他见了海报都要管上面的自己叫声"儿子"。他大概不必费心去上网约女大学生了，以他现在的社会地位足以运筹帷幄，坐收渔利。素什锦年二十载，有多少痴情少女见证了他冷血的辉煌？他有没有给她们含泪下跪，指天许诺过的名分？他有没有进阶自己的野心并为之劳形苦神？还是他惟其笃行术业而放下了部分张扬的贪婪？……我一无所知，但我知道冉芒言出必践，投入了创业大军，等到他一度销声匿迹的社交动态再次更新，他已成功拿到了种子轮融资。

"有志青年，什么时候谈婚论嫁？"我故意问他，等着他怼我"哪壶不开提哪壶"。

"不知道哦，"他发来一只敲木鱼的熊猫，"我好像发现了比女孩子更能激起我征服欲的东西。情场上的事，该经历的我都经历过了，现在反倒有些无欲无求。"

澄怀观道，卧以游之。像绷直的琴弦隐形于一个小世界强有力的漩涡中，支撑起内部正在形成的核心，所有的咏叹调都不再令人焦急。"怕你什么，称王称霸，来臣服我之下。银河艳星，单人匹马，胜过漫天烟花。"现阶段，混天撩日与混俗和光均非冉芒的人生选项。当我们隔屏交谈，某些由交谈衍生的思路已经摆脱了对话框的局限，去捕捉一连串问号后更加宏伟的答案。我相信，等我们从万花筒一样乐不思蜀的旅途中归来，会发现曾认为纵横四海的风景，不过是一寸照片中随意的定格——愿冉芒找到了弥补自己命运缺口的专属拼图。

发表于《世界日报》2024年5月14日，
原标题《有志青年谈婚论嫁》

春日秋歌——时光的交响

杨超

广州，这座被誉为"花城"的城市，以木棉为"市花"，其"英气"象征着本土精神。然而，近年来赏花的舞台却被异木棉、黄花风铃木等外来品种以独特魅力占据主角地位。每个人心中却都有属于自己的美丽。在我的心中，有一种本土的大树，花并不显眼，直到它悄然凋落才被人注意，那就是大叶榕。我对这种树有着特别的情感。

大叶榕，庞大的树冠，茂密的绿叶，丰沛了广州城"南方之葱茏茂盛"的生命景观。我记得小时候，家门口就有一棵大叶榕。一棵便足以成荫纳凉，几棵排列直立，更是气势非凡。树下，我学会了下棋，听老人讲故事，神游四方。

如果树木能够记录生命，大叶榕会讲述怎样的故事？古稀之年重返故里，冬日的暖阳洒在街巷，记忆中的石板小路不见踪影，取而代之的是高楼林立，车水马龙。那些百年大叶榕树呢？它们还在，伫立在镌刻着历史痕迹的砖石之上。风吹过来，大叶榕的叶子沙沙作响，仿佛低语："我是光阴的守望者，是静观流转的见证，是生命的神灵树。"

微风掠过广九铁路纪念园，映入眼帘的是一棵特别的大叶榕。阳光如灵动的精灵，在叶片间跳跃，微风吹动，金黄的落叶缓缓飘落，又轻轻翻腾起舞。那旋转的姿态，似乎在诉说对归寂的抗拒。透过繁密的枝叶，阳光织出一张金色的网，落叶如洒落的金币，在光影中闪烁着温暖的光辉。它们仿佛是春天的书签，提醒人们铭记过往，同时开启生命的新篇章。

大叶榕在秋冬的沉寂中积蓄力量，储备金黄。当春风拂过，落木缤纷，新芽萌动，枝桠上如破茧而出的蝶翼，嫩绿生出，茁壮成长。而其他的树木，松柏与灌木，依旧肃穆静默，以另一种节奏书写生命的乐章。这鲜明的对比，无声地展现出季节与生命变迁的奥秘。

光阴如雕刻师，镌刻秋的静美与冬的坚韧，以迎接春的新生。当此时节，春花的绚烂与黄叶的沉静相映成趣，同是大叶榕，一边浓荫如盖，一边金黄满树，谱写出复调的乐章。广州就是这样的城市，百树争艳，万花盛开，自然与人文交汇，焕发独特的风采。正因如此，它被称为"花城""春城"。那些来自北方与世界各地的人说着："去花城饮早茶！"

春末时节，街巷深处，孩子在落叶间嬉戏追逐，老人们倚门微笑，蒲扇轻摇。微风送来泥土的清香，夹杂着记忆深处的回响。这一切，不正是四季交织的注脚？每片落叶、每缕春风，皆是人类与自然共生的诗篇，记录城市的变迁与生命的轮回。

春是序曲，秋是终章。绽放与凋零，落叶与新芽，交替延续，奏响时间的旋律。或许，春与秋从未分离，它们以不同的风采谱写生命的协奏。而我们，只是这宏大乐章中微小却珍贵的音符，在流转中见证变迁，在细微处铭刻永恒。

岁月如潮，人如萍聚。在大叶榕的绿荫下，我仿佛听见了时间的低语。它以黄叶与新芽为载体，讲述生命的轮回，镌刻故乡的记忆，并在这不断变化的世界中，激励我们珍惜永恒的美好。

发表于《羊城晚报》花地文学副刊 2024年12月19日

桌子上的人性与尊严
——记St. Francis Xavier 教堂的Welcome Table

程奇逢

纽约曼哈顿有很多教堂，其中不乏声名远播者，如华尔街尽头的三一教堂（Trinity Church)和第五大道上的圣帕特里克大教堂（St. Patrick's Cathedral）。还有一个教堂也很有名。尽管它没有出现在纽约游览手册上，却被很多英文书籍经常提及，它就是位于曼哈顿西16街，介于第5大道和第6大道之间的圣弗朗西斯·塞维尔教堂(St. Francis Xavier Church),尤其是它地下室大厅里的Welcome Table，引发很多美国人的关注与讨论。

那天，我站在大厅一角的厨房出餐口，与Praj聊天。他手里攥着一大卷类似抽奖券的小卡片，浅蓝色的，送餐的志愿者每拿走一份餐，他就撕下一张卡片，扔进一个小桶里。还有一个小桶里装的是橘色的卡片。

Praj说，这里每周日中午向无家可归者及穷困的人提供免费的热饭菜和饮料水果，每次可发放1200份左右，他现在负责统计来就餐的人数和送出的午餐数量。Praj是个印度裔美国人，七年前，他在纽约大学（NYU）读书时，与几个同学一起来这里做志愿者，毕业后，他工作了，仍然每个周日都过来。

就餐者在教堂门口排队，领一张橘色的卡片，就有人带领他们入座，然后接受志愿者们的服务，在这里饱餐一顿。

　　宽大的大厅里可以摆下六十多张桌子，桌子之间，间隔仍很大。每张桌子坐四个人，这样的桌子在纽约一般的餐厅里可以坐八个人。

　　这些就餐者给我最突出的印象，就是几乎每个人都带着包，大包小包，脏兮兮的，有的人身边摆着四五个包。很多人还推着各种各样的车子过来，有购物车，有残疾人的助行车，甚至还有婴儿车，当然车里放的不是婴儿，是他们乱七八糟的杂物，这些是他们在纽约的全部家当。所以，餐厅留出如此宽敞的空间，应该是特别为他们考虑的。

　　就餐者形形色色，都带着某种可辨识的身份，令人对他们身上曾有过的劫数与命运产生各种猜测。他们坐在那里，脸上的表情并不轻松愉快，却也平静满足。

　　我仔细地观察过他们的餐食，是很不错的，可以与纽约中等水平餐厅的餐食相比。主菜一般是荤素搭配，我见过的有牛肉配花椰菜、鸡肉配胡萝卜、肉饼配土豆泥等，再加上一个小圆面包。餐食被放在一个大瓷碟里，瓷碟放在塑料托盘上，托盘上还有一个小瓷碟，上面摆着的是甜点，有奶油蛋糕、巧克力蛋糕和芝士蛋糕等。托盘上还会放一个水果，通常是苹果、橘子或者香蕉。

　　大厅的一侧立着一大排的饮料机，有热咖啡及各种碳酸饮料。我注意到装饮料的用的是中型塑料杯子，而盛热咖啡的清一色是质量很不错的瓷杯子。这一切都让就餐者们认为，他们是被盛情邀请来的客人，而不是一次性打发的食客。

　　Welcome Table 这个名字很有意思，我看过一个中文翻译，叫"热情餐桌"，好像不太准确。它不只是表现接待的态度，而是刻意强调，这里敞开胸怀，接纳一切。脏的丑的破碎的，人生的各种苦难，无法控制的堕落，这个教堂一概欢迎，平等对待。Welcome Table 不只是提供一份果腹的食物，而是给予他们被忽略了的人应该有的尊严。

就餐者被带领入座后，就开始享受尊贵的服务，他们递上橘红色的小纸卡片，志愿者即刻送上盛有热腾腾食物的托盘，志愿者们问他们需要咖啡还是别的饮料，然后飞一样地跑开，去把他们要的饮料送来。就餐者大多数不会只吃一份，他们可以要求第二份，第三份，他们甚至不必起身，只需吩咐一声，食物即刻送到，每送出一份餐食，Praj就撕下一张浅蓝色卡片，投入小桶中。临走，就餐者还可以取走装在纸袋里的额外一份。每个志愿者负责两张餐桌，八位就餐者，他们勤快、年轻，像蝴蝶一样在这些委顿了的乱草中飞舞，仍然舞姿美丽。

教堂还会安排年纪稍长一些的志愿者，在午餐接近尾声的时候，站在铁门外一棵日本槐树旁，向就餐者告别，他们会说"谢谢光临"以及"下次再见"，甚至说些温柔的话，比如"爱你"。这个时候，就餐者们虽然仍然拎着或者推着他们脏兮兮的包，脸色已经变得开朗和快活了起来。

有一次我问Praj：无家可归者，在我印象里总是衣衫褴褛，外形污秽的，为什么这里的就餐者并不都是那样？Praj说：每周日就餐的时间是下午1点到3点，但教堂从9点开始就免费发放捐赠的旧衣服，男装女装都有。这些无家可归者可以来这里挑选，他们拿到后，大多数的人会到附近的庇护所（shelter)去洗个澡，换上刚领来的旧衣服，再坐到 Welcome Table旁。

　　我听后很是感动，原来一个人受到尊重后，他也会以尊重来回报给他尊严的人。尊严在给予与领受间，被展现及提升。相反，当一个人感到尊严受到践踏，他也会以非理性报复对方或他所处的社会。

　　我经常抓住Praj聊天的原因是，他的工作相对比较轻松，可以一边撕纸卡片，一边跟我聊天，而其他的志愿者则比较忙碌，给就餐者送餐，拿饮料，递水果，让我觉得不好意思打扰他们。

　　有一次，我拦住一个手挎小水果篮子的女孩儿，她告诉我，她是附近新学院大学（New School University）的学生，上大二，他们报名参加志愿者，要接受短时间的培训，重点是如何尊重被服务的就餐者。她匆匆地和我聊了几句，就又跑去送水果了。

　　还有一次，我看到一个中年女人空着手，站定在那里，环视着大厅。我就过去和她搭讪，问她是不是志愿者？她说是教堂里的职员，负责 Welcome Table 的。她看了我一眼，有些犹豫地说，你是来吃饭的吗？可以去那里领张卡片。我说，哎，我不吃饭，我是从书刊中读到这里的故事，很好奇，过来看看的。她回答了我几个问题，她说 Welcome Table 已经有四十多年的历史，从未中断，即使在疫情期间。每个周日大约有五六十个志愿者在这里工作，主要是附近大学的学生，除了餐饮，教堂还提供法律服务，再就业培训，绘画美术教育等等。她显然对接受我的采访没有热情，她也很忙，找了个借口走了。走了几步又回过头来对我说：在这里可不准照相啊。我知道，她是在保护这些就餐者的隐私，很在意他们的感受。

我对这个大厅印象最深的两点，一个是就餐者们脚下的大大小小、五颜六色的包包，它们铺满了大厅的地板，蔚为壮观。

还有就是这些勤快的志愿者们，他们着装统一，身穿一样围裙，围裙上别着胸卡，头戴一样的帽子，每个人都戴着手套及口罩。他们都是年轻人，走路很快，有的一路小跑，洋溢着青春气息。神情严肃认真，有一种使命感，与纽约市遍布各街区餐厅里侍者们的松弛、懒散、不在意，形成对比。他们年轻漂亮，在这里我见过几个女孩子，身材、气质都极为出色，男孩子们也是。如果要寻找纽约最美丽的人，可以来这里。

他们的美丽、青春与就餐者们的丑陋、衰败形成了强烈的对比。在这里有太多的两极对撞，可能是两种不可思议的对立在这里互相遇见又互相解释，形成魅力，引起很多作家的兴趣，所以屡屡有关于Welcome Table的文章登上报刊。

著名记者、作家克莱格·泰勒（Craig Taylor）有一篇文章，写的是他与流浪汉乔（Joe）的故事，他们在 Welcome Table 相识。乔无家可归，他在公园大道和23街交口处一个蜜蜡脱毛沙龙（Wax Salon）门廊前的一小块空地露宿。乔是个越战退伍海军士兵，纽约及美国各大城市里的无家可归者中有很多都是越战退伍军人，知道了这一点后，我很悲哀。他们从战场归来，身心俱损，有的人比较幸运，回来后上了大学，当了医生、律师，或进了大公司。我住在华盛顿的时候，我的牙医就是个越战退伍军人，回国后，他上了医学院。开始，他把我当成越南人，在聊天中，他不掩对越南人勇敢坚韧的钦佩，也不掩对他们的鄙夷。但很多像乔那样的人，却没有那么幸运，他们中的一些人，回国后得了PTSD（创伤后压力综合症），振作不起来，沦为无家可归者。

克莱格与乔渐渐成为朋友，克莱格常常请乔去第六大道上的"醒客咖啡厅"（Think Coffee）喝咖啡。乔的话题永远在越南和他的家乡匹兹堡中间转换，聊聊越南，再聊聊匹兹堡，尤其是匹兹堡美式足球队钢人队的比赛。然后再聊越南，乔的大腿里有块弹片，是1969年被越共迫击炮炸伤的。再聊匹兹堡，聊阿勒格尼河上的漂浮物。他说，这两个地方常常出现在他的梦中，但他不愿回到匹兹堡，他说他无法面对抚养他长大的姑姑，也情愿把家乡的印象完整的保存在梦中。谈到纽约，他的语气则充满厌恶。但纽约却包容了他，包容了他的余生，乔口中的"我残余的部分。"

日子一周周过去，一个寒冷的11月夜晚，克莱格邀请乔到他家的公寓，睡他家的沙发，但每周只住一天，星期一一早，乔挟着他的行李，仍然回到他在脱毛沙龙前的空地去，那是他的领地。美国人在任何时候都保持边界感，这是与中国人不同的。

他们相处时保持平等，谈话中无论内容还是口气，都是这样。乔不愿意克莱格可怜他，他说，他也不希望任何人对他有那种情感。乔有时把他捡来的，或者别人给他的东西送给克莱格，尽管克莱格并不需要。他们也都互相掩饰着他们之间思想方式和生活状态的巨大差异。

然而这一切也很难隐藏得太久。乔不是以购买的方式，而是以拾垃圾的方式获取物品，稍微好的东西，他就不肯丢弃。于是存放到克莱格家中的包，隔一段时间就增加一个，这使克莱格不堪重负，他不断催促乔丢掉，却没有什么结果。

克莱格要离开纽约了，离开前，他们的矛盾终于爆发，甚至互相骂了粗口。克莱格有些心有不忍，但终于说服了自己。分手时，克莱格还是替拎着大包小包的乔按了电梯按钮，乔在门口也礼貌地让克莱格先走。

一年多以后，克莱格重回纽约，他找了个周日来到 Welcome Table。他从很远的地方就认出乔，他坐在惯常坐的那张桌子旁，乔正好抬起头，也看到克莱格，他张开嘴笑了起来，用大拇指指了指克莱格，摇摇头，要么就是他不敢相信，要么就是说他知道克莱格迟早有一天会回来。他们走了出去，来到街上，感受到春天的阳光，他们互相询问了对方的情况。过了一会儿，他们感到不必多说什么了。克莱格伸出胳膊，在乔黝黑且满是皱纹的脖子上搭了一小会儿，乔轻轻拍了拍克莱格的膝盖。

克莱格的故事到这里就结束了。

没有结束的是 Welcome Table 留给我长长的思索。我们面对一个亘古的难题，一方面是人性不可挽救的弱点，一方面是人类寻求救赎的悲壮的努力，它们看似永无间歇地互相缠斗，轮流占据上风，实际上是谁也无法战胜对方，这令我们困惑不已。

其实，Welcome Table 地下室上面宏伟壮丽的教堂中，那位时时隐现的上帝，已经用白昼与黑夜的隐喻启示我们，光明与黑暗的轮回永不休止，我们在黑暗的尽头等候光明，于光明处也看见黑暗。绝望既不可取，理想也不真实。

昼夜平分，感谢上帝。

发表于北美中文作家协会会刊

《东西》第409期，2024年

那年的小火箭

郑立行

　　近来最激动人心的新闻是中国的探月飞行，嫦娥6号探测器在首次获取月球背面的样品后，顺利返航。探月火箭神话般的操作令人惊叹不已，同时又将我的思绪瞬间牵回到五十多年前的中学时代。那也是一个不平凡的年代，一些国家的人造卫星已经在太空中遨游。仰望星空，我在期盼，有一天中国的人造卫星能够和他们并驾齐驱。我的心里不时发出"飞出地球"的呼唤。我呆呆地凝视着苍穹，也想造出一枚小小火箭，把内心的航天梦托举到空中。一个少年的远方穿越了地平线，进入了外太空。

　　记得当时我在天津一中上学，学校组织了不少课外活动小组，例如写作班、数学班、科研小组等等。老师鼓励学生参加各种课外活动，扩大知识面。那时的课堂学业压力好像没有那么大。考试成绩固然重要，但没有那么拼死拼活的，学生们都以见多识广为傲。我喜欢读课外书，尽量参加各种课外小组，课外活动让我特别兴奋。我父母一般不过问我的考试成绩，倒是对我的课外活动给予财务支持。

　　后来开了化学课，第一堂课化学老师就给我们演示了一个化学反应，在向混合液体加入最后一滴溶液后，立即火光冲天，同学们都惊叫起来。从此我对化学产生了浓厚的兴趣。有一天，我在《航空知识》杂志上看到了一则新闻："某省的一所中学开展课外科研活动，成功研制小火箭升空。"我的心马上激动起来，几乎彻夜难眠。第二天我就向化学老师提出自制小火箭的建议，马上得到了老师的支持。于是我与班上其他三位同学一起成立了"化学课外小组"，课题就是研制小火箭。

其实化学老师也没有配制火箭燃料的经验，他让我们回去看看有关书籍，再动手做实验。我搜集了好多本讲解火箭原理的书，包括钱学森的"星际航行导论"。不管懂不懂就往下看，反正读前几页的导论总能有点收获。书中讲到火箭推进燃料有两种：液体和固体。因为液体燃料喷射装置太复杂，我们做不了液体的，只能试一试固体燃料。不过固体燃料燃烧速度快，和爆炸差不多。老师一再嘱咐我们注意安全，他说第一节化学课给我们演示烈焰迸发，就是要告诫同学们做化学试验绝不可掉以轻心。这次课外小组活动又由实验室老师交代我们安全操作的规定，同时学校的化学教研室会提供给我们所需的化学原料。

对于固体推进燃料，我们只能选择传统的三种黑火药粉末的混合，不过我们只是知道它的基本配方，又不是做炸药，准确和可行的配方得我们自己在试验中去发现。

第一个小火箭的机身是用草板纸里三层外三层粘好的，又细又长，尾部还粘贴了四个尾翼，站起来比通常"二踢脚"长一倍。乍一看还真像一个等待倒数计时的火箭。引信是从火箭底部的喷射小孔深入箭体内部。我们选择周日在学校操场试飞。我是科研小组长，跑得又快，当然由我点火。我战战兢兢地用火柴点燃引信后，一溜烟地往回跑。可还没跑到树后边，就听轰地一声闷响，整个火箭被炸得粉碎。我们曾想到有可能爆炸，可没想到竟发生得这么快。大家分析了一下，原因是喷射孔太小，火药燃烧太快，从而酿成惨剧。

之后我们不断试验，改良小火箭燃料的配方比例，让燃料燃烧不那么猛烈，并适当加大喷射小孔的直径。我们还用白铁皮烧焊制成更加坚固的火箭箭体。有一次试验很有意思，点火之后小火箭不是朝正上方飞行，而是向斜上方乱窜，然后掉头，像无头苍蝇往回转了两圈，才落地。当时只听得"嗖嗖"的小火箭的排气声，忽上忽下，忽左忽右，让人心惊。事后从烟迹看出小火箭失控了。问题的原因可能是喷射小孔有些歪斜。幸亏没有人被小火箭撞上，否则可就惨了。

问题不断发生，我们就一一解决，有时大家争论得面红耳赤，又忙得不亦乐乎。我们最后一次试飞确实取得了相当满意的成果，小火箭垂直升空了大约五十多米，大家的脸上终于露出了灿烂的笑容。成功之后，我正在思考下一步做什么时，老师带来了一个令人失望的消息。学校的经费开支缩减，不能再供应我们化学原料了。我们的这个项目只得就此停止。

中学的学习生活过去五十多年了，教导过我的老师和校长都已相继去世。我怀念他们，感谢他们，是他们让我在少年时有机会在航天梦里挪了小小的一步，却在勇于探索未知，独立解决问题的能力上迈出了一大步。

发表于《人民日报海外版》2024年8月3日

弱小鸭和大白鹅

程应铸

我小时候，社会上还不兴豢养宠物，我家之所以养了一只大花猫，是为了对付鼠患。可是日久生情，慢慢地，我们全家不论大人或孩子，都把它看作是家里不可或缺的一个成员。后来，这花猫变懒，除了躺着晒太阳不再镇鼠，我们也都宠着它，忍着它。再后来这花猫更是性情大变，每天出外惹祸，干偷食的勾当，不是扑食东邻的爱鸟，就是咬毙西邻的兔崽，一时成为众矢之的。无奈之下，只好把它塞进一只米袋，遮蔽它认路的眼睛，然后弃放于远离我家的苏州河北岸。

失去花猫，全家甚为沮丧，尤其是我们孩子，心中空荡荡的很是失落。母亲看见我们整天蔫头耷脑，无精打采，甚为焦虑。于是会找一些零星小事差我们去做，想让我们分心，忘掉那只花猫，可不起什么作用。

一天，门外传来鸭贩子的叫卖声，母亲听见，沉吟片刻，心有所动，打开大门喊住鸭贩，我好奇地跟了出去。只见鸭贩肩上的扁担两头各悬着一摞圆形的竹笼，这竹笼口径很大，但颇浅，一只叠着一只。母亲问，是卖小鸭子吗？那贩夫点着头，弯腰放下担子。他打开顶层一个竹笼的笼盖，啊，里面一片拥挤，全是一只只黄色的雏鸭，周身长着细软的绒毛，纯净无染，脑袋前面伸着桔黄色的扁长小嘴，见到光亮，争先恐后地踮起脚，伸长颈脖，嘎嘎地叫着，可爱极了。母亲让我自己动手挑两只，并提醒我挑壮实活泼，毛色鲜艳的，半闭着眼睛打盹的千万不能要。母亲从屋里取来一只竹篮，我仍迟疑着拿不定主意，最后，在她的指指点点下，我捧了两只小鸭到篮子里，观察了好一会，看看它们依然生气勃勃，这才放心地拿回家去。

祖母看见两只小鸭，乐了，话匣子也打开了，她说，我们的老祖宗鸭太公可是个养鸭王，养的鸭子成千上万，游在湖里，灰茫茫的一大片！祖母又说，别小看这鸭子，我们这个诗礼之家最早就是靠它们富裕起来的，而后子孙才能衣食无忧地发奋攻读，成为饱学的士子，到了你们高祖一代，三兄弟皆中进士，因而有了一门三督抚的美誉。眼前这一对弱小而行动笨拙可爱的小鸭，本已让我对它们有了爱怜之心，而祖母的一席话更让我对它们生出许多美丽的遐思。

我小心翼翼地用饭粒和碎菜叶喂它们。哥姐放学回家，看见家里多了两只小鸭，诧异之余兴奋不已，很快也爱上了它们。大哥说鸭子会游泳戏水，吵着要试试它们的水性，大姐说别胡闹，这鸭子看上去才孵出来没几天，怎么会游泳，得等它们再长大些。大哥不听，硬是在一只小木盆里放了小半盆水，把两只鸭崽一一捧到水面搁着。二姐怕怕地嚷道，不要啦，会淹死的！鸭崽浮在水面并没有下沉，也没有失去平衡，不仅毫不慌乱，而且显得自在从容。它们眨着眼睛，相互对视了一番，伸了伸脖子，抖了抖翅膀，就开始用桔黄色的脚掌向后推水，那脚趾相连的脚掌就像小船的一对划子，由于水的反冲，小鸭的身体向前移动了。啊，它们会游水！我们异口同声地叫了起来，大哥脸上露出喜滋滋的神色。母亲说游泳是鸭子的天性，是与生俱有的，用不着学。祖母连连苛责道，你们造孽啊，这么丁点大就让它们下水！

就这样，两只小鸭成为我们的宠物，我们每天围着它们打转，失去大花猫的痛苦渐渐淡薄乃至忘却。每天我们都会让小鸭游一会儿水，看见它们在水中悠然自由的样子，我们的心也似随着它们轻轻地荡漾在水面，做着种种空幻之想，惬意极了。

大姐说要让鸭子快快长大得多下营养，于是每逢帮佣张卿的菜篮里有鱼虾之类的河鲜，就会剪下一点虾头鱼尾，捣碎了喂它们。大哥却说活物是最好的饲料，那时候孩子们都喜欢去树上摘皮虫喂鸡鸭，于是他每天放学回家，沿途若是看见树上挂有皮虫，就会爬上去摘下，带回家，剪开来喂鸭。后来低处的皮虫都被人摘光，高处的他摘不到，于是就动员我去挖蚯蚓喂鸭。

门外的人行道上铺满了坚硬的石砖，蚯蚓无处容身，但每株街树的树干周围都裸露着一米见方的泥土。我想，街树根系的泥土里准会有蚯蚓，便拿着铲煤的小铲，在泥土里开挖起来，挖到稍深处，泥土或疏松见孔，或呈湿润的团粒状，这是蚯蚓出没的迹象。果然，很快就看见在泥土里有身体细细长长的蚯蚓在蠕动。我们足足花了一个下午，收获不少，它们或长或短，或粗或细，或铁红色或灰青色，有时能一下子逮到纠缠成一团的几条。

我们开始用蚯蚓喂两只雏鸭，起初很小心，专捡细小的蚯蚓喂它们，稍长些的会剪成几段，怕噎着它们。后来看见这两只小鸭食欲很强，再长的蚯蚓挂在嘴喙，只轻轻甩动几下，就囫囵而下了。于是我们干脆将那只装蚯蚓的罐子放在它们面前，任它们你争我抢地啄食。

傍晚，我看见两只小鸭定定地靠在天井一角，缩着脖子，半闭着眼睛，我甩手驱赶它们，它们不理不睬，唯一的反应就是微微挪动一下身体。我抓起其中一只，摸一摸它颈下的肫，感觉鼓鼓的、硬硬的，知道情况不妙。母亲责怪道，鸭子这么小，消化功能很弱，怎么可以这样无节制的喂食！

我和大哥不安地将两只小鸭放进夜晚它们栖身的竹篮里，蒙上一块布，置于厨房近炉火处。睡觉前，我去厨房揭开篮子上的布块，希望看到小鸭在灯光刺激下的骚动情景，可是没有，两只小鸭依然垂头缩颈，紧靠在一起。

第二天一早，起床后的第一件事就是去看我心爱的小鸭，揭开布，一只已经僵硬地倒毙在篮底，另一只毫无生气地耷拉着脑袋，半跪着。大姐说，赶快喂些消化药，或许有救。她到药罐里翻出一粒助消化的食母生，放在汤匙里用一根筷子捣碎，加水溶解后让我帮忙，灌入小鸭嘴内。

我满怀希望等候这只小鸭恢复如初，但让我失望的是消化药也无力回天，最后它还是直挺挺地跟随它的同伴去了。

两只楚楚依人的小鸭死了，祖母咬定我和大哥是肇事的元凶，说这可怜的小生灵是被我们活生生玩死的。我虽然颇为自责和后悔，但也不无委屈，我们也是好心呀，希望它们能快些长大，快些长得壮壮实实，快些有能力抗风抗雨！可哪知道这两只小东西如此娇弱，饿也饿不得，饱也饱不得！为了挖那些该死的蚯蚓，我的手掌心都被铲子柄磨出了泡，我用左手轻轻抚摸渗着血水的右掌，疼痛之下，心里更不好受。

从此，这两只鹅黄色的雏鸭在竹篮里倒毙的惨状，一直定格在我脑中，成为我人生中最早品尝的生命悲剧，它们时时提醒我生命的脆弱，提醒我生命的不可把握和生命的瞬息即逝。

祖母下达了禁令，不许再买小鸭小鸡之类的东西作我们的玩物。看见我们几个孩子整天无精打采的样子，倒是帮佣张卿有了主意，她说不如买两只已长到四五成的白鹅回来，这东西命贱，壮实好养，只要每天让孩子到菜市捡些菜叶来喂着，就准能养大，到过年的时候还可以食用。

一天早上，张卿从菜市回来，她提着的篮子里并没有菜蔬，而是挤着一对羽毛雪白的鹅，长长的脖子伸在篮子外面，左右摆动着。张卿提着它们的脖子，将它们拖出菜篮，放到地上，只见它们的双脚被紧紧捆在一起。好大的两个家伙！我细看它们，足足有成年鸭子那么大，每只有好几斤重呢！看见我们惊异的神色，张卿得意地说这还是没有长成的幼鹅，然后用手比划到她的腰部，告诉我们，如果饲养得法，能长到这么高。她的话，让我们对这两只新的宠物充满期待。

张卿找来一些竹条和木棒，用麻绳将它们连成一片，然后在天井的一个墙角，围起了一个鹅圈，将两只鹅松了绑，扔到里面。

每天捡菜皮的任务就落到了我们几个孩子身上，实际上主要是落在大姐身上，大哥才不屑为了几张破菜叶，在菜市里作这种低着头东寻西觅的营生。其实，大姐也羞于独当其任，所以每天清晨上学前总拖着我或二姐一起去菜市。碰到运气好，菜摊边上的地上会有一堆被剥离下来的蔬菜表皮，满满一篮菜叶唾手可得。若是有人捷足先登，那就惨了，得在菜市里沿着菜摊来回巡查，捡拾扔在地上的零星菜皮。有时还得守株待兔，在旁边等着挑菜的买主将菜皮剥下。

等我们回家来到鹅圈，两只白鹅早已饿态毕露，一个个伸着粗壮的长脖子，把脑袋探在圈外上下晃动，朝我们吼出粗气。我们拿了些菜皮扔进去，它们立刻回转身去抢食，两只鹅挤成一堆，距食物稍远的那只处于劣势，急得踮起脚，身子紧压着另一只的背侧，而对方则提起一只脚，朝后又推又踢。看着双鹅争食的憨态，我们都忍俊不住。顷刻之间，扔去的菜叶就化为乌有，而两只肥鹅意犹未尽，用喙端在浸染着菜叶味的湿漉漉地面摩擦。

很快，这两只模样憨戆的肥鹅成了我们的宠物，我们特爱看它们争食时的样子，所以每次投食都少少的，让它们有一种危机感，以致倾全力而争之。

很快我们就发现，正如张卿所言，两只肥鹅日长夜大，体型像是吹气泡似的迅速膨胀起来。它们的食量也变得越来越大，简直是嗜吃如狂，一篮菜叶还不够它们吃一天，大大增加我们备食的压力，以致我们每天早晨会因为菜市之行的收获不敷它们食用而烦恼。

烦恼的事还不至这些，它们吃得多，排泄物也就多，鹅圈的清洁工作也与日俱增，这可难为了大姐，每天早晚要冲洗几回，稍有疏懒，天井的空气里就会充溢着一股鹅粪味，令人生厌。

它们长得越来越高大，常常撞开圈门，旁若无人地在天井里昂首阔步。有一天我见此状便过去想把它们赶回鹅圈，哪知它们眼里全然没有我这个每天投食给它们的主人，眼睛凶巴巴地盯着我，不但不退缩，反倒向我进击，用连着鼻子的巨喙向我肚子啄来，惊得我赶快后撤，绊在一块石头上，差点摔倒。我又急又恼，大声呼叫，它们竟然不止步，把我逼到了墙角，直到张卿前来解围。我说这两个鬼东西简直无法无天，目中无人了。张卿笑着解释，说鹅的眼睛是个缩影镜，看出来的东西比真的要小得多，人在它们眼里就像一根丝瓜那么丁点大，远比它们矮小，所以它们不但不惧怕人，而且还要欺侮人呢。继而张卿又故弄玄虚似地问道，你知道么，我们乡下的牛为什么会乖乖替人干活？因为牛和鹅相反，它们的眼睛是一个放大镜，看出来的人是比它们大得多的怪物，所以顺从不敢反抗。我不知道张卿的话是否有科学根据，但觉得这解释颇合情理，也甚为有趣，否则这呆头呆脑的白鹅何以会气势如此嚣张，而头上长有利角的巨牛何以会向人伏首称臣，忍受没完没了的劳役之苦呢。

大白鹅的凶悍和死去的弱小鸭形成了鲜明的对照，让我们时时想起小鸭子的好，而对这两只大白鹅的兴趣也日趋淡薄，一走进天井就会掩起鼻来，菜叶的腐烂味和鹅粪的臭味混在一起，这种气息难闻极了。大姐对鹅圈的打扫也日渐马虎和稀疏，只是做个样子，于是便经常看到两只肥鹅腹下的羽毛上沾满了它们褐中带绿的粪便，张卿隔些日子就会抓起它们到水龙头下冲洗。再后来，大白鹅的饲养和清洁全由张卿接手，我们对此不闻不问。

好在很快就过年了，在张卿的打理下，这两只大腹便便，脏臭不避，凶悍无礼的大白鹅就成为我们除夕之夜的盘中美味。

发表于北美中文作家协会会刊

《东西》第397期，2024年

樱花劫

夏洋洲

二月的西雅图，或阴雨霏霏，或大雪纷纷，是西雅图人最想逃离的月份。今年却不然。暖洋洋的，伴着三不五时的蓝天白云，让人错以为到了五月天。暖风吹拂下，我看着城中那些吉野樱花在困惑与仓促中，可劲地鼓出一簇簇的五瓣花朵，粉嫩、淡白，点点星星，落樱缤纷，洒满树荫。只是傲人的樱花不会意识到，几天后，将是它们的梦魇。

西雅图本无樱树，1930年，日本开始侵华作恶时，向西雅图赠送了3500棵。更早在1910年，东京赠与华府2000棵，表达友情。

彼时美日对华利益一致，均支持中国的"开放"政策，以便和平地分一羹财富。然而，随着日本侵占东北，移民美国，两国局势紧张。日本一步步蚕食东北，国力日益强大，引起当政的罗斯福政府的担忧和恐惧。当时的日本人就如今天的中国人，在美国大肆买房买地。于是，如同当下几个州禁止中国人买房买地一样，美国的《外国人土地法》立即出台，禁止日本人拥有或租赁土地不超过三年，导致两国关系日趋对立。

想来想去，送樱树成了东京一些有识之士的点子，既为传播日本文化，增强友谊，也为缓解美日间越来越多的矛盾。

那2000棵樱树抵达华府后，农业部发现树木有病虫害。总统亲自下令，必须销毁这些远道而来的礼物，保护美国环境。随后，日本的国树樱花树被架了起来，像篝火一样付之一炬。烧完，美国国务卿给日本大使去信，表达深切遗憾，缓解日本热脸贴冷屁股的尴尬。

然而几十年后，一些美国历史学家和人类学家对樱树患病虫害一说颇有微词，严重怀疑。理由是此前从日本进口过不少植物，均未发现这些病虫，病虫只是一些美国政客讨厌惧怕日本的替罪羊。

联想到当今美国政商界讨厌惧怕中国的智能电动车。为了拒之门外，商业部长称它们将被操控在北京手里，北京一发火，可让三百万辆中国电车在美国大街小巷同时熄火，造成严重国安危机。有这般厉害吗？出此怪言不足奇，可怕的是朝野居然没人敢对怪言提出异议，这不像曾经自信的美利坚。

不知彼时的日本人对焚树是真傻还是装傻，两年后，东京市长建议二次捐赠，数量增至3020棵。这些源于东京郊区荒川河沿岸的樱树，从横滨运往西雅图，接着去了华府。1912年3月，美国总统夫人海伦(Helen Herron Taft)和日本大使夫人钦达子 (Viscountess Chinda) 在华府潮汐盆地 (Tidal Basin，一个利用河水涨潮的蓄水湖）北岸种下两棵吉野樱树。仪式结束时，第一夫人向钦达子回赠了一大束"美国丽人"玫瑰，这束象征着火一样浓烈爱情的玫瑰，寄望于两国关系你侬我侬。华府著名的樱花节从此拉开序幕。

十多年前的樱花节，我沿着潮汐盆地林荫道，漫步到湖边的杰斐逊纪念堂，环顾四周，樱花如云，游人如织。坐在堂前台阶举目眺望，近处是倒映于水中的高天、淡云、花韵，远处是利剑般的华盛顿纪念碑，巍峨、挺拔、独立。然而，如画的风景和壮观的纪念堂背后，充满了往事。

1936年，杰斐逊纪念堂委员会成立并规划了建设蓝图，很快招致公众的愤怒批评，在该地建堂设馆将导致日本樱树的迁移。于是爆发了"樱树运动"。华府的公民、俱乐部、董事会和协会在全市抗议，《华盛顿时报—先驱报》老板帕特森，大书特书批评罗斯福政府的文章。动嘴不算，且组织群众动手。1938 年 11 月 17 日，纪念堂开工当天，一群约五十名妇女，骨灰级樱花迷，手持请愿书在白宫前游行，要求停止对她们爱死了的樱树的破坏。这有些像美国今天那些骨灰级抖音（TikTok）迷，上街举着横幅，现场直播抗议政客以国安理由试图取缔她们爱死了的抖音。第二天，那些愤怒的妇女索性把自己用铁链拴在樱树上，她们要与日本国树同生死、共命运。

不仅如此，帕特森率领约一百五十名妇女，从施工工人手中夺走铁锹，填平刚挖出的坑洞，更与推土机对峙。罗斯福总统称帕特森干过了头，谴责一些报纸夸大其词，表示施工过程中只会毁坏88棵树。助理内政部长出动，为一些妇女提供午餐。吃人的嘴短，她们饱餐后被劝离。另一些妇女，不知是贪杯还是中计，在喝完无限续杯的免费咖啡后，急需如厕，她们解开铁链，一去不回。半夜时分，工人悄悄地将樱树砍的砍移的移，为纪念堂腾出地方。

我慢慢走着，观赏着那些令妇人们着迷的樱树，像撑开的伞。逆光下的樱花瓣，东一簇西一簇，微风过处，虚虚实实，起起伏伏，恍惚中，消散于云影天光。

不久，纪念堂举行了破土和奠基仪式。罗斯福出席，他强调了杰斐逊的个性、哲学观点，以及个人自决的思想。具有讽刺意味的是，正是杰斐逊关于个人自决的思想，激励了那群妇女，发起了保卫樱树的抗争。

抗争三年后、赠送樱树三十年后，日本偷袭了珍珠港，2400多名美军丧生。这回赠给美国的不是如云般怒放的樱花，而是雨点般狰狞的航空炸弹和鱼雷。没过几天，曾为樱花痴迷的民众心碎，迅速报复日本的暴行，除了日裔被吼"滚回日本去"外，四棵手臂粗的樱树被砍倒，一颗倒下的树干上刻着：和日本人一起下地狱吧（Go hell with the Japanese）。当局大事化小称，这是一起涂鸦行为。不过那一行刻骨铭心的句子把涂鸦者的心态刻画的淋漓尽致：杀不了日本人，就砍几棵日本树。但对许多人，砍几棵树远远不能满足复仇心理。有报道称，当时的公园委员会接到雪片似的信件，要求把那上千的樱树连根拔起，砍成碎片，一把火烧了。就像烧掉第一次赠送的那批。头脑冷静的官员急速想出高招：改名。日本樱树便改为东方樱树。东方，有中国等一些同盟国，与美国同仇敌忾抗击着日寇。从此樱树不必为自己的命运诚恐诚惶。而华裔，也从血腥的战争中得到出乎意料的正义：作为对在亚洲战场上殊死抗日拖住大批日军的盟友的回报，美国废除了对华实施了近六十年的排华法案（Chinese Exclusion Act）。

此后的六年，由于战争和资金短缺，樱花节取消了，毕竟这些原本象征友谊和平的使者，来自一个发动了偷袭战的不讲武德的国度。花尽管美丽，传播、欣赏甚至花钱歌颂它的美丽就不必了。犹如俄国侵乌后，英国禁止芭蕾舞"天鹅湖"在剧院上演，俄罗斯蓝猫、伏特加烈酒亦不得出售……一国犯罪，株连猫狗，公认的艺术变禁品。仇恨升高时，人们非理性思维亦升高。

随着战争结束，反日情绪渐渐平息。人们开始反思。无辜的樱树不该成为替罪羊，其魅力也无法遮挡。树名又改回日本樱树。何况，坐落在东京附近的荒川，40年前捐赠给华府樱树的产地，如其名，荒芜颓废，此刻急需拯救。于是公园委员会便剪些幼枝送回荒川，友谊的树苗寻根返乡，带着胜者施舍的伤痕，悄然于故国繁衍了。

伤痕，嵌着苦涩，也藏着生机。在日本，灯笼扮演着有助于伤口愈合的角色。被两颗复仇原子弹扔怕了的日本，1954年，赠与华府一盏石头灯笼，象征着永恒的和平与友谊。在以樱花闻名的上野公园内矗立了三百多年后，这盏花岗岩灯笼移民年轻的美国，高8英尺半，重2吨。每年樱花节开幕，灯笼被点燃，拉开以樱花为主题的为期三周的活动。

我去的那年，不知是过早或是过晚，只见坐落于湖滨北岸的灯笼孤零零的独处，无灯火，也没人围观。也许人们不知其来历，也许人们不想知其来历。一块奇怪的石头而已，不值得驻足。人们只想在樱花的海洋里徜徉，享受湖光、斜阳、颤巍巍的枝头。

2021年初，没料到，颤巍巍的枝头在旧金山日本文化中心遭了劫。三棵樱树被剥皮去枝，徒留光秃秃的树干。此时没有偷袭珍珠港的飞机，只有全球横行的新冠病毒。文化中心主任痛心地说，我宁愿我的身体遭受此劫，这些樱树是三十年前才种的。此前，该社区由于日军的暴行成为美国人民最憎恨的地方。其后一度因非欧洲裔人口的大量涌入，被蔑称为"城市枯萎"区。许多当地日裔战争期间被怀疑为效忠日本帝国的间谍而举家放逐沙漠，此时刚从集中营平反归来，却被规定限时出售房产，否则再次逐出家园。此后，"城市枯萎"区重建，大量最早一代日本移民种植的樱树被砍伐。主任大概想不到，病毒摧枯拉朽，把大多数美国人逼进房舍，居家隔离避难。于是，有人怀着扭曲的"复仇"心理，将樱树扭曲、剥皮、去枝，无腿可逃的樱树再次成为替罪羊。只是这次不是反日裔，而是反华裔祸及其它亚裔。那些质疑当初火烧樱树的学者们感叹，反亚裔的种族主义在美国非常非常容易出现，有点星火，便可燎原。

再次切割樱树的举动，让美籍日本人联想历史，生出胆战心惊。其实何止日裔，新冠病毒让美国所有东亚面孔胆战心惊，尤其一些敏感的华人，如我。在高层政客们不时将新冠病毒置换为中国病毒放声广播后，有一阵行路时我像过街老鼠，惶惶然左顾右盼，脑中八十多年前的排华法案悄然作祟，唯恐何时何地会射来一句"滚回中国去"的怒吼。这怒吼或无缘无故，或匪夷所思。近期，一群呼吁在加沙停火的白人女性，于旧金山前众议长家门外抗议时，被车中的她怒吼："滚回中国去"。白女们面面相觑，一头雾水，不解加沙停火与滚回中国间的逻辑。其实简单，肤色与国度惹的祸。想来近年某些政见相左的政客们暴怒时，同仇敌忾，眼冒金星，眸中人不分青红黑白皆幻化成黄种中国人，喊滚就对了。

喊滚的同时，远在千里外的西雅图，为强化友谊，市长携手日本驻西雅图总领事，送过樱树和炸弹的黄种日本人，趁今年的暖冬，肩并肩种下了11棵樱树，加入了不久将举办的樱花节的行列。

植树没几天，突如其来的一场小冰雹降临西雅图，把急冲冲露脸的五瓣樱花打成花瓣雨，怒放转为收敛，落樱湿湿漉漉直奔大地，全无纷飞的画面。一地雪珠，一地残花，一同陨落。前几日悬浮在空中的美貌，瞬间变成行人脚下的花泥。天堂与地狱的距离如此之短，欣赏与嫌弃的转换如此之快。

人与人之间渴望友谊，国与国亦然。英国著名首相帕麦斯顿（Palmerston）有句话：没有永远的朋友，只有永远的利益。利益一致时，樱花享受樱花节。利益冲突时，樱花遭受樱花劫。

我担心，倘若再来一场大风暴，自然的或非自然的，樱花节会变成樱花劫吗？

发表于《世界日报》副刊2024年3月31日

走出隧道

之光

清晨醒来，第一件事，照例是拿起手机查微信。

一行字赫然撞进眼："祥健考取了XX音乐学院，谢谢您一路的引领!"

下方的图片中，红色飘带上方印着"录取通知书"五个金色的大字，泪水顿时湿润我的眼眶。这是燕怡的微信，尽管有12个小时的时差，她说，知道你在睡觉，但仍要第一个向你报告喜讯。

我回燕怡七个字："这是母爱的胜利。"

没想到燕怡执拗地把功劳又推回给我："爱只是母亲的天性，没有你，我就是个失败的母亲，是你让我从执念中走出。"

我只是旁观者，因同是母亲，提出一些属于常识的建议。可是，那段岁月，正像燕怡说的那样："对于别人家来说，八年不算什么多长，但对于一个曾经几近绝望和崩溃的我来说，那是太长太长的黑暗隧道，如今，**竟有亮瞎双眼的感觉。**"

八年前的一天，燕怡提出要聚聚，我爽快地答应下来。没想到，一见面，发现燕怡整个人都变了，一改往日乐观、干练的样子，眼睛浮肿得只剩一条缝。我不假思索地问道："发生什么事了？"

　　燕怡泪水一下子涌了出来，说："我们家现在快成疯人院了。祥健出问题了。说什么也不去上学，他爸打了他好几次都没用，昨晚，他爸又打他，祥健没敢还手，等他爸离开房间，他把家里能摔碎的全摔了。这爷俩都神经失常了，我也不行了。"

　　"为什么不想上学？"

　　"老师在班级里孤立他，在祥健请假上厕所时，老师对全班同学说：大家不要理他，他不是个好孩子！"

　　说祥健不是好孩子，就像说公鸡下蛋一样不可思议。祥健是我们看着他长大的，从他在妈妈怀里吃奶时，就开始参加我们和他妈妈的聚会。他是燕怡第二个孩子，第一个在十岁那年因急病去世。他的到来结束了妈妈的抑郁状态，妈妈视他为命根子。

　　祥健是大家的宝贝，三四岁时，就会背很多的古诗，会唱很多歌曲，每次聚会都会为我们表演节目。妈妈说他记忆力超常，比死去的那位哥哥聪明。七八岁时，我们在饭店聚餐，老板过来和我们聊天。他居然当面给老板提了意见，因为老板是朋友，有多年交情，燕怡也没呵斥儿子。祥健对老板说："叔叔，每次到这里吃饭，我都要先吃两块饼干。"老板问："为什么？上菜慢么？""不是慢，人家是做好一道菜上一道菜，我就可以吃了，可你家要等所有的菜做好才一起端上来。她们大人行啊，见面就聊啊聊，可我是愈等愈饿！"说完，头一耷拉把大家都逗笑了。小小祥健一共提了七条"需要改进"的意见，老板连连点头，表示马上改。再大点，每当散席，他总是先奔到电梯口，为大家按电梯，最后一个进电梯。这么一个有智商又有情商的孩子，怎么在老师眼里就不是好孩子了呢？

燕怡非常自责地说："都怨我，书呆子脾性，特反感给老师送礼，总觉得拎着礼到老师家特别掉价，但所有的家长都送，唯独我没送。"我知道她绝不小气，每次聚餐都抢着买单，不过是以此表达对不正之风的抗议罢了。

燕怡说：过去说到校园，总用"净土"二字形容。现在学校收礼风居然比官场还厉害。在官场，企业为了办事才行贿，学校居然是老师正常教学也贪腐。

"这个时候，燕怡，千万别站在孩子对立面上。全世界的人，甚至爸爸都可以对孩子失望，唯独妈妈不可以，你不但要一如既往地爱他，还要更爱。"我已不是一般地同情祥健了。

"姐，**这话我爱听**。振华（孩子的爸爸）昨天埋怨我，说孩子有今天都是你给惯坏的。我说先不用追究责任，总之，你不能再打了，孩子快被你逼疯了。"

"是啊。"我为祥健感到不平，"**孩子感冒、拉肚，身体出现疾病不打他**，心理出现点问题怎么就这样不能接受？"

当然，振华面临的痛苦我理解，这让我想起那年在德国，参观一条从原料到成品的自动生产线，中间如果产生任何废品，都会自动从传送带上脱落下来。现代教育也一样，把一个懵懂的孩子放到传送带上，从小学、初中到高中，打造为知识青年。倒霉的祥健如今像废品般，自己从生产线上下来，哪个家长能接受自家骨肉才上小学四年级就失学？

燕怡回家后，态度坚决地对丈夫实行了"约法三章"：接受不了孩子的现状可以离婚，你可以再娶妻生子，开始新的生活，但就是不可再对孩子打骂，破罐子破摔。祥健疯也罢，废也罢，我一个人守着他。燕怡明显是作了牺牲自己的准备。

病笃乱投医，只要有人提供解决的路子，燕怡都去试。心理医生看了，驱魔辟邪的大师请了，更在风水先生的提议下，把家搬到了合于孩子八字的房子里。孩子还是老样子，死也不肯上学，而且脾气越来越暴躁。

我的同情心已全部转到燕怡身上，看着她一次次由盼望变失望再陷入绝望，又一次次检讨自己无能，不够坚强。真心疼极了。

我对燕怡说："咱们随弯就弯吧！祥健不愿回学校，咱们就不作回学校的努力了。他虽然厌恶学校但并不厌恶学习，可以走私塾这条路，将来照样参加高考。"我对她说了爱因斯坦的故事，他15岁时被逼退学，因为他的老师认为他是一块朽木，毫无雕刻价值。又讲了爱迪生的故事，他八岁时被老师认为智力有问题，遭勒令退学，然而他妈妈没有放弃，自己当孩子的家教。

许是逼上梁山，这回燕怡一点都没反对，表示："只要孩子能快乐地活着，我什么都豁出去了。"燕怡很快请了几位私教，都是好中学里的好老师。可惜，钱没少花，还是失败了。

这回我不敢出主意了，但面对燕怡渴求的目光，犹疑很久之后，还是说出了自己的想法：我们帮孩子找出他的爱好吧，或许兴趣会让祥健乐此不疲，引着他学到底。如果一生能从事自己喜欢的事业，靠特长服务于社会，应该也是不错的人生。

燕怡听了，作出向上苍祈祷的姿势。是啊，上帝该出场了。回家后，妈妈给祥健交了底：妈妈不在乎你有没有文凭，拿不拿到学位，妈妈只希望你这一生做你自己喜欢做的事。儿子立刻说："我喜欢俄语。"燕怡一愣，差点说："学英语更有用。"但节骨眼上泼不得冷水，马上表示尊重他的选择。

后来，我回到美国，通过电话和微信。陆陆续续地知道情况有了转机，学俄语的祥健，喜欢上苏俄文化，为柴可夫斯基的乐曲着迷，进而喜欢上了弹钢琴。燕怡喜不自胜，竭尽所能，给他聘请出色的钢琴教师。燕怡说她从不知音乐对于心灵有如此大的抚慰作用。祥健一旦弹上钢琴，心情立刻不同，尤其是弹《核桃夹子》里的花之圆舞曲时，一副轻快、活泼状态。更没想到教授说她儿子很有音乐天赋，每次上完课都赞不绝口。

祥健在音乐中找到了快乐，找回了失落的灵魂。两年过去，在全省一次青少年钢琴比赛中获得第三名。看到儿子一米八的大个，成熟稳重地站在台上领奖，祥健的爸爸不停地擦去眼角的泪水。燕怡更是泪水横流。

我在微信中对燕怡说：过去的八年是压抑的沉默，是无奈的绝望，现在一切都结束了，你们已走出了隧道。

发表于《汉新月刊》2024年第5期

门前一盏灯

笑 言

舷窗迎来隐隐约约的灯火，我的内心立时穿透寒夜直达那星星点点的暖意，因为城市的温情，更因为那明明暗暗中，有家门口的那一盏灯。

归家之夜，门廊的灯一定是亮的。

其实街区中很多房子都彻夜亮着灯，这是本地人的习俗。若干年前，初到加拿大时颇不以为然，心想小时候读到的资本家往海里倒牛奶怕是真的，这里真够浪费的，无缘无故开一夜的灯。再说街灯本已十分明亮，睡觉时如果不拉遮光帘，床前总是明晃晃的，不由让人想起幼时背的那首启蒙诗，乡思益浓。

那时晚上留门廊的灯，多半是在等孩子回家。久而久之成了习惯，家人没有都回来之前，门前那盏灯总是亮着。

整夜亮灯还是免了吧，过日子精打细算的重要性战胜了融入主流社会的紧迫性。而且人们开始讲环保讲绿色，浪费总归是不好的。但是一位华人朋友提醒我，说华人这方面做得不够，要入乡随俗。试想，如果家家夜间不开门前的灯，整个街区黑漆漆的，让人一看就是贫民区。这让我很是疑惑，我留意了一下，我的左邻右舍西人居多，整条街至少有三成住户夜间门前并没有灯光。这里虽然不是富豪区，但也是清一色的独立房，按国内的讲法，怎么也算得上高尚住宅区。

有天在公司厨房热饭，碰巧跟白人同事查克聊到此事，他说夜间开门廊灯从他记事起就是这样，主要是为了安全和方便。而街灯的亮度大概只够给遛狗的人用。说着他还感慨了一句："噢，感谢上帝，街灯装得不那么刺眼。"

我告诉他，我家的门灯只在需要时点亮，比如等待快递或送餐时，就会给小哥们留个灯，与人方便，自己也方便嘛。

"没错，尤其冬天黑得早，不开灯看不清台阶。"查克赞同道。

"你们就不觉得浪费吗？"我问，"再说电费越来越贵了。"

查克摇摇头说："假如因为看不清周遭，磕了碰了那才糟糕。相比之下，电费不重要。"

"说的也对。是不是不开灯的社区都比较穷？"我不由问出这个困扰我许久的问题。

查克笑了，说："这可不好说，有时也许正相反。治安不好的社区，往往更需要足够的照明来预防偷盗的发生。比如有的街区，居民们约定俗成从黄昏到黎明一定要开亮门前的灯。"

"那么这种街区是好区还是差区？"

"都有啊。很多老街区都会鼓励住户夜里开灯，这样可以照亮路灯之间的暗处，让大家行走更加安全。还有就是，不论何种原因，假如有人在你家的地盘上因为没有照明而受伤，你或许会惹上官司呢……"

一盏灯引出了这么多说道，让我始料未及。

渥太华是个多雪的城市，小时候故乡也下很大的雪。雪天上下公共汽车，站牌前坚实的冰面被人踩得非常平滑，有时还被新雪覆盖。那个年代人们多穿塑料底的棉鞋或布鞋，又急着挤车，不免有人滑倒摔跟头。在渥太华，下雪如果不清理出通道，有人在你家范围内滑倒是要做出赔偿的，但是还没听说过因为晚上不开灯出事也要赔偿。

听人劝，吃饱饭。于是我也开始晚上开灯，多付一点电费，造福路人，为街区博得好名声，心中隐隐有了一种安稳，觉得自己不再是外人。其实，我在这里居住的年头，远远超过生命中在任何一个地方的居住时间，难道我还要怀疑自己渥太华人的身份不成？只是，很多事情不能自以为是，而取决于旁人的评判，有时甚至牵扯到庞杂的国际纷争。自己就是那万家灯火中微不足道的一个，早已远离的故乡把本分做人的训诫自小烙在了肤色中，而生活的画卷展开时，个体却身不由己，一定会被社会的洪流所裹挟。

一个深秋的黄昏，对门的邻居安吉拉老太太问我："你家为什么白天也开着门前的灯？"

我愣了一下，说："有时候忘记关了吧。你知道，白天我们不会注意到灯还开着。"

"这样不安全啊！"她语重心长地说。

"啊？这也不安全？"我彻底无语，不开灯不安全，开着也不安全？

安吉拉解释道："你家的灯白天晚上一直亮着，一看就是家中无人。你自己想想这要给那些别有用心的人看到，该有多危险！"

危言耸听哦。我不以为然，我们区的治安哪有这么差。

"小心无大错噢。"安吉拉摆出一副信不信由你的样子。

她说的没错，渥太华的偷盗案时有发生。形形色色的人涌入这座城市，增加了活力，也增加了不稳定因素，路不拾遗夜不闭户的时代已经过去了。一位朋友家晚上忘了关车库门，结果早上起来，发现楼下被洗劫一空。而门前造福了窃贼的那盏灯依旧亮着。

有了安吉拉的提醒，我不再每晚开门廊灯了，后来干脆装了一个太阳能运动探测灯。到了晚上，不论是人还是狗，只要进入传感器的探测范围，灯就亮了，妥妥的柴门闻犬吠，风雪夜归人。我发现不仅我家这样做，街区文化也在紧跟着消费潮流。晚上开车回家，一路上不时有探测灯亮起，此起彼伏，接力一般，仿若街坊邻居挨个送我走过这一段路，想想就开心。

科技这东西，不一定让人变懒，却能让不喜欢社交的人松一口气。有了探测灯，不必再操心为路人照明了。安装探测灯的同时，还安装了摄像头。这下听到门铃声也不用急着去开门了，而是先打开手机看看外面是什么人。如果是胸前挂着牌子，手中拿着写字板的推销员，装聋作哑等他们自行离去就好。而现在按门铃的，多半也都是这类人，真正有事的，登门之前多半会提前打个招呼。

门前早已不再是从前的一盏灯了，有壁灯、柱灯、地灯，还有勾勒出房子轮廓的射灯，反正装的都是节能灯，用不了几度电。圣诞节的灯饰也与时俱进，不再是若干年前单纯的一串红绿彩灯了。有了投射在房子墙上的动态投影灯，也有了各式各样的电动动物和人物彩灯。渥太华有几条街以装饰圣诞彩灯闻名，每年推出不同的主题，满街火树银花，很多人特意前往观赏那盛大的民间灯光秀。

飞机开始盘旋下降，万家灯火扑面而来。公路上车灯组成的长龙在幽暗的雪野中缓缓蠕动，越来越清晰，就要到家了。

我已经不记得是什么时候读过冰心先生写的《小橘灯》了，具体的情节也已模糊，只有那盏小姑娘用橘子皮制作的小橘灯，依然在我脑海中发出"朦胧的橘红的光"。那光应该很微弱，一只短短的蜡头，阻隔着厚厚的橘皮，情感的意义大于实用的价值。正如我家门前的灯，其流明值在城市的流光溢彩中根本不足以让我在飞机上看到，但我却分明感受到了它。一个家，有人为你留灯，简简单单一件事，在无数次的旅程中重复着，画着一个又一个温馨的旅行句号。甚至有时候，仿佛觉得出行便是为了归来的那一盏灯。

发表于《文综》2024年夏季号

走笔摩洛哥

——跨越大西洋的旅行

黎杨

这注定是一次我要一个人走的旅程。卡萨布兰卡、撒哈拉大沙漠、三毛、地中海，这些字符仿佛就像我生命中的命符，不知从何年深深地嵌进了我的血脉中。它们让我有一种别样的，超越时空的情愫，就像当年我背起包独自跑到中越边境，登上湄公河的渡船。越南、西贡、湄公河、玛格丽特·杜拉斯……我似乎在和生命中的这些节点，一个个地去相识相逢。

我就那样带着对《鹰·乔治》创作的余痛，踏上了去非洲的旅程。我并不知道我能收获什么，破解什么，但我知道上苍让我走，一定有其道理。我背起包，像当年那样独自上路，横跨大西洋，山一程水一程——

——题记

卡萨布兰卡

卡萨布兰卡（西班牙语：Casablanca，直译为白房子）是摩洛哥最大的城市，也是流动人口最多的一个城市，位于大西洋岸边，约500万人口，它拥有全国70%的现代工业，是摩洛哥主要的港口，也是摩洛哥商业金融的中心。我对它的印象源于一部由英格丽·褒曼主演的电影《卡萨布兰卡》，它获得了多个奥斯卡奖项，剧本被美国编剧协会评为"最伟大的101部电影剧本"。

那个爱情故事发生在卡萨布兰卡。故事讲述的是二战时期的1941年岁末，玩世不恭的美国人锐克·布莱恩在卡萨布兰卡开了一家名为"锐克美式咖啡"（Rick's Cafe American）的酒吧，深受当地人的喜爱。前来光顾的酒客来自各个阶层，有纳粹党徒，有意大利人与法国官员，酒吧一度成为欧洲难民常去寻找逃往自由世界之路的场所。一个意外的机会，让酒吧老板锐克得到了两张通行证，可以在纳粹占领区畅通无阻，并前往中立国葡萄牙。在挤满了难民的卡萨布兰卡，这两张通行证毫无疑问是无价之宝。锐克本打算将这两张通行证卖掉以换取暴利，却遇到了多年前失散的恋人伊莉莎。伊莉莎劝说无果，后用枪威胁锐克交出通行证，但她很快意识到她依然深爱着锐克，并向锐克说明了当年失约的缘由。最终，酒吧老板锐克将那两张通行证给了伊莉莎和她丈夫，并成功地帮助他们逃走。

这个故事发生在卡萨布兰卡，但整部电影的拍摄却是在好莱坞的摄影棚里完成的。电影《卡萨布兰卡》成功上演后，卡萨布兰卡立即引起世人关注，这个北非国家的白色之城也瞬间出名走红。有位商人敏锐地嗅到了这里的商机，在卡萨布兰卡街头开了一家"锐克咖啡馆"，夜夜暴满，就餐者需提前一个星期预约。那天傍晚，我们的大巴车从它门前驶过时，还没开业，大门外已经有人在排队等待了。

卡萨布兰卡是个港口城市，大西洋流入形成的内陆海使这个港口非常美丽。远远的灯塔矗立在浅海的沙石滩上，阳光下创造出别样的一种浪漫，让我想起古巴哈瓦那城垣上的白色灯塔。沿着海滨大道往上走，沙滩上和道路两边有很多独特风格的酒吧和餐厅，蓝色和白色相间呼应，还有一人多高的，长得很壮实的仙人掌、芭蕉树。港口落日在海滨路的尽头。一片开阔的海面上，一轮金红色的落日在海天处喷薄辉煌，和远处的白色灯塔遥相呼应，那金光洒在绵绵飘摇的海面上，压在海面上的大大的火球，正徐徐垂下来，刹那间海面被映照得彤红，让我想起在古巴看到的海上落日；想起印尼巴厘岛上的那个被落日染红的傍晚；想起我在海岛上的那间小屋；想起迎着落日漫步在海边沙滩上的惬意。突然想到：为什么海上的落日会比陆地上的落日更壮观？更具有一种神秘的不可言说的美学力量呢？

哈桑二世清真寺外观气势恢宏，建筑内部的手工雕刻巧夺天工。它拥有世界上最高的宣礼塔——210米，也因系前摩洛哥国王哈桑二世发起并捐资筹建而得名。那天清晨，我看到它沐浴在晨阳里，很清纯的模样。我被大殿内那些精美的雕花浮图所震撼，那些纯手工的雕花浮图是上千人用了好几年的时间完成的。走在那高大空旷的清真寺里，望着将整个寺宇装饰起来的那些美轮美奂的雕工花案，真让人赞不绝口。我问导游，基督教堂里有上帝和十字架，佛教寺庙里有佛像，清真寺里怎么什么都没有呢？导游说，你问了一个很深刻的问题。伊斯兰教认为安拉没有形象，无法被描述，拒绝一切人物和动物的崇拜，所以伊斯兰建筑艺术中，只有花草图案和几何图形的组合。基督教承认耶稣基督是神的独生子，与神地位相应。其实真正懂佛教和印度教的会明白，崇拜的也非图像本身，而是其背后与宇宙创造本源的链接。只是赋予了一个载体。在佛教中，凡有相皆虚妄，其实没有冲突。导游解开了我多年前在巴厘岛上的一个困惑。记得2018年，我在印尼巴厘岛上看到被没日没夜从地下喷射出来的黑淤泥淹没的村庄，返回到一座清真寺，为那些失去生命的人和那被淹没的村庄祈祷时，我也有过这样的疑问。为什么那些包着头巾的妇女和那些身着长袍的男人在祈祷时，都只是面对着一面墙呢？

走在卡萨布兰卡街头,望着那些中世纪的建筑，看着来来往往穿着长裙，包着围巾的美丽女人们，我的心一阵怦动。卡萨布兰卡，我终于和你相遇了！

撒哈拉大沙漠的沉思

去非洲，去撒哈拉大沙漠，与远走的三毛对话，曾是我多年的夙愿。撒哈拉大沙漠，也是我这次横跨大西洋旅行的最终目的地。年轻时喜欢读三毛的书，读得泪流满面。也曾经被人说像三毛而惊恐，不论是才情还是成长背景，都没有丝毫的可比性，唯独那份流浪的意识，骨子里的独立如出一辙。在古巴我偶遇的一位"蓝眼睛"老外，他一直把我喊作三毛，喊得我羞涩又惭愧。也许我也是爱戴帽子且长发披肩的亚洲女人，也许因为我身上散发出来的那股子流浪者的不羁气质，也许——

进撒哈拉大沙漠要翻过海拔三千多米的山脉，要走五六个小时的盘山路，对我这个总晕车的人来说是件不容易的事，但我还是在三毛的感召下挺了过来。我们从阿尹特木筑垒村出发南下，前往撒哈拉大沙漠。途经托德哇大峡谷。陡峭的山峰紧贴着嶙峋的岩壁，让人惊叹不已。峡谷口上，站不住人，那风似乎要把人卷走。岩壁下，竟然还有几位当地的土族人在出售他们的小商品。有颜色绚丽的麻织风衣，还有一些土族的小饰品。然后我们继续赶路。导游Linda打开唱机，放起了当地土族人的沙漠乐曲。这时她开始讲三毛，讲荷西，还讲了她自己这些年在撒哈拉的经历。因为知道了我的职业，导游将话筒递给我，让我讲讲我所知道的三毛。

我讲了多年前我随中国作家代表团去新疆采风，我讲了王洛宾《等待》中的那片枣园，还讲了我对三毛的理解。傍晚时分，大巴车开进了大沙漠旁边的"TobuTo"酒店。我迫不急待地跑到酒店外面的甬道上，无言地呆望着远景。远处是连绵不绝的沙丘，阳光温柔，在夕阳下一片金黄色，与近处的红色岩土形成鲜明的对比。明天就要进撒哈拉大沙漠了，躺在古树做的实木大床上，望着房间里中世纪的装饰与布置，心里很是异样，翻来覆去睡不着，心里潮水般涌动。三毛，我看你来了！

我对骆驼有一种别样的情怀。很多年前在新疆，我买了一尊用骆驼骨做的骆驼雕像，很坚硬，暗枣红色。它跟了我三十多年。我把它放在书架上，每当我走累了，苦了的时候，我会站到书架前，看着那只骆驼出神。骆驼那顽强、坚韧的耐力，给了我精神上很大的鼓励，某种意义上说，骆驼是我精神上的一个图腾。

我们骑在骆驼峰上，牵骆驼的小哥义务地担起了摄影师的工作。第一次骑骆驼，不时有人发出惊叫声，骆驼似乎司空见惯了，也不在意，仍是稳健地驮着我们向沙漠的深处走去。我在想，当年的三毛和荷西，是不是也像我们这样骑在骆驼峰上，一摇一晃地走在沙漠里，驼铃声声？

在沙漠的一个盆地处，骆驼小哥将我们放下来，我们学着他们的样子脱下鞋子向沙丘的顶端走去。说是走，其实用"爬"更准确些。途中，骆驼小哥不时地拉我们一把。终于在太阳落山前，我们登到了沙丘的顶峰。夕阳无限洒在撒哈拉大沙漠里，一望无际，一片金黄。

落日没有想象中的辉煌，可能是看得多了。但是我发现，红彤彤的落日上那一袭被染红的云彩却像极了一位飞天的舞女，挥舞着飘逸的彩带，莫不是三毛回来了？

归途，我选择离队提前下山，是想让自己有一个与大自然，与三毛独处的空间。几簇骆驼草零散在沙丘间，远远近近的沙丘层层叠叠，被落日的余晖映照得一波一波灵动地泛着涟漪。一切都是那样空旷柔美宁静，一切都是那样风淡云轻。骆驼草、夕阳、三毛、荷西……我突然悟到，人们对撒哈拉大沙漠的迷恋，不在这片沙海，而是一个情结，一个解不开的三毛情结！

此时，三毛在哪里呢？

一切都被岁月掩埋在无垠无际的沙丘下，无声却又有形地存在着。我跪在沙丘上，双手掬一捧被夕阳晒得滚热金黄的沙子，装进我在当地集市上买的漂亮的小瓶子里，郑重且小心翼翼地放进背包里。因为那里有撒哈拉的记忆，有三毛的故事。

离开撒哈拉的那天早上，我站在大门口望向沙丘，心中充满了眷恋与不舍。我默念，三毛啊，走过了你走过的路，算不算相逢？ 吹过了你吹过的风，算不算相逢？

　　大巴车在宽敞的柏油路上奔驰，唱机里传来了那首熟悉的歌声：不要问我从那里来，我的故乡在远方。为什么流浪，流浪远方——为了那梦中的橄榄树，橄榄树……

　　我是一位华文写作者，同时也是一位永远在路上的行者。漂泊意识让我远走天涯；行走，让我从繁杂的生活中抽离。在非洲大地上的思考，清除了脑中放不下的执念和污浊，站在撒哈拉大沙漠的夕阳余辉里，与曾经的自己，与远走的三毛对话时，世界竟如此干净，一切都是那样云淡风轻，如风——

发表于北美中文作家协会会刊

《东西》第381期，2024年

何以解惑

马新云

一

该退休了！我这样想了几年，却依旧没有退。

不是为了钱。已经领退休金了，有了每年的收入税，退休金要减去不少。恋恋不舍地守着小店，为了什么？

多么熟悉的小店，多么习惯的迎来送往。每一样货物的品牌、数量、价格，都在脑海中储存着。绝大多数客户的样貌、习性、需求，都在不自觉的备份中。十多年了，就是这样从早到晚，从家到店，两点一线，别无他顾。习惯成自然。

多么简单的小店生活啊！在这里，不需要担心生活是否艰难，不需要设想明天做什么，一切按部就班。大脑是赋闲的，几乎不需打开思考的阀门。心是自由的，甚至不需要打开心扉，心扉也是赋闲的。手脚在忙着，嘴也在忙着，像阿庆嫂一般的忙着，但不需要像她一样伤脑筋。

四四方方一座城，我在城当中。哼着自编的小调，自得自乐，年复一年，日复一日。西晒的阳光穿透了玻璃窗，霓彩斑斓，光怪陆离，正好闪烁在柜台周围。金色的线条窜来荡去，迷蒙的幻觉，时常会将我引到《百年孤独》的模糊中，疑惑是马孔多的小金鱼飘了进来，恍惚间像是得了魔怔。同时又安慰自己：不是有人偏偏就弃之其中的人生百态，唯独欣赏上校的小金鱼吗？欣赏他蒙昧的踏实，欣赏他心手合一的劳作过程。我虽不这样欣赏，却可以此自我宽慰。

在《百年孤独》中，马孔多小镇的奥雷里亚诺·布恩迪亚上校曾经在战场上叱咤风云，后来却沦为一个小金鱼制作爱好者。发动过三十多次战争的革命者，也会老朽的，也会安安静静地把自己装入樊笼。人们是欣赏他的宿命，还是怜悯自己相同的宿命。扪心自问，漂洋过海而来，就是为了享受这一份孤独的宁静，就是为了卸下一身的盔甲，躺平于斗室小店，梦幻着上校的小金鱼？

必须承认，小店生活还有些清苦。清苦在需要劳动，那是超过制作小金鱼强度的劳动。经常要搬动沉重的啤酒和饮料，将它们摆放在柜子上架子上；经常要手握1.18L的大玻璃酒瓶，为顾客装到袋子里。劳累，枯燥，单调，重复，在熟悉与适应中，人变得麻木了，我也会想到上校的小金鱼。想到藩篱中那些金光闪闪的小精灵，想到那制作它的人，专心致志，大隐于市，心无旁贷。当禁锢于舒适区以后，什么能奈何？关在小店里的我，即是如此。

钱挣的多少，无需计较。手里的小钱不是小金鱼，但简单的生活不会有负担。顾客的好坏，不必伤脑筋，人一走茶就凉，咱有深厚的肚量底蕴。总而言之，只要有活干，就有钱挣，就一切太平。一年四季，迎着朝阳，顶着星月，在风中摇摆，在雨雪中蹒跚。只要在这一条线上走来走去，自己就是雄赳赳气昂昂的勇士；只要往小店的柜台前一站，自己就是趾高气昂的女王。

有时我会突然想到一个词："关系受虐者"，也叫斯德哥尔摩综合征。"被害者在经历犯罪者的长期伤害后，却对犯罪者产生了迷恋感和依赖感。"我这是不是斯德哥尔摩综合征？我是小店的受害者吗？小店与我，也是双刃剑。它成就了我安稳的生活，也斩断了我新希望的念想。我对小店的依附，息息相关，受苦受累，须臾不离。

唉！指挥瓶瓶罐罐的女王？还是被瓶瓶罐罐拴住了的女仆？

斯德哥尔摩综合征也好，小金鱼之惑也罢，我始终屹立不败。打败我的是新任房东，他们来自纽约，他们是世上最会做生意的人。他们买下了大楼，随即取消了我的续租合约，夺走了我的女王宝座，折煞了我的英雄气概。不得已，我逃离了禁锢已久的藩篱，彻底退休了。祸兮福兮？

退休了，恰逢冰天雪地。多好的机会啊！我可以好好地睡上几个懒觉，在热乎乎的被窝里，想缱绻到啥时都不必在意。不急不忙，随心所欲，把以前缺的觉和缺的休闲，都找补回来。我可以认认真真地做几个精美的小菜，煎炒烹炸，不必在意费不费时间，费不费功夫。享受烹小鲜的乐趣，多么大的诱惑啊，好好补偿一下贫淡了的味蕾。大把大把的时间，任凭我支配消遣，悠哉游哉做一回时间的主宰，也是陋室女王。去他的斯德哥尔摩综合征！去他的小金鱼之惑！

想象很美好，我却在这样的休闲中越来越焦躁不安。睡到失眠，食到乏味。不禁想到，马孔多在某一段时间经历了一次疫情，整个镇子都被失眠症所影响。但愿我的失眠症与此无关。唉！马孔多之魔，无处不在。

也曾有过对退休生活的设想：读书，写东西，旅游。奈何，老眼昏花，戴着眼镜也不能看的太久，年纪大了；大脑混沌，写着前面忘了后面，文字感应荒废已久；踝关节膝关节都有了毛病，走不远了，登不高了，小店的劳作怎么能不留下些伤痕。奈何！奈何？

陷于这种不紧不慢的闲散中，如坠云雾。我该做些什么？我还能做什么？不会生活了，是最大的恐惧。记得有人说过断舍离，那就把家翻个底朝天，把十多年存下的无用之物清理一番，这是个不错的活计。忙忙碌碌一阵子，果然家清爽了许多，心情也大好。陋室女王，果然厉害！

还有什么可做的呢？两眼四顾，久而久之，又觉得这里不顺眼，那里缺少了些什么。抽油烟机、吊灯、橱柜，都老化陈旧了，换掉了，买新的。断舍离之后又买买买，忙得好充实。旧貌换新颜，好开心。退休金毕竟有限，买是要适可而止的。况且，以防又一番断舍离，循环往复。接下来做什么呢？在辞旧换新的时候，发现一些卫生死角，那就做个清洁工吧，不需花钱，随处都可捡到一个忙碌。擦擦擦，刷刷刷，又是旧貌换新颜。做个勤劳的女仆吧。

真是个好主意！我日复一日，寻找和清理每个角落的污垢。吸尘器、清洁剂、洗涤液，去污粉，小刷子大刷子，笤帚拖把，轮番上阵。每一个锅，每一个碗盘，每一个刀叉，每一根筷子，灶台、冰箱、微波炉、咖啡壶、豆浆机、大烤箱小烤箱，烤箱里的每一个挡板每一个托盘每一根炉丝，我不停地擦洗。我也曾痴笑过自己，这也是斯德哥尔摩综合征吧？我在擦洗中受虐。然而受虐继续，我陷入另一个简单麻木的循环之中。

那日，恰逢阳光照在我拖地之处，温暖且耀眼的光柱亲昵地投向我，让我一阵眩晕，心也怦怦乱跳。眯起双眼，只见一些点状丝状的飞尘，在光柱中跳跃、旋转、涌动，把我带入迷幻境地。恍惚间，又是小金鱼在浮沉游动。是何塞家族的小金鱼冲破樊笼，穿越时空，畅游至此？我惊愕异常。赶紧到洗漱间照照镜子，我还是我。不过，像是突然苍老了几岁。几个月的光景，像是几年的岁月。好在镜子里没有小金鱼，我颤抖的心静了瞬间。转头看到镜子旁的墙壁上有个大黑点，随手拿起抹布，沾上水，擦擦擦。黑点越擦越大，还向四周伸展出趾爪。顿时想起了卡夫卡的大甲虫。小金鱼不见了，大甲虫却跑来了。从一个魔幻陷入另一个魔幻，惊恐又一次向我袭来，我的神经出了问题？一个冬季的藩篱囚禁，我无法承受之重。

二

推开凉台的大门，我奔向了室外。五月的阳光温馨明媚，泥土的清香引导我到了波尼社区的花园。从此，我踏上了鸟语花香的乐土。在这里，我心旷神怡，精神抖擞。我把这里比作我的瓦尔登湖。

梭罗的《瓦尔登湖》，我是读过的。他描绘了身处瓦尔登湖畔两年多的所见、所闻和所思所做。在四季循环中，领略大自然的美好，过着简朴的生活。不仅是挑战自我，更重要的是发掘自我复原的力量。

自我复原的力量，多么精辟的结论和强有力的诱惑。花园就是我的瓦尔登湖，我将在一园子的新生命中，培养情感，吸取力量。

我在自己租种的领地上，翻土，施肥，播种，移苗，浇水。清晨看露珠在花叶上滚动，傍晚看斜阳在藤蔓上纠缠。品尝头茬韭菜的新嫩清香，观察第一个冒出黑土的嫩芽。为油豆角搭架子，为西红柿秧插枝撑棍，欣赏油豆角淡紫的花瓣，看蜜蜂在花蕊中吸蜜，看蝴蝶围着花瓣起舞，看各族裔的园丁在园子里耕作欢笑。

我把自己晒成了古铜色，人说这是时髦的肤色。我把汗水洒向了土地，心里念着：锄禾日当午，汗滴禾下土，谁知盘中餐，粒粒皆辛苦。闻着泥土的气息，体会着农人对土地的眷恋。听小雀的吟唱，我的心也随它们倏忽飞向远方。

春天，夏天，秋天，我站在厚实的泥土上与鲜花蔬菜瓜果为伍，耕种并收获。垂瀑般的豆角，琉璃球一般的彩色小番茄，我同它们一起灵动润泽。半年的欢愉，是在阳光下，是在泥土上。我是这片土地上的女王，我将心扉敞开，拥抱这一园子的美好。

快乐的时光总嫌短暂，十月已到，小区的菜园子就要关门了。趁着周末的大晴天，我与园丁们开始拔秧翻土，做最后的清理工作。

番茄的叶子早已枯黄，枝条上还挂着零零散散的小贝贝，绿玛瑙一般，水灵灵地悬着。相信之后短短的三五天内是不易改变颜色的，忍痛拔掉吧。油豆角藤蔓上还有些紫色的小花，从枯黄的叶子中间探出弱弱的面颊，要它们完成豆角的嬗变，也是不可能的了。拔掉吧。青椒的叶子依旧葱绿，但剩下的几粒小青椒蜷缩着，许久了，怎么也不肯伸展长大。拔了吧。

从幼小的芽苗，到繁枝密藤，再到花开果成，我给予它们爱心和汗水，它们带给我欢乐希望还有成就。如今老矣，就将它们拔除，几分心疼，几分不舍。可有什么办法呢？万物有其规律可循。走过了春夏秋三个季节，它们的结局便是衰亡。菜园子里的自然生存环境中，便是如此。

最后轮到眼前的一棵丝瓜，几条长藤依旧倔强地在黄色的牵引网上攀爬。新生的叶子依旧葱绿，蜷曲的长须依旧牢牢地缠在丝绳上，几朵雄性小黄花依旧顽强地绽放着。雌性花骨朵却紧闭着花苞，对着暖暖的秋阳无动于衷，不指望它们受孕添丁了。还好，有两条不足一尺长的丝瓜向我报以优雅的身姿。摘下青绿的小丝瓜，拔掉藤蔓，我发现了一件奇事，娇黄的花蕊上竟然爬动着几只黑色的蚂蚁。

蚂蚁也喜欢甜蜜的花蕊。它们是怎样爬上了竹竿，又攀上了丝网，再一步一步走近了花蕊。是花的鲜艳吸引了它，还是花蕊的香气诱惑了它。你这小小的家伙，这般的聪明，这样的有毅力，让我佩服无比。我不忍心打扰它们，顺其自然，让它们随着藤蔓和花朵一起远行吧。

过了不久，我感到右额角一阵痒痛。习惯地用手触摸了一下，发现了一个大包。

应该是刚刚在花蕊上的蚂蚁惹的祸。不知何时，它们竟爬上了我的额头，给了我一个深吻。是恨还是爱？可能是习惯或者本性而已。小小的蚂蚁啊，我刚刚还在佩服你呢，你怎这般不善解人意。是因我发现了你的秘密而不满，还是嫌我动了你的奶酪！蚂蚁就是蚂蚁，你太小心眼了。蚂蚁真的会咬人，我承认了这个事实。想当初读《百年孤独》时，对蚂蚁吃掉了何塞家族的最后一位成员，我心存怀疑。不过，你的威力，现在只是一个包而已。

西斜的太阳冲破了厚厚的云层，将西天渲染得多姿多彩。劳累了一个下午的我，望向霞光，又觉得像金线在跳跃，更像小金鱼在游动。是的，应该是小金鱼的影像又浮现在我的眼前。是对冬天的恐惧？借着小蚂蚁的蠢蠢欲动，小金鱼的魔咒又一次向我袭来。我不由地打了一个冷颤。起风了，我感到寒意袭身。

马孔多早就在一阵大风中消失了，何塞家族也已经随之消亡，百年孤独中的实验室并没有流传，何以小金鱼之惑不散。相信我不会是唯一受惑者。

深秋来了，冬天不远。这个冬天，我将如何拯救自己？我又到哪里去寻找可以拯救我的瓦尔登湖？望着四周的凄凉残败，我挺直的脊背也坍塌了。还好，身旁摇曳着几行葱绿盎然的韭菜，点燃了我的希望。韭菜是不会被冻死的，明年春天它会自己发芽，如同野草，生生不息，自得其乐。它们是来自我那遥远的故园的仙草，它们带有慰藉我味蕾也慰藉我思绪的使命。它们恰逢其时地出现在我眼前，让我灵机一动，心情大好。我采集了大把的韭菜种子，我要种它一片韭菜，在大厅里，在花盆里。这样想着，复又喜上眉梢。更可喜的是，我接到了朋友的信息。她发来了《南渡北归》微信听书版的链接，这是岳南先生的巨著，我等待已久，却苦于不会操作而一直找不到。

这下踏实了！合着巨著的节拍，我在冬日阳光照射的客里，边踱步，边聆听大师们的轶事。窗下花盆里韭菜青青，宛若碧野苍翠，是否也可想象成在瓦尔登湖畔闲庭信步，以此完成一个四季大自然融合。

各路大师们的智慧学识和成就，宛如开课的点播，生动具体。莘莘学子们努力奋发的精神和事迹，宛如旗帜与号角，让我顿感年轻许多。重温艰难岁月的磨难与抗争，情绪时常被激荡着，思索时常沉浸在忧愤与激昂中。衰与老，是自然规律，不会因为恐惧而不存在，那就适应它，并从中体验新的欢愉。寒冬自有寒冬的处法，否则万物何来冬眠的休顿。青春不可能找回，但自我复原的力量与日俱增。

寻找历史遗痕中的鼓舞与力量，不敢说我这一代，但我是可以得到的。如此气氛中的冬季，斯德哥尔摩综合征也罢，小金鱼之惑也罢，又奈我以何？

发表于《华侨新报》2024年4月4日第14版

辑二

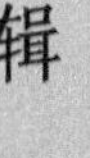

小说

消失在基韦斯特的女人

常少宏

离开基韦斯特前一晚九点钟，我独自爬上"天堂旅社"后院通往顶楼天台的陡峭阶梯，再次眺望基韦斯特全岛。满天满地黑乎乎的夜，连海和空气都是黑的。我从未想到，从冰天雪地的康涅狄格州一路向南开车寻找的尽头，不止有风光旖旎的基韦斯特岛，还有远方的离岸流。

就在刚才，星月还普照天地与海水时，离岸流险些吞没我，它就在眼前和脚下向着广阔的海洋方向快速移动。想象着那湍流中的水儿们，速度之快与流速之高，让我神魂颠倒；想象着它在海面表相风平浪静下暗藏的汹涌潜流，可在瞬间卷走并吞下任何尤物，不留一丝痕迹，我心跳加剧。朗星朗月之下，离岸流末端柔软的水体在不可触及的地方迅速归于平静，像一张天使与魔鬼混合的脸在不远处召唤，不动声色，甚至还略带诱惑笑意，心底却充斥着暴戾杀机。

离岸流，可以在海底掀起沉积千年的砂石与贝壳，改变沿海地貌，它与我在几天之内的遭遇也改变了我的人生轨迹，而这一切都源于我与一个女人在基韦斯特的不期而遇。

一

那女人握着写有RUM（朗姆酒）的酒杯，摇晃着走在马路牙边。当我侧身躲过一个贴身擦面而过骚眉挤眼诡笑的男人时，我的前胸把那女人逼迫到了马路牙子下，使她一脚踩空，向后摔去，轻轻的，像电影慢动作。我本能地伸手去拉她，但她挥手拒绝。她没跌倒，一个高大的东西像堵墙迅速移到她身后，一双手牢牢地抓住了她。

那一刻，我的目光落在她的前胸和指尖发愣。

她粉红色卷发齐肩，上身全裸，两个乳房间窝着一只浓墨重彩画上去的公鸡，昂首翘立，不是一般的威武。两个乳头化作两只公鸡眼睛，互不相干凝视着各自的远方。这是用水性彩绘颜料画的人体画。女人腰系一根丝质细腰带，上挂一块三角形红布，勉强遮住私处。她的每个指甲上粘着长指美甲贴，十只迷你版鹦鹉头像傲立其上，脑顶花冠，奇彩争艳。我小时候父亲养过会说话的鹦鹉，后被母亲开窗放飞，以惩罚父亲"有了外遇"。此刻的鹦鹉圆脑袋们让我想起几十年前母亲那张痛不欲生的脸。每只鹦鹉脑袋在白色眼圈之内镶嵌着一对黑宝石般的眼珠，长尾巴像一把利剑束在身后，利剑直指女人自己身体的方向。何等悲壮。

那堵解救了女人的高墙发出柔脆的男低音："我的小母鸡，宝贝儿！原来你走在我前面了。摔跟头了吧？告诫过你胸前不能画大公鸡，基韦斯特的公鸡没有一只是厚道的，会吞掉你！"声音来自一高个男人，秃顶，白胡茬，大肚腩，至少有六七十岁了。他穿条蓝短裤，上身裸露，披件超人款大红斗篷，私处位置套了一尺多长的猫尾巴样装饰物，骄傲地高高翘起，也是鲜红色，与斗篷遥相呼应。他弯腰扶起女人，让她倒在怀里，任凭女人顺手用力地撸着他的"猫尾巴"。

女人磕磕巴巴地冲大肚腩说："噢，看，看她—那—样，样—子，高高在上的，还穿着整—齐的衣服！"她手一挥，像指挥家做了曲终人散的终止符手势，声音瞬间变得不耐烦，"走，走开，别再跟着我了！"她推开大肚腩，任他的笑容僵硬在脸上。

女人前行踉跄两步，回头看我，目光如蓝色萤火，突然又摇晃着走回来，左手紧握酒杯，右手轻捏我的左乳房，我惊诧、恐慌，她却眨眨贴着长睫毛的海蓝色眼睛，诡笑："妞儿，你不像我妈胸前平坦得像个飞机场，你很性感。下次你也要裸体，在乳房上画一幅画儿！画什么呢？"她扬起脸，望望天上一抹闲散的云，眯起眼，略加思索，高举酒杯，说："画一只猫，对对！海明威的六趾猫。来到基韦斯特，这才算公平！你懂吗？"她把脸趴到我耳边，压低嗓门："在这里，你要格外小心，小心酒，小心男人！"她边说边转身离去，留给我视线中的是她裸露的双腚，凸凹有致的腰身和背影。我感到害羞，迅速强制自己的视线移开那一对屁股，一对圆滑光洁对称的屁股，一对让人如果靠近就会忍不住想伸手去试探它们弹性的屁股。

她告诫我要格外小心，是对我的关心还是诅咒？诅咒我在基韦斯特会遇到什么危险吗？

那个周六下午，在万圣节也称鬼节的前一天，我刚刚跨越连接迈阿密大陆与基韦斯特岛的必经之路"七哩桥"，车子几乎拐到了海里去。惊魂未定，来不及去看著名的海上日落，我直奔号称"酒流成河"的杜瓦尔大街，去赶基韦斯特一年一度著名的万圣节狂欢周的尾巴。满大街赤裸闲逛的行人，男男女女，或非男非女，跨越了年龄和性别，在他们最私密的人体部位画满鲜艳的图画。我初觉惊愕，继而恍惚，在亚当与夏娃偷吃禁果之前的世界是否就是那般模样？

二

第二天周日，基韦斯特岛所有人都要把衣服穿回去，因为万圣节当天是留给孩子们的，Trick Or Treat，"不给糖就捣蛋！"没有什么奇怪的东西可看的了，我计划去参观海明威旧居。

早四点半，所有街巷荡起公鸡打鸣，像多音部合唱，此起彼伏，掀起我小时候住在乡下外婆家时的记忆，心里涌起一股暖流。看海上日出后，我走向杜瓦尔大街尽头的"最南端酒吧"，在那里人们从早到晚喝酒吃饭看海。仿佛常客一样，我熟练地点下基韦斯特最著名的三样东西：海螺丸子，Rum Runner（起名于"罗姆酒走私贩"），还有酸橙派（Key Lime Pie）。海螺肉太硬，酸橙派过甜，都不是我的"菜"，只吃了一半。但罗姆酒我是一饮而尽，还又要了两杯。侍者关切地轻声说："这个酒，后劲儿很大。"我微笑，摇头，又点头。他为我上酒，说："你是我在这里见到的第一个东方女人，你很有趣。如果愿意，我们晚上一起去酒吧如何？"我装傻，只是继续微笑。

快九点了，我匆忙付账，离开时脚踩云层，身体摇晃。都说"杜瓦尔大街酒流成河"，我领略到了基韦斯特的魔力。

街尽头临海的位置有一个"美国最南端"标志，其实就是个胖木墩样的混凝土柱子，漆了红黑黄白几种颜色的圈圈，基韦斯特的游人们都会来此照像留念，证明自己到了离海对面的古巴只有九十英里的地方。此时"胖木墩"前已排起等待拍照的长队，我对着长队脱口而出："嘿！这么丑的胖墩子，有什么可拍的呀？"意识到自己把心里想的话说出口，我赶紧用手捂住嘴巴，把"你们真俗"咽回肚子里，想到昨天那女人警告"要小心"，我庆幸还有一半儿理智是醒着的，大约是继承了外婆的海量？去世多年的小脚女人我的外婆，是她们家乡方圆几百里的"酒神"。最近外婆总来梦里看我，作伴，唠嗑，劝我不开心的时候可以喝点小酒。

我晕晕乎乎挪着步子，到海明威旧居时已错过第一场解说员活动，下场要等一小时，我索性到院子里转。故居游泳池对面是海明威纪念书店，我买了一套小说集，出来时盯住游泳池边一根柱子下嵌在玻璃地面里的一美分硬币，那是海明威与第二任妻子决裂的标志。他去古巴游玩结识了新欢，妻子便报复性地把他最爱的院子里的拳击场挖空地面，建了基韦斯特民宅最大的游泳池。待海明威回来见木已成舟，愤怒地从裤兜里掏出一分钱硬币，扔到泳池边，说："给你我仅剩的一美分！"（寓意建游泳池花了太多钱，相当于让他破产）后扬长而去，搬离了基韦斯特。想到我这些年并没有花老公多少钱，一直坚持工作，但还不是也被背叛？我伤感地继续在小径曲幽的亭院里漫游，突然一只黑猫从墙角洞里钻出，在我面前愣了半会儿，飞快地跑开，站在远处回头窥视。一旁用大扫把清扫落叶的壮年男人大呼小叫地停下来，边笑边用西班牙语比划，指指我，又指指黑猫，咧开嘴不停地说着、笑着。我听不懂，只好也冲他笑。这时一袭白衣从侧面飘来，啊，竟是昨天几乎被我撞倒的女人！她黑发洒落双肩，自然的大卷花，身着亚麻质地乳白色连衣裙，裙角落到脚面，无袖无领，在肩头和低胸领口处秀着丝质的流苏，是丁香花瓣的形状。她神情宛若少女，眼神纯净，与昨天醉醺醺又赤裸的模样判若两人。她昨天一定是戴了粉红色的假头套。

"他说你很幸运，看到了海明威家的六趾黑猫，它平时喜欢呆在地下室，很少人能见到。"女人把西班牙语译成英文，轻声地说。我对她依然防有戒心，矜持地点头，不语。看我要走开，女人突然说："你知道吗？我妈妈来自中国！在基韦斯特很少见到东方女人的。她几年前生病去世了，我最近总梦到她，见到你尤其使我想起她。"

"我爸爸是古巴人，妈妈是在古巴生活了三代的中国南方人。"

"哦，真的吗？我最近也总是梦到我的外婆，我小时候在她家长大，这里公鸡打鸣和母鸡下蛋后的嘎嘎声让我特别怀念小时候。"

这种神奇的联系仿佛一下子拉近了我们的距离。交换名字，互聊身世，我们继续攀谈。她叫维罗妮卡，"Veronica，这个名字真好听！"我说。"你的英文名字不好，我很喜欢你的中文原名字。"她吃力地试图发出我中文名字的发音。见我手握海明威小说集，她说："相比海明威，我更喜欢杜拉斯。小时候最喜欢读杜拉斯的《情人》，我是因此才去大学读了文学系。"

这样一个女人，我还以为定是出身于高中辍学的叛逆女孩，没想到她居然有大学文凭。我告诉她我也是大学学文学的，但我读的是中文系。

"我看过《情人》，是电影。"我说："太裸露，很色情。"

维罗妮卡歪起脑袋，斜视我，好像在决定要不要说下面的话："我妈妈像你一样，是个保守的女人……但我喜欢杜拉斯。'酒精是为了我们可以承受对世界的空茫、星球的摇摆，承受它们在空间永不停止的转动，承受它们面对你的痛苦时的冷淡与沉默。'这是我人生的座右铭……"她面露感动，深情地继续说："杜拉斯写的多好！为了酒她宁愿去死！美酒带你进入从未领悟过的境地，无需他人承认，你的梦永远不会破碎。在那里，忘记过去，活在当下，不想未来……"她眼中波光闪动，盈盈之水随时溢出，我有点被她的表情吓住了，又有些痴迷于她的境界。早晨喝的罗姆酒味道还在我体内游荡。

也许因为维罗妮卡是陌生人，她不可能把我的事当作茶余饭后的谈资，讲给我的熟人们听，让我觉得屈辱和丧失尊严。当她问我为什么会来基韦斯特时，我心里憋了太久的委屈像决堤的洪水一样倾泻出来："这可能是我的死亡之旅，我只是不想寂寞地死在寒冷的康涅狄格，我想被淹死在杜瓦尔大街的罗姆酒河里。我哪有什么幸运之星呀？事实是昨天开在进入基韦斯特的狭窄的七哩桥上时，我几乎想要扭转方向盘开到海里去，把自己去喂鸟喂鱼……"

"哦，我的上帝，这个世界如此美丽，你怎么舍得离开？"维罗妮卡眨着黑色长睫毛，浅蓝色的眼珠关切地盯着我，那袅袅娉娉的样子让我内心防守的铜墙铁壁瞬间坍塌了。我把自己的经历和盘托出：女儿已上大学，今年在欧洲游学一年；我的丈夫2008年世界金融风暴时丢了在美国投行的饭碗，去香港找到高薪工作。开始时他还每三五个月返美探亲，公司报销开销，但逐渐地他留在香港和上海的时间越来越长。2020年世界新冠疫情爆发后，他已两三年没回美国了，全家虽然每周都在微信上电话视频，他也一直支付我与女儿的花销，但我们在心理上愈发生疏。本以为就这样维持，过了50岁我也不需要男人了，我一直也没有太大性欲，但我知道他有正常的心理生理需求，我做好了思想准备，能理解和接受他身边可能有第三者。但万没想到，两个月前他提出离婚，求我"放他一马"，因为他的小女友已怀孕五个多月了，是个男孩儿，他们全家都劝他尽早与我离婚，"给未来儿子一个名分"。

"中国人骨子里多是重男轻女。我觉得那些过去经常一起吃饭派对的朋友们一定都在背后笑话我，笑我傻，因为我还一直叫他老公老公的，试图掩盖我们婚姻破裂的事实。我想保住自己的面子啊！我妈妈也劝我不要离婚，说她当年就是原谅了我父亲出轨，说他们现在不是也过得挺好，成了彼此的'老伴儿'。我没勇气告诉我妈：我老公不但出轨，而且跟小三的孩子都要生了！"仿佛是对着空气不停地诉说，我苦涩的泪水穿过鼻翼，流入嘴里，还有些从下巴滴落。

维罗妮卡凑近，用肩膀轻轻地撞我，提醒我她的存在，口气坚定地说："你看海明威结过四次婚，男人本性花心，女人也可以选择呀！离开你丈夫，他是过错方，要付你抚养费。你很美你知道吗？这世界上不止他一个男人，你会遇到真正爱你的人。不享受性爱一定是你没遇到让你有性爱快乐的男人，你会遇到的。50岁，你还多么年轻啊！我今年42岁了，我觉得我像猫一样有九条命，最近也许会去欧洲，过另一番新的人生。"

"我还以为你只有三十几岁。"我说。

"走，我带你去日落广场酒吧，忘记烦恼，那里会有年轻貌美的男人追求你。快乐是一种选择。"维罗妮卡挽起我的胳膊，又下意识地甩开，捂着嘴笑："噢，别人可能认为我们是同性恋呢！让他们去说吧，不过我只爱男人哦。"她说着，笑着，更有力地更紧地挽住了我的手臂。

日落广场在杜瓦尔大街的另一个尽头，有号称全世界最美的海上落日。我们在酒吧喝酒吃饭，聊生活聊文学，坐了整个下午。夕阳西下前我们并肩坐到广场临海的堤坝岸边第一排，双腿耷拉着，脚尖几乎触及海平面，海水很凉。这样坐太危险了吧？我心里这样想着，就收回腿，曲身坐在岸边，但我无法说服维罗妮卡，她依然晃动着双腿，脚趾头不时地触动海水。

日落时分，来看风景的人越来越多，我们身后挤着层层密布的人群，纷纷举起手机或相机，照夕阳的最后一刻。血红色的太阳仿佛知道自己此时是全世界的中心，像个王，傲慢地坐在海天相接的地方，缓缓沉入海中。不知什么人推搡一下，维罗妮卡身体前倾，直面拍到了水里。她的长发飘在海面上，看不到脸，只见她挥手，说她是游泳健将，可以游到不远处的码头。但我带着哭腔恳求周围的人们："她喝了太多酒，你们救救她！我不会游泳，求你们救救她吧！"好几个男人跳下海去，把维罗妮卡拉拉扯扯地拽上了岸。顾不得她水淋淋的窘态，我冲着她大喊大叫："你会被淹死的你知道吗？！"她不理睬我，自顾请身边的游客帮她打电话。不久大肚腩气喘吁吁地跑来，为她裹上一条印有五彩公鸡图案的浴巾，连抱带拉地把她架走了。

我们没说再见，没交换电话，她甚至都没看我一眼。

三

周日看完日落回到天堂旅社，我觉得很累，去酒店前台要热水泡了包方便面，坐到二楼躺椅上，就着灯光读海明威的《太阳照常升起》，内心不安，总感觉会发生什么事。

天堂旅社是住家式酒店，前后两个院子，各有三栋三层高楼房，每栋房间众多，多数房间有四个床位，少数单人房。万圣节那周所有酒店爆满，价格昂贵，只有这家算是最便宜的，但四人间的每个床位每晚也要180美元。我住的前院有一个热水按摩池，三个游泳池。几个年轻人正在最大的泳池里戏水，撩起水花四溅，各式啤酒罐和葡萄酒杯东倒西歪在池边，随手可触，然后他们又去了可容纳20人的热水按摩池。见楼下欢乐的场景，我换了泳衣，下楼加入年轻人的热聊。

"你的神态很像我姐，她在加州工作，比我大十岁，我很想她。今晚可以请你去酒吧吗？"一个留长发蓄短须的金发男孩向我靠了过来，眼睛闪光，眼神热烈，脸几乎贴到我的脸上。他有20岁吗？想起维罗妮卡说我会遇到一个年轻恋人，我忍不住笑了，全身涌起一股热流。

"你笑起来真迷人。"男孩说。

"你们年轻人现在是不是时髦找个像母亲一样老的女人？今早吃饭时也有一个年轻侍者说要请我去酒吧……"

"你真无趣！"金发男孩不耐烦地打断我，双手一撑，跳出按摩池，纵身跳入旁边泳池，游自由泳，双臂把水面打得啪啪震响。过一会儿，他又回到按摩池，凑近，递给我一瓶啤酒，我们碰杯，不语。我忽然觉得不敢直视他肌肉发达的肩和胸，为自己的这种感觉而羞愧。

"我有一个女儿，今年19岁，在英国读大学。以后有机会介绍你们认识。"当我听说男孩是大学四年级学生时，我忍不住说。

"我只是觉得你很特别，站在你身边就让我开心，我不缺女朋友。"金发男孩递给我一杯白葡萄酒，招呼周围的年轻人说："来来来，干杯！"我心里和脸上都觉得发烫。

这时一位穿着长裤长袖迷彩军服的高个男人跳下水里，腾腾地趟着水在池子里走来走去，一个女孩问他："你没问题吧？不热吗？在基韦斯特你可以光屁股的你知道吗？"

"老子在阿富汗当了八年兵，老子才不想回来。老子在阿富汗吃香的喝辣的，你们别听媒体报道，都是假的。现在每月一千美元的退役费，让我在美国怎么活？我高中毕业就去阿富汗了，除了当兵我不会别的，不像你们大学毕业有学识，可以工作，成家生孩子，过正常生活，我有阿富汗妞儿也带不回来，撤军太快了，什么都没来得及……"他说得停不下来，明显下池子前已经喝了不少。

"我失去了生活目标，想回到阿富汗去，但是美国全面撤军了，没有机会了，怎么办？"

"怎么办？"池子里男男女女一起调侃地同声重复。

"高中朋友劝我来基韦斯特寻开心，这里连酒都带着快乐的信息，能让我暂时忘记烦恼。我他妈的一定要想办法回阿富汗去。"他说话时早已脱掉了湿乎乎的上衣，一左一右双手搂着两个女学生。年轻人们似乎同情他。

"谢谢你为美国人民而战！来，今天我请酒，喝个够吧！我叔叔是911恐怖袭击飞机撞纽约世贸中心双子塔时殉难的，我支持你回阿富汗，彻底消灭恐怖分子。"金发男孩说时不停地为军人敬酒，肯定早已忘了要请我去酒吧的话。

那夜，酒精的作用让我睡得很香，早起时已日上三竿。我租的四人一间的宿舍，上下两张单人床，我喜欢睡在上铺，感觉干净且安全。下床时，我惊讶得一脚几乎踩空，维罗妮卡就睡在我的下铺！"她跟踪我吗？"我本能地警觉起来，跳到地上，看见她正半眯着眼睛看我，那卷曲成S型的睡姿，很撩人。

"嗨！我记得你说住这里，所以我来了。我也算是你在基韦斯特唯一的朋友吧？见到我你不高兴吗？"她冲我张开天使般的笑脸，又说："放心，我今晚去住单间，昨天没有单间出租，今天有了，维克多要替我付房钱，我拒绝了。维克多有家庭，不可能给我想要的生活，我正在结交新男友。"我这才有点恢复正常，心里也不免自嘲：我住这四人宿舍都嫌每晚180美元加税太贵，人家却要去住每晚650美元的单间了。她有二十几年的情人，如今轻而易举地又找到了新男友，而我为一个背叛了家庭的名义上的丈夫要死要活的，我有什么可自觉清高的呢？就因为第一次看到她时她是裸体而我穿了衣服吗？我的内心五味杂陈。

维克多是那个秃顶大肚腩吗？谁又是她的新男友？我想。

十点半，维罗妮卡去退了房，但是新住房要下午四点才能入住。她拖着两个奇大的粉色行李箱，来到院子里最大的泳池边坐下，旁若无人地脱去上衣，只剩三角内裤，裹起浴巾，熟练地换上蓝色比基尼泳装，一个漂亮的转身，扎入了六英尺深的泳池里。蝶泳，蛙泳，自由泳，最后是仰泳，她转换自如。见我站在阳台上望她，维罗妮卡躺在水上向我招手。

"我不太会游泳。"我摇头说。

"我教你！"她说："我过去是大学游泳队的，拿过体育奖学金。"

那天，维罗妮卡教会了我如何漂在水面上，如何在水底换气呼吸。我张开双手双腿，浮在可以淹没我的六尺水深处，眯起双眼，看天上白云，感觉自己可以随时双臂打水腾扑而起，直上云霄，像鸟一样自由。

那天，维罗妮卡向我讲述了她的故事。21岁大学毕业后来基韦斯特度假，她在名叫"绿鹦鹉"的酒吧偶遇大她二十多岁的维克多，有家有一对儿女，他们疯狂地热恋了。维克多为维罗妮卡买单，包吃住，陪玩。维罗妮卡没想拆散维克多的家庭，维克多也没想离婚让儿女失去父亲。他们在一个小公寓里偷情了一年之后，维罗妮卡遇到高中同学梅森，决定与他一起返乡，是俄亥俄州的一个小镇。在那里维罗妮卡在一个酒吧做调酒师，他们生了一个儿子，如今13岁了，在数学上很有天赋。

"像我，我小时候数学就很优秀，但我更爱文学。"维罗妮卡得意地说她每年万圣节都会来基韦斯特，参加十天的裸体绘画狂欢活动。后来梅森有了外遇，女友迅速怀孕，他们协议离婚，儿子交给梅森的父母抚养。

"你还做调酒师吗？"我问。

"当然不了。我在绅士俱乐部工作，钱多，而且更有趣。"

我的天！我的头嗡地一下子，又被维罗妮卡惊到了。

"绅士俱乐部？那不就是脱衣舞女郎嘛？"我问。

"不是你想象的那样，我不卖身。"维罗妮卡有点微怒地看着我。"你看这两个大箱子，是我的全部家当。这次本来想看能否在基韦斯特的绅士俱乐部找个工作，但是这地方都是年轻女孩的天下，这些女孩这么年轻就靠脱衣服赚生计了，真可怜……"

我看着维罗妮卡，不明白她哪来的优越感？一个四十几岁的脱衣舞娘看不上二十几岁的脱衣舞女？她似乎看出了我的心思，眨着眼睛说："我有儿子，有过丈夫，有情人维克多，我可以自己赚钱养活自己，我还有杜拉斯一样的文学梦。杜拉斯70岁写出《情人》，我也同样能写出自己的惊世之作。现在我计划离开维克多了，这几天我遇到了一个英国人，建筑师，我们彼此欣赏，我也许带上儿子随他去英国定居。"

那天她没化妆，黑色眼珠，黑色头发，反衬她晒得健美的脸色和自然的红唇，大嘴巴，高鼻梁，眼窝有点陷，这让她看起来有独特的美，五官对称的比例像是被上帝精心衡量过的。望着维罗妮卡，她的自信让我格外感动，让我有向她再次倾诉的欲望。我说当丈夫提出离婚时，我连死的心都有了。"你不知道，我们女儿都上大学了，如今他给女儿搞出个还没出生的小弟弟，我女儿却还埋怨我搞不定自己的丈夫。莫大的屈辱。我觉得离婚就是证明我过去的人生全都失败了，我不想离婚，我怕成为别人的谈资和笑料……"说这话时我又哭了。

　　"你是为一个不爱你的男人活着吗？"维罗妮卡简直是口气粗暴地打断了我声泪俱下的控诉，她挑起眉毛，瞪圆眼睛，质问我："你余生是不是要活在别人的眼光和评论里？走出来，你会发现最在意周围舆论的人是你自己，你被自己的枷锁套住了。我们都生活在自己的枷锁之中。"我怔怔地望着维罗妮卡，她背对阳光，脸庞和身形周围仿佛镀了金一样，像个天使。

四

　　第三天是周一，早八点多钟，当大家在泳池边吃免费早餐时，警察押着一个浑身赤裸的男人从后院走出，我认出维克多的秃头和大肚腩。周围人七嘴八舌的议论让我把故事拼在一起：他是没交钱入住跑来偷情的，喝醉了，女友赶他出去，他赖着不走，还动手打了女友，旁边人看到叫了警察，他还是不走，警察只得把他铐起来带走。

　　"别担心，那女人还为他求情，应该出了酒店门就会放了他的。"有人说。

　　我迅速跑去前台，问维罗妮卡住哪个房间？一个印度人模样的店员谦卑的笑里却透着傲慢腔调："我们要保护客人隐私的。"他眼盯电脑，手移鼠标，头也不抬地说："再说了，没有叫维罗妮卡的住这里！"什么？难道维罗妮卡给我的名字是假的？还有什么是假的？她妈妈可能也不是中国人后裔？

　　接下来两天，我穿着泳衣在杜瓦尔大街上整日闲逛，到日落酒吧喝酒，期待能再次偶遇维罗妮卡。

　　周三傍晚，拖着疲惫的身体，回到天堂旅社，我直接跳进院里的热水按摩池。一对老夫妇正在泡澡，聊天。

"他没必要自杀。他又不是故意的。"女人说。

"应该是自责吧？来基韦斯特是寻求快乐，没人想来送命。他那晚向路人扭着花屁股，大家都为他开心。"男人说。

"是的，万圣节狂欢周第一天时，整大街的人他给我印象最深，不知哪个画家在他屁股上用玫瑰花图案画了'63'，可真是一幅杰作呀。他逢人就说那天是他63岁生日。"

"他那时可真开心！想不到，才过几天，人就没了。"

"一定喝多了，没看到红绿灯变换，撞到那个耳背的老妇人，正过马路。车子压到人了，他都没觉到吗？"

"一定是喝太多了。他那辆红色奔驰敞篷车可真亮眼呀，刷地就开过去了，甚至没有停。"

"夜里一点钟了，路上人少。真是想不到，没人报警。他第二天早上看到妇人被撞死的新闻，还有路边监视器里他的红车，他就自杀了。"

"想象一下，多可怕呀。用微型手枪伸到嘴里扣动扳机，完全没有生还余地。63岁，还很年轻呀！"

"也有人说他是因为失恋，偷情了20年的小女友与一个英国男人前天半夜去海里游泳，喝酒太多，死在离岸流里了。昨天早上两具尸体漂到岸上。"

"唉！真可怜。遇到离岸流，不能拼死挣扎往回游，要往潮水的两边游，游到平静的海面时再往岸边游，否则越挣扎越被离岸流推入深海，直到筋疲力尽，没有生还的可能啊！只有高手才懂怎么搏击，在离岸流里幸存。"

"真可怜，听说两人死的时候是赤裸。"

"至少他们死的时候是快乐的，是结伴的。"

老夫妇继续议论新闻，我听得心碎。

"他们不会死的。她是猫，有九条命。"我没头没脑地说，眼泪哗啦啦掉入103度恒温的按摩浴池。老夫妇的两双眼齐刷刷地望向我。

****

离开基韦斯特那天是周六，我按计划住满了一周。退房后一整天我都漂在天堂旅舍的泳池里，体会在水里呼吸。离开前已是落日时分，被某种未知力量驱使，我开车拐上了杜瓦尔大街，缓慢前行。那天是音乐狂欢节，路两边每个酒吧里的人们都在唱着吉米巴菲特的摇滚乐（他因唱歌致富于基韦斯特）。

路过绿鹦鹉酒吧时，一个熟悉的身影跳入眼帘：齐肩粉红色卷发，凸凹有致的腰身，包在紧身白牛仔超短裤里的浑圆对称屁股，她与身边一个模样儒雅的男人温柔地对视起舞，男人体魄健美。我心跳得几乎喘不上气来，下意识地一踩油门，头也不回地离开了基韦斯特。

开在七哩桥上，路两边的夕阳在海中洒下条条血色印记。我摇下四面车窗与两面车顶天窗，感觉自己已置身大海，海浪从四面八方叹息，海水的苦涩扑面而来。路边一个醒目的红牌子将我引入一条狭长的海滩，牌上写着："危险！！小心离岸流！"我停下车，坐在里面开始给美国和中国的朋友打电话，请他们介绍律师。最后打给妈妈，告诉她我决定起诉离婚，我要走出妈妈一辈子都没有走出过的阴影。

跨出车门，我走向大海。多么近的海，海水平静，但我似乎听到那下面的离岸流缓慢而有力地向我涌来。

发表于《作品》2024年第8期

似乎听到那下面的离岸流缓慢而有力地向我涌来。

发表于《作品》2024年第8期

渡　船

沙石

　　柱子15岁那年他爹去世了，从此他从他爹手里接过撑船的船篙，开始在贡河上撑船的营生。

　　贡河水常流不息，不分昼夜，不分春夏秋冬，稀里哗啦的，像是讲述着贡河的故事。河的南岸上立着一座破旧的土坯房，屋檐下有个燕子窝，屋顶上长着半尺高的杂草，柱子和他娘就住在这座土坯房里。

　　一转眼五年过去了。在这五年中，柱子没有一天不撑船，贡河上的渡船没有一天不载客，因为这贡河上下十几里地之内没有过河的桥，也没有跨河的绳索，柱子的渡船是唯一的过河工具。

　　柱子的渡船是只平底木船，船的中央支着一个拱形的蓆棚，阴天下雨时可以避雨，艳阳高照时可以遮荫。坐在蓆棚下的多是那些生怕风吹日晒弄黑皮肤的年轻姑娘，而那些皮黑肉壮的汉子不是坐在船头就是坐在船尾。作为船老大，柱子总是站在船尾的船板上。他手持两丈多长的船篙，粗头朝下，细头向上，离岸前喊一嗓子："站稳了，开船喽。"随着船篙在水上一起一落，渡船便悠悠地向对岸驶去。到了对岸，乘船的人纷纷下船。柱子的脚下放着一个圆形的铁罐，下船的人都自动往铁罐里放些零钱，是五分还是八毫，柱子从不过问，也不在乎。因为撑船，柱子每天要和许多乡亲打头碰脸，时间一长，这十里八乡的人都知道贡河上有个撑船的汉子，叫柱子。在人们的印象里，柱子的脾气就挂在他脸上，他总是用微笑对待眼前的世界。二十出头的年纪，他生得浓眉大眼，要个头有个头，要长相有长相，年轻的姑娘媳妇坐上他的船都忍不住偷偷多看他几眼，还要把头凑在一起唧唧喳喳地议论几句。起先柱子还有些害羞，躲闪那些雌性的目光就象躲闪子弹一样。他要么低头撑船，要么就极目眺望远方的山影，直到有这么一天，他遇到一双目光，让他一辈子不得安生。

这天正赶上那个月的十五，是贡镇的集日。一早从河北面的丁村赶去赶集的人争先恐后地上了柱子的船，柱子撑着船送了一拨又一拨，到了晚晌，人们又一拨一拨地往回赶。在傍晚的光线里，柱子站在船尾，手持船篙，一下又一下地撑船。船上不但载着购货归来的人，还有和人混在一起的蔬菜，谷物，活鸡，活鸭和吱哇乱叫的猪仔。一天的忙碌抑制不住人们兴奋的心情。女人们比较着刚买来的花布，男人们议论着种子的价钱，船上好不热闹。不知从何时起，柱子感觉有些异样，脸上麻酥酥的，浑身上下像是被强光照耀着一样不自在。这奇怪的感觉是打哪里来的呢？终于，他在乱哄哄的人群中发现了那双带着几分渴望的目光。那种羞怯、不安和要躲闪而又不愿意躲闪的焦虑是一种诱惑。目光来自一位和他年龄相仿的姑娘。她坐在船尾，身上穿着红底儿黄花的夹袄，一手提着一篮子蔬菜，另一只手抱着一只受到惊吓的母鸡。柱子的心被这目光搅乱了。不知不觉中，渡船靠了岸，船上的人纷纷下船，等到穿花袄的姑娘从他面起走过时，柱子的心跳得像砸夯一样。

他的脸涨得通红。姑娘手提着菜篮，怀里的母鸡扑棱着翅膀，咯咯咯地乱叫。她的脚步有些破碎，当她往铁罐里放钱的时候，嘴里好像嘟囔着什么，可是声音太小，柱子听不清是什么内容。柱子想用好听的词句来形容姑娘的容貌，可惜他没有那么多的学问，肚子里也没有什么墨水，他只知道姑娘的脸蛋红扑扑的，像旱萝卜，而她的脖子白净得跟葱白一样。柱子从来没有见过这么好看的脸蛋。他想问她叫什么名字，多大了，家住哪个村子？可是这些话一直在他嘴里打转转，他憋红了脸，一句也说不出来。

那天夜里，柱子躺在炕头上，怎么也睡不着，他失眠了。对他来说这是有生以来的第一次。"爱情"对柱子来说，是说不出口的字眼，但是那天夜里他感到的就是戏台上才经常听到的"爱情"。睡在里间屋的柱子他娘一个劲儿地敲墙。"柱子，翻腾什么哪？还不快睡，明儿个一早还要出船呢，这孩子。"

从此，柱子有了心事，他话少了，脸色也阴沉了，撑船时，竹篙经常在手里打滑，有几次还险些掉进河里。以前在没人乘船的时候，他要么用猪鬃刷子冲洗船板，要么就用麻线修补船上的蓆棚，或者往船帮上涂抹防潮的桐油。可现在只要一闲下来，他便坐在船头，脱去鞋子，把脚泡在河里，让清凉的河水冲刷着脚心脚背，同时感受着水流从脚趾间流过的感觉。在这个过程中，柱子的眼睛一直盯着水面，不知不觉中船漂到了河心，沿着一个不固定的圆心转圈。

从那时起，柱子开始注意从河堤上走过的女人，观察她们的体型，她们走路的姿态，特别是她们的脸蛋儿，如果略带旱萝卜的红和葱白一样的白，他就会更仔细地查看一番。我这是怎么了？我怎么成了这个样子？柱子不能解释自己，也不能解释周围的世界。但是有一点他是清楚的，那就是他这辈子不会忘记那双饱含渴望的目光。

雨后的一天，空气中飘散着清凉的湿气，贡河的南岸忽然响起一阵吹吹打打的鼓乐声。声音由远到近，一直朝河边的渡口走来。吹打声中掺杂着唢呐，竹笙和锣鼓镲，奏出的是民间送亲的曲调。本来坐在船头发愣的柱子站起身，向河堤上望去，心里莫名其妙地感到一阵慌乱。果不其然，沿着河堤向渡口走来的是一群送亲的队伍。走在最前头的是个军人，身着绿军装，鲜红的领章帽徽格外抢眼。他的上装有四个口袋，说明他是个军官。在军人身后，走着一个女人，一看就是新娘，这从她头上围着的红头巾就可以看出来。另外，她下身穿着一条绿色军裤，面料是的确良的，就当时而言，穿绿军裤是军嫂的特征。起初，柱子只能看清她的体态，而辨不清她的面目，可当一行人来到河边走到他跟前的时候，柱子惊呆了，站在面前的竟然是他日思夜想的花袄姑娘。她的目光还是那么明亮，她的脸蛋还是红彤彤的，只是她比先前显得害羞。柱子的脸涨得通红，其实何止他的脸，他的整个身子都是火烧火燎的。只见军人站在岸边，比柱子手中的船篙还直。军人转过身，面对敲锣打鼓的人们说："谢谢父老乡亲们，大家就送到这吧，过了河，那边有军车等着我们，大家请回吧。"他说话带着很重的四川口音。

送亲的锣鼓停止了。人们又是握手又是作揖，让两个新人快上船。军人笑容满面，对柱子说："老乡，麻烦你把我们送过河去。结婚前我爱人向我提出一个要求，就是离家前再坐一次你的船。"说着他把一张五块钱的票子放进柱子脚下的铁罐里。"麻烦你在这河上多撑几圈。"

二人上了船，不停地向岸上的人们挥手告别，特别是新娘，她谢了爹娘又谢哥嫂，谢了婶子又谢姑妈。不久船离开河岸，柱子撑着船篙，先向东划了一里路，回到原处后又向西划出去一里路，从始至终他没有说一句话，他的眼睛一直盯在新娘的脸上，死活也不肯离开。新娘和军人并排坐在席棚下，军人把一只手伸给新娘，让她握在手里，放在两腿中间。姑娘虽然害羞，但她没有把目光投向远方，相反的，她的水汪汪的眼睛始终和柱子对视着。柱子的心沉到了河底。

不多久，渡船要靠岸了，柱子撑船的动作显得更加忙乱，甚至有些笨拙，他手一发软，竹篙撑到河底打了个滑。等船停稳了，军人站起身，对身边的新娘说："春花，到岸了，咱们下船吧。"柱子这才知道，这姑娘原来叫春花。

叫春花的姑娘站起来，慢慢地挪动着身子走向船帮。她的表情有些木然，可正是这种清纯的表情才让她更加楚楚动人，柱子觉得她可爱得要命。柱子真想拉拉她的手，亲一亲她的脸蛋，如果能这样，死也值了。一些不安分的想法像蚂蚁一样在他脑海里爬来爬去。这时春花正好走到他眼前，船身摇晃了一下，她打了个趔趄，两手不由自主地扶了一下柱子的臂膀。她的体重和身上散发出的体温随着她的身体扑向柱子，他甚至感到了她身上柔软的肌肉和滑溜的皮肤。这是柱子第一次感到什么是女人，什么是女人带给男人的温存，柱子的心跳得像风吹乱草一样。在那乱七八糟的情绪中，柱子突然感到委屈，甚至想要大哭一场。为了掩饰自己的狼狈相，柱子弯腰从铁罐里取出那五块钱，掖到军人手里，说这钱我不要。显然，军人被他的举动感动了。他也涨红了脸，说老乡，这钱你一定收下，我们是人民军队，不占群众的便宜是我们的纪律。柱子杠直了头说，这钱我说不要就不要，你有纪律也不行。军人搀扶着春花，上岸了，二人双双而立。春花的眼睛湿了，她的嘴唇蠕动了两下，终于说了一句话："谢谢你，柱子哥，你的船撑得真好，我会回来再坐你的船的。"在柱子的记忆里，这是春花对他说过的唯一的一句话。她竟然知道我的名字！这让柱子多少感到甜蜜。春花从军人手里抽过那五块钱钞票，硬塞进柱子手里。然后她拉着军人的手，走上河堤，上了一辆军用吉普车，沿着那条弯曲的土路向北边驶去。柱子看着渐渐消失的吉普车，眼泪默默地流了出来。

那天晚上，柱子回到家，没吃一口饭，没和娘说一句话。他点上一锅烟袋，一袋一袋地抽下去，还一边喝酒，一直喝到半夜三更，喝得烂醉如泥。

又一个五年过去了。在这五年里，柱子看上去至少老了十岁。原先萦绕在眉宇间的精气头不见了，本来一双明亮的眼睛现在乌涂得像烧乏的炉灰一样。他时常爬上河堤，面向弯曲的土路，向北方了望，一站就是半个时辰，直到有人喊他要乘船，他才怏怏地走下河堤，回到船上。柱子思念着春花，盼望她有一天会回来。她说过要回来坐我的船的，她是不会骗我的，就是要骗我，她也不会骗自己。

柱子像变了个人一样。他一天到晚哭丧着脸，不吭不哈的，还动不动就发脾气。起先人们不知道这是为什么，好好的一个小伙子怎么变成倔杠头了？后来传出一个说法，说柱子看上了一个叫春花的姑娘，可人家没有看上他，嫁给了军人去当随军家属去了，这下柱子傻眼了，像掉了魂儿似的，害上了相思病。柱子他娘听了乡亲们的话，急坏了，她开始忙着给儿子说亲找对象，先是发动亲友，后来又求到乡里的媒婆，可是无奈柱子不领情，他死活不跟说亲的姑娘见面，也不看照片，只要一提提亲的事，他就像吃了火药似的大发雷霆。久而久之便没人再上门说亲，媒婆也躲得远远的。不久柱子他娘也过世了，也就更没人给他张罗亲事。人们都说，看意思柱子这辈子非当"绝户头"了不成。

这一年的夏天，贡河沿岸响起了隆隆的机器声。一时间推土机、压道车、打桩机一并开到河边。原来县政府决定把贡河两岸的土路铺成沥青路，同时为了连接河南河北的两段路，还要在贡河上架起一座桥。消息一传开，贡河两岸的人无不拍手叫好，唯有柱子像发疯了一样。他不要工人修路，更不让在贡河上架桥。这天一辆推土机正在河边推土，忽然看见一个人横躺在前面的土路上，嘴里嚷嚷着："我让你轧，我给你轧，轧死我也别想修桥。"开始，几个施工的工人还上前劝说，说老乡你别这样行不？修路架桥是积德行善的事，你不让我们建桥，对得起子孙后代吗？柱子说，我是绝户头，没儿子，也不会有孙子，你们要在贡河上架桥，除非先把我轧死。施工队没见这么不要命的人。报信的人先找来丁村的一群民兵，身上抗着上了刺刀的步枪。民兵连长把枪口对在柱子脑门上说，小子，不要命你就说话，我可以成全你。柱子说，有种的你就搂扳机吧，这枪一响，这个桥肯定就修不成了，政府是不允许杀人的，你开枪啊，开呀，我看你的胆子比你的鸡巴还小。

　　这下连民兵也没辙了。县里只好派来官员，是主管基建的林主任。林主任弓着腰对躺在地上的柱子说，柱子同志，你应该了解当前的大好形势，我们的建设正在快马加鞭地发展，你却躺在这里充当拦路虎。民兵连长插话说，他是什么拦路虎，我看他是在螳臂挡车。林主任白了民兵连长一眼，叫他别多嘴。林主任耐心地询问柱子这样做是出于什么动机？柱子说，我没有动机，我就想撑我的船，做我的营生。林主任说，要谋生这不难，县里可以给你安排工作，让你到县城的工厂当工人去。柱子说，我不要当工人，我也不去县城，我哪也不想去，就要守在贡河边上。林主任也生气了，他提高了嗓门说，在贡河上撑船有什么好的？风里来雨里去，哪比得上工厂，工厂的车间至少有个屋顶，你至少不用顶风冒雨干活。这时民兵连长在一旁听得不耐烦了，他插话说，林主任您别搭理他，他是看上了我们丁村的一个姑娘，可是人家姑娘早就嫁到城里去了，但是这个傻柱子不死心，要一直守着这个渡口，等着人家姑娘回来找他，对他这种不识抬举的人还是得动硬的。听了民兵连长的话，林主任站直了身子，用手挠了几下后脑勺，说真他妈的见鬼了，遇到这种痴情郎，就是把他头砍下来，他也不会回头。他在原地来回走了几圈，再次蹲下身来对躺在地上的柱子说，你不是要在这贡河边上等人吗？那我就成全你。我们可以修改一下施工图纸，把桥架建在你家的土房前，让柏油路从你家门前通过。我可以做的，是让县工商局给你开个许可证，允许你在家门口开个茶棚，这样我们可以架桥，你可以在这等你的心上人。林主任的目光和柱子的目光对在一起。林主任说，这是我能做出的最大让步，为了你和你那个等不来的人，我已经用尽了我的权限，现在全国上下都在"割资本主义的尾巴"，闹不好，你我都会被"割"掉的。

柱子脸上雾状的表情开始散去。他说："你的这个条件我可以接受。"

几个月以后，贡河上立起一座水泥桥，桥的两边是一条黑骏骏的柏油路，弯弯曲曲地伸向远方。立在桥头的土房从里到外装修了一遍，门口搭起了一个用竹竿搭成的蓆棚，蓆棚中间放着一张木桌子，呈长方形，桌子周围放着几条长板凳。柱子坐在桌子的顶端，面前摆着一个大铁壶。遇到客人走进茶棚，在木板凳上坐下，柱子就斟一大碗茶，推到客人的面前，来一个人，就斟一碗茶，再来一个人，再斟一碗茶，他的这个动作在无限次地重复着。柱子的座位坐南朝北，他几乎无时无刻地盯住北方，他的目光一直延伸到柏油路的尽头，路上的每一个人，每一个动静，都逃不过他的眼睛，可遗憾的是每次发现的人和动静都与他无关。柱子感到失望，可是失望过后又继续希望，他就在这希望和失望的交替中活着。那个抽了许多年的烟袋锅成了他的唯一伙伴，苦闷的时候他就要抽上几袋。

一转眼，五个五年过去了，贡河上的桥经过了几次翻修，柱子的茶棚也已经扩大成茶亭，而这时的柱子已经成了一个彻底的"绝户头"，而且还要在前头加一个"老"字，叫作"老绝户头"。 有时柱子对着镜子，不禁摇头发笑。他笑的不是自己的满头白发，也不是下巴上的胡须，他笑的是自己的一生。

这天，从柏油路的北头驶来一辆黑色轿车。从车的外形看来，这是一部高级私家车。轿车驶到柱子老汉的茶亭前，开始减速，慢慢地停下。当时柱子老汉正坐在房子里头，他在通过敞开的门向外张望。这些年私家车越来越多，多得让他眼花缭乱。从他茶亭前驶过的私家车多数都飞驰而过，从来没有一辆车停下过。这年头除了那些庄稼汉和打工仔，谁还喝大碗茶？

那部黑色轿车停下来以后，从车门里走下来一个女孩，看上去也就十来岁。她下身穿一件红裙子，上身是件白衬衣，一副天真活泼的样子。她从门外看见柱子老汉，便和他客气地打招呼。

"老大爷好。"

"小姑娘你好。你们是路过这的吧？"

"不是路过的，我们是来找人的。"

柱子老汉站起身，向门外走去。进了茶亭，他习惯地坐在主人的板凳上，同时扫了一眼路边那辆黑轿车，可惜他两眼昏花，看不清车里坐的是什么人。柱子老汉问小姑娘，你们是外地来的吧，看得出来这辆汽车已经走了很长的路程。小女孩说，我们是从北京来的，走走停停，汽车已经开了两天了。柱子老汉哦了一声。

"我看你有些面熟，我以前是不是见过你？"柱子老汉和小女孩搭讪着。

"不可能，我是第一次到这个地方来，我们怎么会见过面？"

"是吗，那我看你怎么这么面熟呢？"

“大概是您见过的人太多了，所以很容易把人看混。”

柱子老汉点点头，不再说话。过了一会儿他对女孩说，喝碗大碗茶吧，算我请你喝，不要钱。女孩说，不用了，我车上有可乐和矿泉水。女孩的脸上依旧灿烂，她歪着头，好奇地问，听说在这贡河上有一条渡船，可是我们在这一带找了一大圈都没有找到，您知道这渡船上哪去了？

柱子老汉抬起头，他脸上的皱纹拢在了一起。他说，“在贡河上撑渡船是早些年的事情，现在渡船早就没有了。”

“那渡船到哪去了？”

“取缔了，是被政府取缔的。”

“为什么要取缔呢？”

“因为修了这座桥，有了桥自然就不需要渡船了。”

小女孩陷入了沉思，她嘴里嘟囔着，因为修了桥，也就不用渡船了。她又转向柱子老汉，问那您知不知道一个叫柱子的船工呢？柱子老汉端坐在长板凳上，脸上的皱纹编织成了一个淡而又淡的微笑。他问小女孩，是什么人想要知道？

穿红裙子的小女孩跑回到黑轿车旁边，把车门拉开一道缝，正好可以把头伸进车里，但她的声音还留在外边。

“奶奶，听说渡船没有了，早就被取缔了，现在有了桥，过河的人都走这座桥。”

“是吗，那让我下来看看吧。”

话音刚落，靠司机的车门打开了，从里边走出一个穿深色西装的青年人。他快步走到车的后部，打开后车门，伸手扶出一位妇人。妇人虽然上了年纪，但举手投足之间却带着一种特殊的风韵，不是学来的，也不是故作出来的，而是从骨头逢里冒出来的高雅气度。柱子老汉端详着那张白净且又略显虚胖的脸。这张脸上的线条构成了贡河一带人世代传承下来的脸型。她的目光炯炯有神，眉宇间的淡定和自信带着一种强势。柱子老汉的情绪起了一阵波动，他的胡须颤抖了几下，额头上的皱纹在慢慢地收拢，而他内心的活动是肉眼看不见的。

显然，这位气度不凡的女人也有些激动，但那只是一瞬间的事情，她很快镇定下来，保持着端庄的气度。她对女孩说，毛毛到河边去玩玩，看看那里的河水，但不要离河太近，小心别跌进水里去。女孩笑眯眯地望着祖母，说没问题，我会和司机小李叔叔呆在一块儿。说话便和司机一起到河边去了。

女人在柱子老汉的对面坐下，她还在仔细观察柱子老汉。

"可以喝碗大碗茶吗？"她说。

柱子老汉说，"当然可以。"

柱子老汉从大铁壶里倒了一碗茶，递到女人面前。她低头抿了一口，说，"家乡的水泡出的茶，味道就是不一样。"

"那么说您是贡河这一带的人喽？"

"是的。"

"可是你说话都是京城的口音啊。"

"是啊，离开家乡太久了。"

二人对视着，好像都想从对方那里得到自己想要的信息。

"真没想到，这贡河上除了多出一条柏油路和一座水泥桥，其实其它方面都没多大变化。"女人说。

"变是变了。"柱子老汉说，"只是表面上看不出来罢了。"

女人点点头，长长地舒了口气，用尽量不刻意的语气说，"是啊，世界上的事哪有一成不变的。"她站起身来，凝神眺望着涌向远方的贡河水。这是云高气爽的季节，碧绿的河水上泛着一层银白光，这光随着波浪在一明一暗地翻滚，后浪推着前浪。就是这潺潺的流水，曾经承载着柱子的渡船。

"贡河上的渡船是什么时候取缔的？"她轻声问了一句。

柱子说："算起来快三十年了。"

"那么卖茶的生意还好做吧？"

"马马虎虎。"

"生活还好吗？"

"还算过得去。"

柱子老汉又给她满上一碗茶。这次妇人没有立刻喝，却看着茶碗里浮动着的茶叶末。她说，本来是想回来再乘一次这贡河上的渡船的，没想到渡船已经不在了，人去船无，真是可惜。这时的柱子已经稳住了情绪，原先的激动已被什么东西平定了下去，他知道眼前的春花已经不是三十年多前的春花，他也不再是当年的柱子，这是明摆着的事。他俩默默地坐着，都没再出声。也不知道为什么，柱子老汉突然想抽一袋烟。他已经好几年不抽他的烟袋锅了。他回到屋子里，取出已经老旧的烟袋锅，找到一些残存的烟叶。他回到茶座前，点燃了烟袋，变质的烟草发出恶劣的烟味，呛得他一阵咳嗽，可是他不在乎，继续一口接一口地抽着。春花转过头来，盯着柱子老汉。她问他当年那个叫柱子的小伙子现在怎么样了？柱子老汉没有立刻回答，他把目光投向慢慢流淌的贡河水，想了一会儿才用平板的语调说，那个叫柱子的小子命不好，也可以说他的运气很差，他早就死了。

"什么？柱子哥死了？"

"是啊，他死了。"

"是什么时候的事情？"

"也就是25年前吧，是修这座桥的时候。"

"他是怎么死的？"

"是让推土机轧死的。"

"是这样？"

"就是这样。"

妇人默默地点点头，她始终保持着矜持的表情，同时嘴里低声嘟囔着，明白了，明白了，人生叵测，什么事情都有可能发生。

这时小女孩带着一阵风跑了过来，手里拿着一簇河边摘来的野花。"奶奶奶奶，你看这花，是小李叔叔帮我采的。"

叫春花的女人说，"哎哟，真好看。"然后她对司机说，"小李，咱们走吧。"

女孩说，"怎么这么快就走呢？"

春花说，"事情办完了就可以走了。"

"那你不找柱子了？"小女孩问道。

"不找了，当年的那个叫柱子的已经找不到了。"

三个人开始向停在路边的黑轿车走去。

"奶奶，那个柱子为什么找不到了呢？"

"因为他死了。"

“死了？为什么？”

“因为他不想再见到我了。”

三人分别进入车内。车门关上，引擎发动，车轮开始缓缓转动。柱子老汉从长板凳上站起身，目送着轿车远去。他深吸了一口烟袋，一口一口地吐着烟，脸上现出一丝微不足道的微笑，同时自言自语道：“贡河水啊，你慢慢流。”

发表于《作品》2024年第8期

舟船或者关系

应 帆

一

钟小平从来没见过安迪·波兰斯基那样的大眼睛。那对眼睛让他想起中国人说的"牛眼"或者"铜铃大眼"，但是安迪琥珀色的大眼睛更漂亮，更活泼有神，也完全没有愚蠢的暗示。他还长着漂亮的睫毛，比许多女性每日打理的假睫毛还要长，还要浓密，扑闪扑闪的，流露出一些令人不安的天真和狡黠。安迪的脸型漂亮，个子也颇高，但是有点胖，足有两百多磅。好在他才23岁，这身材倒似有些婴儿肥的可爱。至少，钟小平是这么想的。

他们是因为合作一个项目时认识的。没想到的是，这个安迪后来就搞出各种让小平眼花缭乱的"幺蛾子"来，让他们原本平淡的程序员生活多出了许多笑话和乐趣。比如，有一天，在公司内部程序员的讨论组里，安迪问一个编译错误时，误把主函数的"main"打成了男性"man"，结果就是一句"我的男性功能不工作了！"搞得一楼层的男女程序员都笑个不停。

因为安迪的热忱，他们会在公司的对话系统里互道"早安"；每天中午，他们一起出去午餐；下午三四点时候，他们也常常约了一起去公司厨房来杯茶或者咖啡。有一个星期五晚上，安迪约了小平一起去附近的电影院看了场电影。

　　那个周末，小平待在家里读了两本安迪推荐的，寇特·沃尼格特（Kurt Vonnegut）的书：《猫的摇篮》和《时震》。星期天晚上，他登录上QQ的时候，他的聊友AnnieInSH（"上海安妮"）跟他打招呼："你很喜欢购物吗？一个周末都在纽约购物吗？"

　　小平知道她在取笑自己的网名ShoppingInNY（"纽约小平"）。因为一个周末没有按他们的约定上网聊天，小平觉得颇不好意思。两个月前在QQ上安妮加他为好友时，小平很奇怪。安妮跟他解释道："我父母认识你父母。他们把你的QQ号码给我了。他们说你有三个硕士学位，还有一个博士学位。是真的吗？你真是学霸呀！"

　　小平父母过去几年一直不遗余力地在中国物色一个合适的儿媳人选，不免向人夸耀儿子获得诸多学位的荣耀，还有人在美国的优势。他们也给小平寄过好几个漂亮女孩的照片，小平常常看看也就算了。

　　小平奇怪国内的年轻人都开始时兴取洋名，并以此互称。初见安妮的名字，他颇有些不喜欢。照片里的安妮十分漂亮，又说"安妮"其实也是她的中文本名，又道名如其人，自己就是个"安静的妮子"。小平惊讶于这个解释，倒起了些好奇心。

　　小平不喜欢在电脑上打中文，因此很高兴安妮可以自如地用英语进行网聊。他后来得知，安妮在大学里学的是英文专业，毕业后在上海的一家外资公司任翻译。有时他想：要是安妮来了美国，能做什么工作呢？

　　星期一早晨，安迪跑到小平的格子间来，跟他呱噪自己的周末见闻。"我和一个中国女孩出去玩了。是我的高中同学，也叫Ping呢！我好多年没见她了。我们去中国城按摩了。

我的脖子酸死了。她居然问我愿不愿意和她一起去中国玩！你说这可笑不可笑？我这么多年都没见过她！”

安迪嗓门大，让小平颇为不安，总觉得所有同事都在听他们闲聊，只好跟安迪告假，说自己要去厕所。回到座位后，又给安迪发信息道：“感觉这个Ping对你很感兴趣呀！”

“那是她的问题。Ping到底是男人名字还是女人名字？”

“我的Ping是‘平安’‘水平’‘平和’的意思。她的Ping很可能是‘浮萍’‘苹果’，甚至‘花瓶’的意思。”

安迪道：“你们中国人需要换一种文字！这个样子，不利于你们的发展！”

“我们用这个文字发展了五千年的灿烂文化和光辉历史。你杞人忧天了！”

末了，安迪回道：“谢谢你，X！”

小平看他近来总是简称自己为“X”，颇有些发笑，就也跟他玩笑，回道：“不用谢，B。”

“B是Bitch的意思?”

小平忍不住笑，在键盘上开始敲打：“不是，B是Babe的意思。”要按回车键之前，还是想了想，把“Babe”（宝贝）改成了“Bastard”（混蛋），然后发了出去。

二

天气暖和的日子，小平发现每天和安迪一起的时间越来越多。有一天，他们买了饭盒去中央公园吃午饭。公园里万物生长，到处都是深深浅浅的绿，天空是一种温柔的蓝色。小平注意到安迪浓重的须影，问他：“你几天没刮胡子了？”

"两三天吧。我现在单身了。剃不剃胡子有什么关系？"

"单身的人，不是更应该注重形象吗？"

"那是一种哲学。"

他们坐下吃饭的时候，小平和安迪说起了安妮，但没有讲他父母掺乎其中的事实。

"我反对任何网上关系。谁知道屏幕背后躲着一条狗还是什么呢。"

小平笑道："也许。曾经我在网上认识一个人好久。后来他告诉我他是一个女生。"

"我就说嘛！你可要小心呢。抽烟吗？"吃完了三明治，安迪掏出了一包烟丝。

小平摇了摇头。安迪卷了两根烟，然后掏出一个火柴盒，挑出一根火柴，擦着火，给他和小平点上火。小平笨拙地吸了一口，咳着笑道："我上次抽烟可能还是在大学里呢！"

安迪吐出三个循环着上升的眼圈，满足地笑道："人生就是要不停地尝试新事物，不然多无趣呀。你吸过大麻吗？"

小平心里一凛，老实道："没有。"

安迪道："我跟你说过我怎么支付我的大学学费吗？我就是贩卖大麻，比贷款快多了，也强多了。但有阵子我也吸太多，差点毁了自个儿。自从工作后，我就不吸了。那时候我经常跟一个叫约翰的家伙一起混。他大概比你还大几岁。他有一辆很酷的保时捷。有时候他让我开。有一次我在一条小路上居然开到了每小时150英里！"

小平不说话。他注意到池塘里有一对鸳鸯游来游去，更远的水面上还有些冰尚未融化。他叹了一口气道："春天真是个复杂的季节，散发出各种混乱的信号。"

"啥？"

"没什么。谢谢分享你的贩毒故事。"

"我是个坏蛋。你不介意吧？我是觉得你不会介意的，所以我才跟你说。不早了，我们回去吧。"

三

四月底，安迪过了24岁生日。那天晚上，他带小平去下城有名的CBGB酒吧玩。在门口，保安要看小平的证件。安迪就在一旁笑道："哥们，你用不着查他的！他已经很古老了。"小平略感难堪，更让他尴尬的是自己在跟着一个年轻的白人男子混世界。

在吧里被音乐吵够了，他们就出来走走，吸了点大麻。小平深感恐惧，却努力装出一副老手的样子。在昏暗的路灯光下，他眯着眼睛打量眼前的安迪。他看见安迪红红的耳朵上挺立着几根长长的细汗毛，一时无法决定是否应该感到恶心。

午夜之后，他们出了CBGB往地铁站走。等红绿灯时，边上有两个开着红色跑车的姑娘向他们问路。安迪指了路，又问她们能不能带他们一程。姑娘们摇着手里的香烟狂笑。驾车的女孩就道："好呀！进来吧！"坐在后座，小平意识到两个姑娘都喝醉了，而她们的车正在往城外开。他赶忙让她们在下一个路口停下来，安迪也不情不愿地跟着下了车。

等地铁的时候，安迪就抱怨："我们不应该下车的！我们可以跟她们要一个晚上的！"第二天，他在办公室跟小平继续抱怨："我真后悔昨天没要她们的电话号码。一夜都没睡好！

她们看着很酷的样子。"

"她们在酒驾！"小平回道："而且在抽烟。谁知道她们抽的是啥？"

"夜里睡不着，我就爬起来，在克雷格的列表网站上发了一个帖子，'男找女'那一栏。希望她们能看到！"

小平打字道："宝贝，你太饥不择食了！"

"别叫我宝贝。我不是你的女朋友。"

小平觉得脸上发烧，扭头看看背后没人，又继续打字道："哈哈，好朋友不是也可以称呼对方'Babe'的吗？我们难道不是好朋友吗？Friendship，或者Something-ship？"在发送之前，他还是把这些话都给删除掉，只问道："克雷格的列表是啥网站？"

安迪给了他网址。那天晚上小平从家里电脑登上去看了看，很惊讶这么简陋的网站会有许多人访问。有买卖或者租赁房屋的，也有找工作的，还有找朋友，乃至寻找一夜情之类关系的。他居然在"男找女"那一栏找到了安迪的"寻人启事"。

小平又转到其它栏目看了看，有"女找男"的，也有"女找女"和"男找男"的。他看到版头提示"里面可能有露骨的性内容"时，犹豫了片刻，还是点了进去。看着那些赤裸裸的约会帖子，小平感觉整个曼哈顿似乎都处于性饥渴和性亢奋之中。

五月，小平买了回中国的机票，也开始准备各种回国礼物。他和安妮在网上聊天的时候，安妮就说她最近重看了美剧《老友记》和《欲望城市》，又道："生活在纽约，一定从不会寂寞吧？"

小平想告诉她，真实的纽约生活似乎和电视剧里的生活相距甚远，却到底没有。安妮又给他发了几篇网上鸡汤文字，诸如"叶子离开树，是因为树没有挽留呢，还是因为风追求得更猛烈？"小平点了读了，倒不禁若有所思，开玩笑道："我是树，还是风？"安妮回道："我可是啥也没说。"又加了一个笑脸符号。

小平道："我六月份会回上海。要不要见一面？"

安妮道："太好了。我很荣幸能接见一位美国华侨呢。哦，不对，你是不是已经是美国公民了？你多少年没回来了？你需要导游吗？有一年夏天我打工，就是做导游呢！"

小平只好说自己依旧很中国，无论是国籍还是性格。他们就海聊一阵，计划着去这里那里……最后，小平又道："也许，我就待在上海，和你一起体验岁月静好。"把这句话发出去的时候，小平不觉脸色微红。

四

第二天中午在中央公园吃午饭的时候，小平和安迪讲了自己的旅行计划。安迪激动起来，叫道："也许我应该和你一起去中国玩。我们可以去北京，去上海。你可以做我的导游啊。"

小平不得不给他解释："你一个外国人去中国旅游，需要先签证的。"

安迪大吃一惊，回应道："签证？我又不想常住中国！？"

"每个国家都有自己的海关，每种东西都有自己的价码。"

"去他妈的中国。"

小平看着安迪，皱了皱眉头，"你什么时候剃光头了？油光锃亮啊！"

安迪鬼笑道："你想摸摸吗？手感很好的哦！"

小平四下里看了看，断然道："不想。"

他们一路走到波赛斯达广场。喷泉在六月的阳光里灿烂地喷涌着闪烁着。湖面绿得有些像油画中的色彩，夏日放荡的湖水不停地漾上广场的边沿。往左看去，那座白色的彩虹桥跨湖而立，桥那头就是树木密杂的野林地了。

小平道："我真喜欢这里！看人划船多惬意！我还从来没在美国划过船呢。我好想租个船划划，但是也许只有傻傻的游客才会这么做吧？"

"谁说的？我们就去租个船划划！"

"现在？我们已经出来一个小时了。午休时间都用完了。"

"去他妈的工作。这样的日子，不多花一个小时在外面耍耍，就是对生命的辜负和犯罪！走，我们去船坞那边租船划！"

在湖上划着船再看四遭景致，忽然就有了一些不同的感受。小平想起安妮给他看的那首叫《风景》的诗，就解释给安迪听。安迪提醒他转向，因为他们离岸边太近了。小平左支右拙，费了九牛二虎之力，弄得一头汗，才把小船掉转了方向。

小平一时讪笑道："我都不知道怎么划船了。"

他鬼使神差地用了"ship"这个词，逗得安迪拍腿大笑："你这个蠢驴！这个是boat，不是ship！"

安迪脱了衬衣，开始弄烟卷。他健硕的胳膊覆满黑色毛发，黑色毛发下有隐隐的重色雀斑。他白色T恤衫下的大肚子鼓鼓的。他额头上有许多细小的汗珠子正在慢慢变得沉重硕大，随时准备着滴落。

小平也放了桨，脱了衬衫。"大太阳底下，还真热呢！你的额头都红了。"说着，他伸出手去摸了摸安迪光光的，毛茸茸的头颅。

安迪一边往前低伸了头，笑道："你喜欢吗？"一边又开始卷另一根烟。

小平不说话，却捏了捏安迪臂上的几根长毛。

"你在干什么？我胳膊上有虫子吗？"

小平口干舌燥，找不到合适的话。"安迪，我想我……"

"怎么了？你怎么似乎已经很高的样子？"安迪抛给他一支卷好的烟。

小平狠吸了一口，闭上了眼睛，半晌都一动不动。他感觉正午的太阳燃炙着自己，他听见岸上传来的笑声，他闻嗅着这初夏的味道。小平睁开眼睛，就看见安迪那对琥珀色的大眼睛正盯着自己看。他手里的烟已经烧成了长长的一截灰，而安迪的烟还被叼在他性感的双唇之间。

"你没事吧？你的桨都要掉水里去了。你要不要跟我换个位置？我们是不是该回去了？我可是热够了！"

小平点了点头。

他们站起来换位的时候，小船就激烈摇晃起来。他们互相扶了对方的肩膀，然后小心翼翼地换位置。有那么一刻，小平感觉自己被安迪搂在怀里。他压在安迪肩上的手掌汗出如注。

安迪嘴里喃喃着："小心啊，小心啊！"他的嘴就在小平的耳边，让小平觉得痒痒而迷醉。等他们终于安全完成越位，小平拍了拍安迪的后腰。安迪突然叫了起来，"别碰我的屁股！"

他们一路沉默着往办公室走回去，却不得不和路上熙攘的人流作斗争。安迪突然又叫起来："我告诉你别碰我的屁股！"

小平感觉路上的行人都在盯着自己看，而他无地自容。他磕磕巴巴地解释："我根本没有碰你！也许是其他人撞着你了。"

这样无力的辩护让小平更看不起自己来。他红着脸，加快脚步往南走。要过57街的时候，安迪追上他，从后面揽了小平的肩，笑道："喂！"

小平依然怒不可遏，骂道："滚！"

在下一个有一家鲜花店的街角，他们停下来等绿灯。安迪再次追上小平，陪笑道："对不起！我难道要买束花来赔礼道歉吗？"

"对对，买一束，插在你那对不起人的屁股上！"

五

到上海后，小平和安妮约了一起吃晚饭。安妮和她的网上照片一样漂亮，大大的黑眼睛流露出水灵生动，不像是快要30岁的人的眼睛。她选了她公司附近的一个餐厅。小平还注意到她把头发挽成一个髻束在脑后，更显老成干练。小平本有些紧张，倒是安妮让他很快如沐春风。

点了菜，安妮笑道："是不是很有趣，我们住得那么远，却成了朋友？有时我想，我们年龄越来越大的时候，就越来越难以交到朋友，人也就越来越孤独。"

"我觉得我们最终也会习惯孤独。在孤独的日子里，期望越来越低，然后命运或许会带给你一个新的机会和朋友，就像一个意外之喜。我觉得我们在网上交流了大半年，现在见面吃饭聊天，还没有见光死，就是这样子的意外之喜。"

谈起友谊的话题，安妮就说她很欣赏美剧《老友记》以及《欲望都市》里面几个女性之间的情谊。"我曾经看过一篇文章说，友谊可以天长地久，而爱情则很难朝朝暮暮。"话一出口，她似又后悔，就忙问小平在美国有没有比较亲近的朋友。

小平沉吟半晌，就和她说起安迪的点点滴滴来。安迪七岁时和父母从俄罗斯移民来到美国，他声称自己是犹太人，却不遵守任何犹太教规。安迪自大狂疏，天天吹牛，"我很聪明""我很帅"是他挂在嘴边的口头禅。安迪和他的母亲一起住在曼哈顿，离中国大使馆很近的一座公寓楼里。安迪曾经说："我真想把我妈赶出我们的公寓。这样我可以找一个室友来分担房租。"安迪会在同事面前夸夸其谈他的历任前女友而毫不顾忌什么。小平初识安迪时，安迪无比热情，却不忘喋喋提醒小平为某顿午饭欠他五块钱的事。安迪曾经给小平看他以前的照片，照片里他戴着两个耳环，头发染成金黄色。小平还说了他们一起去酒吧，安迪最终醉酒的事情，以及安迪喜欢快速开车，曾有五个小时内从纽约开到匹兹堡的惊人纪录，还有安迪用卖大麻的钱支付了自己的大学学费，并为此洋洋自得的"光荣"历史。

末了，安妮喝了口桔子水，评论道："听上去是个很有趣，也很危险的人物！"

小平道："对第一代移民来说，生活总是更为艰辛。你不能犯任何错误。"说完了，他又后悔自己似乎有些没头没脑。安妮却似乎明白他的意思，不停点头称是。

小平这次回来几乎全待在上海，一方面因为来自他父母的压力，另一方面他也确实喜欢和安妮在一起聊天、吃饭乃至逛街。安妮带他看了上海的各种新变化和新景点，让小平这个地道的上海人常常目瞪口呆起来。他发现上海有很多老外，而自己常常情不自禁地要和他们用英文交谈，有些老外则坚持用普通话乃至上海话回答他。那时候，安妮往往站在一边，微笑着，欣赏他流利的英文口语。小平意识到自己变成了一种边缘人，就像他不能融入美国和纽约，他也不再能融入中国和上海。

安妮把小平介绍给自己的父母。安妮父母很喜欢小平，又暗示他们如果彼此感觉良好，应该速战速决。当他离开上海的时候，安妮、安妮的父母和小平的父母一起到机场为他送别。

六

回到办公室的第一天，小平收到安迪热情洋溢的短信息"你回来啦！"时，颇有些吃惊。小平一时不知怎么回他。在他回国之前的两个星期里，他和安迪几乎不曾说话。安迪却似乎毫无感觉，紧接着就问小平可不可以一起出去吃午饭。小平不好拒绝。

中午时候，两个人买了盒饭往中央公园去。一时在池塘边的长椅上坐定，安迪就道："告诉我你的中国之旅，事无巨细！"

小平只好如实告之，包括和安妮在一起度过的时光。"我对她印象很好。我们一起去了很多地方。她似乎也很喜欢我。我们甚至见了双方父母。我觉得她是个可以结婚的对象，虽然我不确定我们能相爱到什么程度。"

安迪道："人类又不是因为爱情才结婚。我们结婚是因为害怕，害怕变老。一旦变老了，就不能得到免费的性爱了。我们需要一个长期合同，可以免费上床的合同。"

小平无话可说。一个中国新娘怀抱鲜花，拖着白色婚纱从他们面前走过，身后照例是跟着一群人。安迪问道："小平，你会在中央公园拍照，办婚礼吗？"

"我才不要呢。多俗气呀！我们应该会在上海办婚礼。"

"哦？"安迪惊讶道："那么，你们上床了，操了？"

小平不由皱眉道："我们中国人，不像你们瞎搞的。"

"你意思是说中国人不上床，不操？那你是怎么生出来的？"

"我是说我们不会刚见面就上床，你这个混球！不过呢，我听说现在的年轻人也很性急的。"

"我觉得这是进步的表现。也许，你是个无性主义者？"

小平一边挥拳打他，一边愤愤道："好像你对我多么知根知底似的！"

安迪轻易地抓住小平的拳头，冷笑道："你想跟我打架？我可以很轻易地打败你的！"

小平感到一线热血直冲脑门，让他想起那个燥热的六月正午，想起他在湖心小舟上的失态。他收回自己的胳膊，道："我们该回去上班了。"

往回走的时候，小平问安迪："你那边怎么样？有什么新鲜人事？"

"我遇到一个女孩子，莎拉。她刚从芝加哥那边的医学院毕业，要来纽约上班。很聪明，而且是犹太人。就是太矮了，真他妈的矮，大概五英尺都不到！"

"你们上床了吗？做爱了吗？"

"我如果操她的话，我怀疑我必须叫他妈的救护车！她太微型了。真他妈的聪明倒是真的！"

"因为她矮，你就认为她没跟男人上过床？得了吧！"

"倒也不是。她也许有过几个男人，我估摸着。这世界上有的是矮个子男人，长着小鸡鸡。她的胸也不小呢，而且是真的。我是说莎拉。我还碰到一个纽约大学的女孩子，但她一直不回我的电话。臭婊子，还跟我装，跟我玩呢！"

"别太贪心啦！"小平笑道："人家怎么说来着？一鸟在手，胜于二鸟在林！你搞定一个也就算幸运了。"

"你啥时候这么伶牙俐齿了？得，你管好你自己吧。我这么帅，这么聪明，又有一个好工作，我完全配得上一个又高又聪明的犹太女孩子，是不是？"

说话时，他们路过香蕉共和国的服装店。安迪停下来，欣赏自己在玻璃窗里的身姿，又叫道："天！我是不是帅屏了？"

小平看了看，发现橱窗玻璃里，安迪镜像的边上是一对好看的男女模特，穿着做工考究的秋季新品，而七月还没有结束。

七

八月的一天，小平和莎拉、安迪一起到第九大道上新开的大四川分店去吃午饭。莎拉确实矮小而丰满，但是每边脸颊上一个酒窝，配上她含笑的眼睛，神态很甜美。

安迪滔滔不绝。"小平说'四川'是四条河的意思。这多有趣，多美的名字呀！他可以帮我们点菜。是不是，Shopping？他知道哪些是真正的四川菜，哪些是骗人的美式川菜！我跟你说过吗？小平有三个硕士学位，一个博士学位！真是要多聪明就有多聪明！"

小平不怎么说话，只忙着研究菜单。他本想着猪肉和鱼类，料想这两个犹太男女不会吃，就只好看其它的菜式。安迪又喋喋不休地跟莎拉说他最近在股票市场的亏损。

"哦，亲爱的，我真抱歉听到你这么说！"莎拉一边安慰安迪，一边在他唇上啄了一下。

安迪回吻了莎拉，又兴致勃勃道："股市会回来的！你也别担心。点好了吗，小平？"

小平点了重庆辣子鸡、四川水煮牛和上海小白菜。把菜单还给侍者的时候，他第一次注意到安迪的门牙其实是不太整齐的。小平心想，安迪那可怜的单身母亲当初一定是付不起青少年牙套纠正的费用吧。他默默地想：安迪，其实跟我一样，不过是一个移民，不能犯任何错误的。

吃过中饭，安迪和莎拉在地铁站口演了一番吻别大戏。小平在前头边走边等，安迪跟上来就问："怎么样？"

小平一边加快脚步，一边道："我不给别人的女朋友打分的。这不是我做人的风格。不像某些人……"

安迪失望道："噢。她有那么糟？"

八

以后的日子，小平和安迪越来越少一起混了。小平回归了自己的旧日生活模式，看电视，看碟片，读书，翻杂志，得空了就和安妮在线上聊一聊。他的父母也一直遥遥地施加着压力。二月份的中国春节期间，钟小平请了三个星期的假，飞回上海去和安妮举办婚礼。

临飞的前夜，小平做了一些奇怪的梦。在一个梦里，他是坐轮船回中国的，就像一百年前的那些留学生一样。但是，他错过了开船时间。在梦里，小平一会儿看看自己又多又沉的行李，一会儿看看正在渐渐驶离港口的轮船。他又紧张又心痛，几乎无法呼吸。更奇怪的是，他看见轮船的甲板上有一个熟悉的身影向他挥手，他认定那就是安迪。

小平从这个梦中短暂地醒来，却十分地不情愿，于是就又强迫自己进入了下一个梦境。这一次，他在一艘大邮轮的甲板上，同行的还有他的父母和其他一些中国人。一个女人站在他的身边，可是他并不认识她。突然，邮轮的大喇叭响起来，广播里则说邮轮触上了一座冰山，正在进水下沉。周围的人疯了般乱跑乱叫。很快，小平就发现他自己一个人被剩在了已经四十五度倾斜的甲板上，而墨绿的海水在向他咆哮着涌过来……

从这个梦里醒过来时，小平一身冷汗。他努力回想梦中的细节，却只记得邮轮沉海这么一个恐怖事件。"真搞笑！"他不由自言自语了一句。小平看了一眼黑暗里手机屏幕上闪烁的关于时间的数字，模糊地意识到夜还很深，意识到自己的手机已经很少有人打电话进来，愣了一下，也就继续倒头睡去。

婚礼很顺利。双方父母亲自着手，搞定了一切重要细节。小平和安妮只需要按时出现在指定的地方和酒席，再按规定完成种种仪式罢了。婚礼之后，小平先返回美国。两个月之后，安妮也独自飞了过来。初到纽约，安妮很兴奋。第一个月里，小平给她买了一张地铁月票，她就一人到处逛来逛去。最初的新鲜劲儿过去后，她开始想家，每天不是给父母打电话，就是给小平的办公室打电话。他们以前在网上聊得津津有味的话题，在那个遥远的距离消失之后，对他们来说忽然没有了任何意义和兴趣。安妮有时会半开玩笑半认真地说："以前我们是分开孤独着，现在我们是在一起孤独着。"

一个周六的下午，安迪突然给他短信，建议他们一起晚餐。小平有些犹豫，却到底同意了。四个人坐到一起，却不料吃了一顿沉闷而尴尬的晚餐。安妮不喜欢小平选择的，迎合美国人口味的菜式。安妮和安迪的名字听起来又特别接近，经常小平和莎拉喊出口，他们两个一起抢着应答，或者没人应答。

那天晚上临睡时，安妮说她不喜欢安迪和他的女朋友。"他们真恶心！你注意到没有，我们吃饭的时候，他们不停地亲嘴？还互相喂？美国人真是的。安迪真胖呀，都有双下巴了！哦，他那双眼真是大呀，像一对牛眼，又像一对铜铃！"

小平动了动嘴唇，却到底什么也没说。他吻了吻安妮的前额，用英文说了句"做个美梦。"安妮也就伸手关了床头的台灯。

星期一上班时，安迪给小平发了个信息。"钟，老实说，我不是很喜欢你老婆。"

小平不由莞尔，回道："波兰司机先生，你们这种不喜欢似乎是互相的。"

"哈哈，至少，你不必担心我抢走她了！"

小平打字道："你连门儿都没有！"

九

又是六月了。小平和安妮去泽西市看克雷格列表上做广告的一个公寓。天气完美。下了轮渡之后，他们决定沿着河岸走一走。

不久，他们就看见一艘巨大的返航邮轮正从大西洋驶进哈德逊河。船上的游客们又喊又叫，连连向岸上的人们挥手致意。小平想起去年六月他和安妮在上海外滩看黄埔江上来来往往的船只的事情。安妮感慨道："时间过得真快呀！"

大邮轮驶进港口之后，一只较小的船却从它背后钻了出来，且开始向四周喷水。在明亮的阳光里，那些水柱绽放成一个又一个如烟如雾的喷泉，逆着夕阳，一圈圈小小的七色彩虹被画在虚幻的空气里。

安妮问小平那是什么船。小平记得他曾和安迪也曾在哈德逊河上看过一艘类似的船只，却不知道这种船叫什么，干什么用，只好摇摇头，告诉安妮他也不知道。

第二天班上，他发短信问安迪知不知道这是什么船，他用了Ship这个词。安迪回道："那不是ship，是个boat，救火船（fireboat）。"又甩给小平一个网站的链接。

小平正要点进去看，安迪又发了条信息过来。"对了，我昨天和莎拉分手了！感谢上帝，我终于摆脱了她！"

小平犹豫了一下，调侃道："真心安慰，强烈祝贺！"

小平点了安迪发过来的链接，进去一看，果然是一种消防船，过去专门用来抢救水上或者船上火灾的。网站上还有各种详细信息，有关救火船的前世今生。它们曾经是消防部门在水上的巡逻队，对水上交通安全有着至关重要的作用，但是在如今时代这消防船已经老旧不适用了。

网页上也有一些图片，那些喷泉样的水柱，并无什么神秘之处，不过是藏在船底的消防水龙头而已。发现这个本来那么神秘、模糊乃至美丽的船只，原来有着这样古老、实际而平淡的功能，钟小平如释重负的同时，又感到一种深深的失望。

发表于《香港文学》2024年7月号

遮阳伞

陆蔚青

一

蒙特利尔夏天很热烈，也很短，但暑假很长，因为孩子们要打工赚学费。打工的种类不多，在夏令营做小老师，在超市里装袋子，还有一个就是做救生员。吉米考了一个证书，在游泳池找了份救生员的工作，在他看来，这份工作比较酷。他征求我的意见，我同意了。那时吉米还是一个听话的好孩子。我特地跑到那个叫班尼的游泳池看过。在一个公园里，泳池很大，池水清澈，蓝色池底，盈盈波光，卫生条件很好。

吉米第一天去上班，醒得很早。我给他准备了饭盒，一个火腿三明治，一个苹果，一盒酸奶，一瓶水。我告诉他按时吃掉，营养均衡。

我们说话的时候，冰箱开始轰隆隆响，把我们吓了一跳，我们一起注视着，不知道发生了什么。接着冰箱突然发出一声尖叫，由高亢到低沉，然后跳了一下，砰地落在地上，就像一个笨重的人试图跳舞，只跳了一下，就发生了意外。

它死了吗？吉米问。

我将耳朵贴在冰箱上听一听，没有心跳。

我们需要买一个新冰箱了。我摊开手说。

这个冰箱已经用了12年。买它的时候，吉米的爸爸还在。卖冰箱的人要我们买保险，他想买，我不想买，我打赌这冰箱能用十年以上，保险只有十年。

我赌赢了。但吉米的爸爸去世了。这让我心酸。这几年我们过得不容易，再过几天，吉米就18岁了。

下班时我特地绕道去看吉米，看到他在工作。我站在远处看了一会儿，发现这个工作十分无聊。水池里的人们在嬉戏，吉米坐在高高的救生台上，无所事事，东张西望。我盯着他看。过了几分钟，他开始咬手指甲。我真想冲他大喊一声。他的指甲已经被咬得支离破碎了。他从小就咬指甲。他从来没有过光滑的指甲。有个心理老师说孩子喜欢咬指甲是因为孤独，我不这样认为。他有什么孤独呢？我尽了自己的努力陪伴他，而且，他也有很多小朋友。

我不眨眼地盯着他，担心他走神。救生员是一个精力集中的工作，他要对游泳池里的人负责。

已经是下午，天气开始闷热，阳光照得我发晕，很快出了一身汗。我抬头向天空望，这时我发现了一个问题，吉米的救生台上居然没有遮阳伞。

这让我很吃惊。

等到他下班我们一起回家时，我立刻对吉米说了这个问题。我让他去要求一把遮阳伞。

为什么要有遮阳伞？吉米眯着眼睛问我，他总是睡眼惺忪，像没睡醒。

因为日照很猛烈。我说。你没有感到皮肤灼热吗？今天体感温度34度。

我有帽子。他说。

帽子能戴在身上吗？我有些光火。我把他的胳膊拽过来，果然晒成了虾红色。

去跟你们管理员说，你们需要一把遮阳伞。

吉米没说话，开始吃东西。那时他已经长到1米83，而且有点胖。这也是我同意他去打工的原因。他玩电脑游戏的时间太多了，他在电脑上玩，在手机上玩，能玩通宵。

别喝橙汁。我又说。含糖太多。他不满地放下杯子，我把一瓶白开水递给他。

第二天我去游泳池，看有没有遮阳伞。没有。第三天也没有。我知道吉米是指望不上的，他太胆怯。他不会去找头儿要求权利。他从来都不会要求权利。

没有人要遮阳伞。他说。大家都是一样工作的。

没有人要不等于不应该有。我说。你们的工作条件太差了。不符合劳动法。

吉米没有说话。他一边吃东西一边看手机，一边看一边笑。我不知道他在笑什么，他也从来没有告诉我什么好笑。他无所谓的态度惹恼了我。

把你们管理员的电话给我，我说。我给他打电话。

不要，吉米说。

为什么不要？我是你的监护人。

吉米看看手机，很不情愿地递给我。

哪个名字？

马里奥。现在不要打给他。他在休息。工作电话是工作时间才能打的。

我知道，我说。我工作经验比你多，我已经出国二十年了。

二

马里奥是一个懒散的人。我从电话里的声音就能判断这一点。他的声音里有一条长长的尾音，就像某种动物拖着长尾巴，在草地上缓慢地爬行。

我是吉米的妈妈。我说。

谁？

吉米·吴。在你那里工作的救生员。

哦，亚洲男孩。他说。

对。我喘一口气说。我有一个建议，你们的游泳池应该有一把遮阳伞。

我们有遮阳伞，他说。他的声音有一种微醺的气息。也许此时他正在遮阳伞下休息。客人们有遮阳伞。

我说的是救生员遮阳伞。他们在太阳下工作，他们需要遮阳伞。

救生员为什么需要遮阳伞？马里奥咕咚了一声，好像喝了一口饮料。

因为皮肤会被晒坏。我说。

他们可以涂防晒油。

防晒油不是万能的。我说。防晒油有效时间要看产品的质量而定。

他们可以戴帽子。

帽子可以戴在身上吗？我突然有些气愤。我终于知道吉米为什么也说这样的话。

你需要给孩子们一个遮阳伞。皮肤晒坏了会得皮肤癌。我缓一口气说。我不想得罪他。

你家里有人得皮肤癌吗？

没有。

那他怎么会得皮肤癌。

难道皮肤癌是遗传的吗？即使是遗传，总有第一个得的吧。我说。

那么好吧。我会考虑这件事。他挂了电话。

这什么人呀。简直不可理喻。

不管怎样，他说他会考虑。我把手机递给吉米。我说你就快18岁了，你要学会照顾自己，对不合理的事情，要敢于站起来说不。

但是游泳池还是没有救生员遮阳伞。我给马里奥打电话的第二天算起，一直都没有遮阳伞。我耐着性子，等了一周。到了第二个星期，我到游泳池去找马里奥。那天吉米当班，我站在救生台下仰望他，他坐在上面一动不动，好像一个木偶。天很热，阳光猛烈，我从包里拿出一把伞打开，罩在我头顶。我习惯随身带着伞，雨天挡雨，晴天遮阳。蒙特利尔夏天的阳光猛烈得肆无忌惮，皮肤很容易灼伤。春丽的皮肤就是灼伤后生了癌症，只一小块，花了9000块钱。本来是公费医疗，但要等八个月。春丽说八个月后我可能死了。她去了私人诊所。还好是早期。

我说我找马里奥。一个男人走出来，穿一件黑T恤，上面印着世界末日乐队的人头，与我想象的大不一样，我给他打电话时，脑补他是一个慵懒的大胖子，但眼前的马里奥，身材匀称，五官柔和，甚至有点精致。他有漂亮的皮肤，小麦色，好像刚刚度假归来。他戴一顶救生员帽子，将帽檐放在脑后，看起来像个无檐帽。

你好。他说。我一看就知道是你，吉米的妈妈，我该怎么称呼你？

我叫Vicky（魏奇）。我说。我想跟你说遮阳伞的事。

对，我记得。可是除了你，没有人提这个要求。

但是你们真的需要遮阳伞。

那么吉米被晒坏了吗？

目前没有。我说。这周他只工作两个半天。

你看。他一拍手说。我组里有三个男孩四个女孩，他们都没有提这个要求。

没要求不等于不需要。我说。这是劳动条件应该有的。

也没有人的皮肤被晒破。他说，突然兴高采烈起来。他们好着呢，生龙活虎的年轻人，个个都晒成了夏威夷色。他将大拇指和食指圈起来，做了一个OK的手势。

那么你是不打算装遮阳伞了？我问。

我没这么说。马里奥说。我正在考虑这件事。

他眨眨眼睛。他有一双狡猾的小细眼睛。这倒符合我对他的想象。

我有个问题。他看看我手中的遮阳伞说。

你们亚洲人是不是不喜欢阳光？

阳光是好的，但也会晒晕。我说。

所以你看，没有人不喜欢阳光。马里奥说。蒙特利尔的漫长冬天，全靠这些夏天的阳光和阳光里的回忆，就像樱桃一样闪闪发光。他弯下腰给我行了一个礼。请享受阳光。吴太太。

我被他弄得要晕掉。他真能偷换概念。

我想马里奥大概率不会装遮阳伞。他只是拖延这件事。我能看出来，他是那种蛇一样的人。他光滑，容易溜走，让人抓不住。但我还不能完全这样判断他，有时候他说话好像没有常识，又好像一个浪漫的白痴。

周末的时候，吉米有一个聚会，是救生员小组的派对。吉米出门时很开心。我问他们聚会吃什么。

披萨。他说。他最爱的食物。

少喝可乐。我说。你已经超重了。你不想成为两百斤的胖子吧。

不要歧视胖子。他警告我说。有些人生来是易胖体质，那不是他们自己要的，但也很难改变。

我只好住口。跟孩子说话要特别当心，政治正确很重要。

晚上他回来的时候，已经过了午夜。我给他打了好几个电话，他都没有接。后来我给他发短信，说如果他再不回话，我就报警。他终于回了短信。他说一切都好，玩得很开心，因为人多声音大，没有听到我电话。然后说有人会送他回家。让我先睡，不必担心。

我睡不着，一直等他。刷微信，还读了一篇小说。有关AI入侵地球的，让我毛骨悚然。吉米还没有回来，我就站在窗前望，终于看到空旷的马路上停下一辆车，吉米下了车，司机也下了车，是个女孩儿。他们从车子两边转到车尾，他们站在一起，他们伸出手臂，开始拥抱，他们的脑袋凑到一起，他们开始接吻。

我用手捂住张开的嘴。

听到门锁响的时候，我急忙跑回自己的卧房，关上灯，好像睡着一样。我听到吉米走路的声音，踢踢踏踏的声音，突然转动脚步的轻盈声音，我听到他小声哼唱着什么，突然声音大了起来，然后又回到小声，我的耳朵跟随着他，他这样消磨了一会儿，终于，他房间的门关上了。

我躺在床上，脑子里都是那女孩的模样。我并没有看清她的模样，但看清了她的衣着。她穿着一条牛仔短裤，短到大腿根，两个裤兜比裤角还长。她穿着一件粉红上衣，也是短的，只到腰际，露出一截细腰。与其说是上衣，不如说是胸罩，或者是胸罩式上衣。

这是个好女孩吗？我想。我辗转反侧，几乎一夜未眠。天快亮的时候，朦朦胧胧做了一个梦，梦见我和吉米的爸爸在一起，我穿一件米色衬衫，外套黑毛衣，他穿白衬衫红毛衣，我们正在照结婚照，摄影师让我们将头靠近一些，再靠近一些，我们就笑，然后突然就醒了。醒来我有些惆怅，我很不愿醒来，想跟他再靠近一些，我将脸跟枕头贴得更紧。用力去嗅枕上的味道。我一直没有换枕头。他去世快十年了。

三

我推开门，看见门前有两双鞋，一双是吉米的，一双是小巧的女凉鞋。我放下背包走进屋里。

吉米，我大声喊，走到吉米房门前。

门开了，吉米走出来，带着慌张的表情。他身后的床上坐着一个女孩，就是半夜送他回来的那个。

妈妈。他说，侧着身，这是艾娃。

我含糊地打了招呼，就离开了。那女孩眼睛贼亮。

我说吉米你了解艾娃吗？我看她脸上打了好几个环，眉梢有一个，鼻翼上还有一个。

还有，我加重语气说，她的腰上还有刺青。

那是她自己的身体。吉米说。她喜欢就可以去做。她又不是我的。

她不是你女朋友吗？

不是。我们只是交往。吉米说。

我松了一口气。

你喜欢她吗？

喜欢。吉米看看我说。我明白他为什么看我。他审时度势。

你喜欢她什么？我问。

她很漂亮。

聪明比漂亮重要。我说。

她很聪明。她是4.0的学生。

这让我刮目相看。我没说话。吉米上学期只有3.2。

但是遮阳伞的事情还没有解决。我每次走到那地方，心情就会不好。我又给马里奥打过电话，他说不要担心，天气预报说这一周都是阴天。我说不是阴天的问题。难道天气永远是阴天吗？总会有太阳出来的时候。你如果不解决这个问题，吉米就不干了。

马里奥说这是你的意思，还是吉米的？我说我是他的监护人。马里奥说如果你们决定了，我要再找别的救生员。现在是暑期，我有一叠工作申请。不过我要训练一下。辞职是要提前一周通知的，吉米下周可以不来。

回到家，我对吉米说让他辞工。

为什么？他说。他将眼睛从电脑上抬起来盯着我看。这样的时候不多。这几年，无论我跟他说什么，他都盯着电脑屏幕，心不在焉地哼一声。

因为马里奥不装遮阳伞。我说。

只因为这个？吉米问。

对。没有遮阳伞，很容易得皮肤癌的。

不，我喜欢这份工作。吉米说。我要干下去。

得皮肤癌也要干下去？我问。

没有人得皮肤癌。吉米说。我们组里有八个人，我每周只有两个半天。我还想多干一点，我正在申请干三天。他说完就站起来，拎着电脑，回到他自己的房间。

自从有了艾娃，吉米经常不在家。我虽然有些担心，但我儿子有个女朋友，他们都说是一件好事。春丽说恭喜你啊，你知道吗？在魁北克，如果一个男孩没有女朋友，就是Loser。我想这也说得通，我儿子有魅力。有一天我和玛丽亚聊天，她问我吉米有没有女朋友，我跟她说了这件事，她说祝贺祝贺，我说他还不到18岁，这不是早恋吗？她说早知道爱情是什么，是好事情，看到年轻人相爱我总是很高兴。

玛丽亚的儿子18岁生日时，她送的礼物是一本成人杂志。她很希望儿子给她带回来一个美女。后来她儿子带回来一个清秀的男子。开始玛丽亚有些不能接受，但现在她接受了。

我只当有两个儿子。她说。

但我还是很担心。晚上我鼓足勇气对吉米说，你知道男女之间的关系，有些事情是不能做得太多。

在这一刻，我从未如此希望我是一个父亲。我希望我有一个男人。我希望他爸爸还在人间。这些应该是父亲对儿子说的话，现在由我说出来，我不知道怎么说才好。吉米对我笑一笑，他的笑有些意味深长，我突然有一种奇怪的感觉。

你想对我说性爱吗？他说。你说得太晚了。我们已经学过生理课了。

自从有了艾娃，吉米也不经常在家吃饭。不仅如此，他也不再学中文，弹钢琴，读书，他超出了我的视线。我对他表示过不满，但他说这是暑假，开学后他会好好学习。然后就把自己关在房里，开始打电话。他说话极快，声音时高时低，伴随着开心的笑声。我只能任由他去。

我曾去过艾娃家里。那天我下班早，打电话问吉米要吃什么。吉米说他不在家吃。我说这星期你是第三次不在家吃饭了。吉米说我和艾娃在一起。我说你还没有学中文，练琴，做数学作业。有女朋友也不能影响前途，你还想不想上大学？除了打工，我还给他报了暑期班。他明年就要上预科了，我希望他将来能学医或者做律师。这些都需要好分数。他沉默了片刻。他是个听话的孩子，尤其是他父亲去世之后，这些年我们母子相依为命。他说好吧。我听出他的声音中的勉强。但我不会让步。我说我去接你，给我地址。我听到他在与艾娃说话，艾娃报出了她的地址，在纽曼街那边。如果我不去接他，他真的不容易回来。他要搭巴士--地铁--巴士。

我开了半小时车，到达艾娃家。一个高大的女人开了门。她头发乱蓬蓬，一件宽大的衣衫上，涂了一些绛红色。我想大概是番茄酱。

嗨，我是南希，艾娃的妈妈。她说。你请进。

我想脱鞋子，她阻止了我。她说不用，只管进来，我们从来不脱鞋子。

我进了客厅，看到几个男孩子坐在地毯上在打游戏。南希说其中三个是她儿子，另外的是她儿子的朋友。她说我们家很随意，也很友好，你不必像在你家里那样。我听艾娃说，你非常清洁，到卫生间和厨房都要换另一双鞋。我刚要说话，她就举起一个手指阻止了我。她甚至不让我说话，这让我感到惊讶。她说就在这里吃饭吧，我们吃炸鸡和薯条。我说这些食物让人发胖，我一般不建议吉米吃。南希说你管得太多了。小伙子们要成长，要有力气，要有肌肉，要有食物。我说他们需要的是健康食物。然后我突然住了嘴。因为我看到吉米和艾娃正盯着我看，我的声音不知道什么时候提高了，甚至高过了孩子们打游戏的声音。我缓过神来，对吉米说走吧，我们回家，还有事情要做。吉米不情愿地站起身，眼睛望着我，想继续留下的意思。我没理他。我径直走出了南希的家，他跟了出来。

我说你应该辞退游泳池的工作。吉米说为什么？我说因为那是在浪费时间。想想看，你坐在救生台上，不能看书，不能思考问题，只是傻傻地坐着，每周三天。吉米说这是工作，我说工作是为了赚钱，你赚到钱了吗？吉米说马里奥说给我一小时15块。我说给过吗？他说还没有。我说你已经工作两周了，应该付钱了，可是到现在还没有，他不会给你的。吉米说你怎么知道？我说那就走着看吧。

周末时新冰箱到了。一个工人将冰箱背进来，他刚把冰箱放下，吉米就大叫一声，斯蒂文。我吓了一跳，回头看他们已经拥抱在一起。斯蒂文人高马大，却是一张孩子的脸。吉米给他冰水，两人热烈交谈，时不时打着手势。等他走后，我问吉米，我说你认识他？吉米说他是我小学同学。你不记得他吗？他住38街，我十岁生日派对他来过。我想起来了，那时他还是一个细瘦的少年，说我做的小泥肠好吃，比他妈妈做得好吃。我说他在打暑假工？吉米说他工作了。我说他不上学了？吉米说他不上学了。他独立了。他从父母家搬出来。我说他一个人？吉米说还有芬妮。我问芬妮是谁，吉米说是斯蒂文的女朋友。现在他们有了一个小婴儿。

我越听越混乱，越听越害怕。我说你和艾娃不要有小婴儿。吉米说不会，艾娃还想上大学。我说你不想吗？吉米呆了一会儿，说也想。

我说想上大学就拿出态度，好好复习。吉米说马里奥已经给了他工钱，而且还说会给他加工时，那样他就会赚得更多。他这样说时眼睛不看我，我知道他在想什么，很多年了，他一直耿耿于怀。他相信他能养活自己，以击碎我对他的断言。

什么断言？我说。我早就忘了。

你以前不是说过，我会在马路上饿死吗？

我的确说过。那时吉米七岁，刚来到加拿大，对街上的流浪汉产生了兴趣。我对他说，你如果不好好学习，就会像这些人一样无家可归，最后在马路边上饿死。

我只是说如果，我说，如果你好好学习，当然不会饿死。

<h1 style="text-align:center">四</h1>

既然说服不了吉米退出泳池，也说服不了马里奥安装遮阳伞，我只好自己行事。我决定给他们安装一个遮阳伞。

这件事很简单，我去Costco买了一把遮阳伞，是救生员遮阳伞。这周特价，也要499加元，说实话，我心疼了一下。只是红伞有特价，我也喜欢红伞。我买了伞，运到游泳池，那天吉米值班，他正在救生台上坐着。

嘿，吉米。我叫他。过来帮我。

他没有动，甚至没看我一眼。我想他是没有看见我。

马里奥走过来。

嗨，亚洲妈妈。他叫到。你来游泳吗？

我说不，我来给你们送伞。我捐给你们一把遮阳伞。

真的？他瞪大眼睛说。你买了这个？

我的车停在游泳池边，我指给他们看。

很漂亮。马里奥说。但是我们现在不会装上去，我们需要特殊工人。

不需要特殊工人。我说。这不过是一般性操作。

但是现在我们要工作。他说。我们不能一起做两件事。他眨眨眼睛。蛇一样的细眼睛。反正我做什么他都不会同意。

我仰头望了望救生台，在这么高的地方操作，还是要专业工人。我不敢让马里奥或小救生员们冒险。既然做好事，就干脆做到底。

我给丹尼打电话。他是一个巧手工人。这些年我家里的门窗地板墙壁有问题都找他。疫情前他每小时35块，疫情尚未结束，他已经涨价到55块。虽然叫洋名，丹尼其实是同胞。本来是学物理的，不过他现在什么都会修，会修水管，也有电工证，是个全才。

丹尼操作的时候，小救生员们围着观看，连游泳池里的人也停下来。那天游泳池的人不多，是成人场。我告诉吉米别看热闹，要一直盯着游泳池的人看。因为我看到游泳池边上来了一个坐轮椅的残疾人，我不想在这个时候出什么意外。

那个残疾人几乎没有双腿。他的腿只有平常人的大腿那么长，像两个鼓棒。他也没有双臂，或者说他的双臂也像平常人的上臂那么长，他没有肘关节，在尾部有两个极小的手，或者说是手指。他坐在轮椅上，在游泳池边停留片刻，然后从轮椅上拿出一个塑料袋，取出一对脚蹼，弯下腰给自己装上。我正猜想他如何下到泳池，他已经一翻身从轮椅上滚下去，然后以奇特的快速翻身落入泳池。从我的角度看，他好像坐在水里。然后他开始游泳，他从这一边游到另一边，开始和一个胖女人谈天。

今天天气真好。他说。这么热，又这么干燥。我喜欢这样的天气，完美。

他脸上洋溢着真诚的笑容，眼睛中居然出现了暧昧的表情，他向胖女人眨一眨眼，一只眼睛的飞吻。

我多么喜欢游泳，它让我遇见女士。他好像唱咏叹调一样唱到。

我不禁笑起来。我想起一句话，大部分人在学会游泳之前都不想游泳。好像是《荒原狼》里面的话。我不知道我想不想学游泳。上大学时游泳是必修课，我学会了，但是我并不享受游泳的过程，我畏水。

五

我觉得马里奥和艾娃都在与我抢夺吉米，包括艾娃的母亲，那个人高马大的南希。昨天我给吉米打电话时，吉米正在艾娃家的后院，他们在BBQ。我叫吉米回家，因为我做了包子。

我想吃完饭再走。吉米说。

想想看。我说。你昨天说你想吃包子，我今天就给你做了。我特地做了你喜欢的韭菜馅，你应该尊重我的劳动成果和爱心。

吉米不说话。我几乎可以看到他沮丧的表情。

我去接你。我说。

这时电话的那端响起南希的大嗓门。

我邀请吉米在我家吃饭。她说。

我的晚饭已经准备好了。他已经同意回家了。我寸步不让。

你把吉米管得太严了。她说，他不是你的小猫。

他是我儿子。不是你的。我说。

六

周日我出门去买菜，回家的时候，吉米不在。我到他房里，发现他的电脑也不在。我给他打电话，没有人接。我继续打，一口气打了好几个。第一个电话时我还没有什么感觉，第二个我有些生气。我想他大概在玩游戏。想到他玩游戏，我更生气。开学就要申请大学了。过了几分钟，还是没有回话。我忍不住继续打。我也想过，或者他在打游戏没听见，当然还有另一种可能，他并没有打游戏，而是和艾娃在一起。自从与艾娃在一起，他常不接我电话。其实我也能理解，当两个年轻人在一起的时候，母亲的电话是骚扰性的。这样想时我犹豫了一下。但艾娃鼻子上的小圆钉，胳膊上的刺青出现在我眼前。南希的笑容也浮现出来。南希说你知道吉米为什么喜欢我家，而不喜欢回家？因为我给他自由。我想什么是自由呢？为所欲为吗？这样想着，我又一次拨通了吉米的电话，这次电话响了。

你为什么不接电话？我大声说，好像掩盖内心的恐惧。

刚才没听见。我在工作。吉米说。

今天你不是没有轮班吗？

有些变化，我回去跟你说。

我听见他嘈杂的背景，好像在路上，有喇叭滴滴声。

那好吧。我说。注意安全。

我其实在打最后那次电话之前有些恐惧。我一边生气，一边害怕。我想他不会出意外吧，会不会有车祸。一想到车祸，我就颤抖起来。吉米的父亲就是车祸遇难的。我永远忘不了他看我的最后一眼。

照顾好孩子。他说。血从他眼睛里流出来，涓涓地流出来。

那是吉米八岁的夏天。蝉在窗外的树上叫。当他咽气的时候，一只蝉从树上掉下来，那只北美蝉，在地下17年，来到这世界只有几天的寿命。

我记住了他最后的眼神和最后的话。吉米是我们唯一的儿子，我的一生为他而活。

晚上，吉米对我说他想搬出去住。

为什么？我说。家里这么大，还不够你住？

我马上就18岁了，过了这个暑期。吉米说。加拿大人18岁就应该独立了。

你靠什么独立？你还没有工作。

我有工作。我可以在泳池工作。

那只是暑假工作，而且是夏季。冬季你怎么办？

我可以找另一份工作。

什么工作？

送披萨。我今天已经去试工了。

什么披萨？我有点懵。

是马里奥介绍的，老板是他的朋友。

你不想读大学了？

这并不影响读书。我可以半工半读。

不行。我说。我不想让你打两份工。我还养得起你。

不是这样的，妈妈。吉米说。我长大了。我可以独立生活。你知道，如果在一个猴子部落，我的年龄已经可以做一个酋长了。

他尝试着笑一笑。我没有笑。

你决定了？我的心都垮下来，好像从胸腔里掉出来了一样。

决定了。我们今天去看了房子。

你们？

我和艾娃。

果然不出我所料。这些人合着伙和我抢儿子。

不行。我说。在你没有结婚之前，都要和我在一起。

我的一生，就是从一个女人手里到另一个女人手里？吉米说。

现在难道不是吗？

可我并没有结婚。

同居还不是一样。我不想你做少年爸爸。

不会。我马上就是成年人了。我已经长大了。我每个星期都会回来看你，和你一起吃饭。

我不和他废话。不行。我说。你还小，不能从我身边离开。

你永远不知道我想要什么。吉米说。他又开始咬他的指甲。

我给了你一切，你还说这种话。我开始哭起来，我不知道自己为什么这么不争气。我每次哭，吉米都会紧张，他会两眼发直，攥紧拳头，不说话，等着我平静下来。

但是这次，他只是低着头，摆弄着手指。

我想做我自己。吉米终于说。你知道我为什么喜欢游泳吗？因为我在水里可以什么都不想。不想法语课，不想中文课，不想钢琴课，也不想补课。我不想有这样的压力。

我没有给你压力，我要求你的，是你应该做到的。我来加拿大，不是让你成为外卖工，而是让你成为成功的人。

什么是成功呢？他说，妈妈你不是想我成为一个独立的人吗？一个能自己养活自己的人，就是独立的人。

清晨我醒来，吉米已经走了，他拿走了电脑和牙刷，还有一些衣物，是装在一个旅行箱里拿走的。我不知道他会不会回来。我坐在他的床上哭了一会，我尽了我全部的心，但他一点不懂。我心里很痛，胃好像被一只大手攥得紧紧的，要拧出水来。我突然感到我一点不喜欢生活，就像我不喜欢游泳一样，操心这个，操心那个，其实没有人在意我的付出。我也可以什么都不管，也可以不替吉米·吴操心。说到底，他有他的人生，我有我的。我突然有大彻大悟之感。

我想我应该干点什么。

我叫上丹尼，他正在家里休息。我说给你一个工作，他问什么工作，我说跟上次一样。他笑，说一个工作挣两份钱，我喜欢。我们来到班尼泳池，远远看到马里奥站在台阶上，戴着一顶无沿小帽。我走过去望着他。

听说你给吉米找了一份好工作。我说。

那孩子说他需要钱。马里奥笑笑说。

那是我的事，不是你的。

他18岁了，他需要独立。

那也是我的事。我说。你少管我儿子。

我只是想帮助他。马里奥耸耸肩，一脸无辜。

我的家不需要你操心。我说。

这有什么呢。马里奥挥挥手，大度地说。就像你也帮助过我们。看那把遮阳伞，它解决了大问题，孩子们都喜欢。

马里奥正站在遮阳伞下面。这把伞，我本来是送给我儿子的。我一直认为我就是他的遮阳伞。

阴云密布，雨突然下起来，豆粒大的雨砸在游泳池中，溅起一片水雾。

我对丹尼说就是这个遮阳伞，我要把它拆下来。

哦，天哪，你在干什么。马里奥说。

这是我的，我要把它拆了。我重复说。

你以为我稀罕你的遮阳伞？马里奥突然叫起来。你不明白，这个遮阳伞，它挡住了风雨，也挡住了阳光。夏天是多么短暂，又是多么热烈，很多人都想晒更多的太阳，得到更多的阳光，人们恨不能每天都能日光浴，把自己晒成青铜颜色，而你却要把阳光遮住，你真是一个奇怪的女人。你为什么喜欢遮阳伞呢？我真不明白。

这不关你的事。我说。我爬上了救生台。

发表于《香港文学》2024年7月号

天边的姥姥云

竹心

一

她最早的记忆是从五岁开始的。

那年冬天，一个寒风刺骨的清晨，天光微亮，她赖在热乎乎的被窝里。姥姥坐在灶前地上的草垫子上拉着风箱，锅里熬着小米稀饭，走风漏气的锅盖边沿冒出热腾腾的蒸汽。她知道笼屉里一定有一碗蒸蛋羹，嫩嫩的，是她最喜欢的早饭。突然屋门被打开，在镇上做治保主任的舅舅走进来，劈头就说：我姨家的二广子今早儿打电话，说我姨昨晚走了。

她从被窝里爬起来，刚想问走去了哪里，就看见姥姥哭了，一边流眼泪，一边拉着风箱，又一边嘴里碎碎地念叨着：我那苦命的姐姐呀！好日子才刚刚开始呀！你怎么就走了呢？她问舅舅姨姥姥走到了哪里，姥姥为什么哭呀？姨姥姥就是姥姥的姐姐。

傻孩子啊，还能走到哪里呀？就是回了老家了呀！姨姥姥的老家是哪里呀？就是那边的那个世界呀！那边的那个世界又在哪里呀？就是死人的世界呀！姨姥姥为什么要到死人的世界呢？

那天清晨，她和姥姥一个缩在炕上的被窝，一个坐在地下的草垫子上，一问一答。她问了一个又一个的问题，姥姥一边哭着，一边拉着风箱，一边念念叨叨。那天，她第一次知道"走了"，就是死了。姨姥姥在那个冬天的清晨死了。

再然后她记得跟着姥姥去了姨姥姥家。在场所有的人都在哭，姥姥、舅舅、大姨、二姨、小姨、二广子舅舅，人群中她也看见了爸爸、妈妈，正在和姥姥说话。妈妈抱着弟弟，爸爸过来试图抱她，她身子一缩，躲开了。只是怯怯地喊了声"爸爸、妈妈"，就扯着姥姥的棉袄后襟，躲在姥姥的屁股后面，偷偷地看着他们。她听见妈妈对姥姥说，准备把她接回城里上学。

不，我就在姥姥家。她立刻大声反驳。那天，她一直拽着姥姥的衣襟，寸步不离。生怕一不留神就被妈妈带回家去。

不知道最后姥姥是怎么和妈妈谈妥的，反正她没有被接回城里上学，而是一直住在姥姥家。惊蛰了，蚂蚱叫了，春天就到了。姥姥说。一日，她不小心踩死一只蚂蚱，很伤心。突然就想起了姨姥姥，便问姥姥，姨姥姥是不是也是被人不小心踩死的呢？

傻丫头，人怎么能踩死人！你姨姥姥是自己死的。人老了，就生了病，生了病，治不好，就死了。姥姥说着说着眼圈又红了。

姨姥姥死了后，就住到了地下，黑糊糊的，没有灯，会不会害怕呀？那么多的土压在她身上，会不会把姨姥姥压死啊？她会不会疼呀？她突然担心起来，记得当初在上面填了好多好多的土，堆成了一座小山。

死了，就不怕疼了。妞妞啊！人死了之后呢，身体被埋进地下的土里。人死如灯灭，最终都要变成泥土的。人是有灵魂的，灵魂会飘呀，飘呀，最后飘到天上，变成一片云。你看！天上有数不清的云，那就是一个又一个的灵魂。他们飘啊，飘啊，就那么一直飘着，为的是让地下的亲人们看见。

姥姥说这话时，她和姥姥正坐在院子里的石桌边，剥花生。那时天气已经暖和起来，只是风比较大，呼呼地吹，把她们剥下来丢在地上的花生皮，吹得满院子乱纷纷。姥姥让她拿一只旧木桶来，把花生皮放进桶里，说这样花生皮就不会吹得到处都是。

她站起来走到院墙根儿拿木桶时，顺便抬起头看了看天空，可是并没有看见一朵一朵的云，满天灰蒙蒙、暗沉沉的。姥姥，没有一朵一朵的云啊！她问。不是没有云，是云太多了，都聚到了一起。这是要下雨了。姥姥也抬起头看了一眼天。

她把旧木桶放在地上，抬起头一直盯着天空看。这么多云呀！这么多的灵魂呀！密密地挤在一起，会不会很难受？而且这么多的云，怎么知道哪个才是姨姥姥呀？

姨姥姥可以看见我们，我们却不知道哪片云是姨姥姥。天上的人可以看见地上的人，地上的人却看不见天上的人。姥姥双手不停歇地继续剥花生。

那还是天上比地下好呀，可是姨姥姥去了天上，姥姥为什么要哭呢？她记得当初姥姥可是哭的稀里哗啦。

呸呸呸，乌鸦嘴，赶紧说三遍。姥姥用力打了她一下。

她便照着姥姥的教训说了三遍"乌鸦嘴"，一头雾水般地看着姥姥，等待姥姥的回答。

你这孩子，怎么那么多问题？姥姥跟你说，哭并不是因为天上不好，而是因为阴阳两隔，再也见不到的缘故。姥姥叹了一口气。

可是等姥姥老了，死了，也到了天上，不是就可以看见姨姥姥了吗？她反问。

姥姥停顿了一会儿，摸了摸她的头，你这个小脑袋里，整天都想些什么呢？说的还真在理，也是个念想。到了天上，就能看见姨姥姥了。

她一边剥花生，一边翻来覆去想着刚才的问题。姨姥姥死了，到了天上，姥姥见不到姨姥姥，每天都伤心地哭。有一天等到姥姥见到姨姥姥了，不哭了，可是那时候姥姥也死了，也变成了天上的云，自己就看不见姥姥了。

一系列的问题绕来绕去，缠成一团乱麻，她的心里突然变得很沉重，悲伤极了，便低下头，开始哭起来，一边哭，一边说：我不要姥姥变成云，不要看不见姥姥。

姥姥放下手里的花生，把她搂过来抱着，为她擦干眼泪。傻孩子，不哭，不哭，姥姥不死。你看，天上的云越聚越多时，就会下雨。最先落在你身上的雨就是你想要见的那个人。姥姥用手指着天上厚厚的云哄她。

姥姥的话音刚落，雨就落下来了。她感觉到有一颗很大的雨珠落在头顶，突然就开心了，姥姥，我知道哪片云是姨姥姥了。刚才有一颗雨珠打到了我的头顶，那一定就是姨姥姥了。

是啊，姥姥也知道了，也落到我头上了。赶紧帮姥姥把花生搬回屋里。她和姥姥合力把一筐花生抬进屋里。

那场雨是那年春天的第一场雨。

二

过了一年多，七岁那年的初秋时节，她终于还是被妈妈接回城里上了小学。一进入腊月，她就开始掰着手指头，盼着放假回姥姥家过年。

一个周六，天寒地冻，清晨她还在睡梦中，听见妈妈接了个电话。一开始压着嗓子说话，后来声音越来越大，最后一句话几乎是喊出来的：什么？妈妈走了？她知道妈妈说的是姥姥走了。

五岁那年冬天，她记得姥姥说过"走了"就是死了，便一个激灵从被窝里跳起来。

她看见妈妈在哭，绕着地面转圈，爸爸在一旁拍着妈妈的肩膀，轻声说着什么。姥姥走了，死了，变成了天上的云，就像姨姥姥一样，再也看不见了。一想，她也放声大哭起来。

随后，她懵懵懂懂地随着爸爸妈妈，搭乘公共汽车回到乡下姥姥家。那天大雪飘飘。走进巷口，一眼就看见姥姥家大门上披挂着白色的碎纸条，当地人称之为"碎头纸"，在寒风和大雪里胡乱地飞扬，发出凄厉的呼叫。

她依旧记得五岁那年冬天，姨姥姥死的时候，姥姥带着她去姨姥姥家，大门上飘挂着的碎头纸一如今日。那时姥姥告诉她，谁家的大门上挂上碎头纸，就表明那家有人死了。走过不算长的小巷，未进大门，便听到里面哭声一片。她一个激灵，小跑着冲进平日姥姥住的正屋。只见大姨、二姨、小姨、舅舅、表姐、表哥们，全身白花花地站了一地。她一个劲地问：姥姥呢？姥姥哪里去了？小姨为她穿了一件白衣，说姥姥在亭子间，过来看看姥姥吧。

她木然地随着小姨，来到西边的亭子间。平日里是姥姥储藏粮食杂物的地方，也是她和姥姥玩捉迷藏的地方。如今只见姥姥赫然躺在一张硬木板上。她疯了般地冲向姥姥，嚎啕大哭起来。

不记得哭了多久。一开始还有人劝，但她全然不顾，只管发泄着悲痛的情绪。在声嘶力竭的痛哭声中，雪更大，天更冷，直到夜幕四合，华灯初上。最后她的嗓子哭哑了，人呆了，愣愣地坐在姥姥身边，一动不动地傻坐着，别人拉都拉不走。

姥姥死后整整一个星期，大雪一直未停。云层密密堆积在一起，灰蒙蒙地不见一丝光亮。她经常冒雪出去盯着天上的云看。姥姥说过，云上的人可以看见地上的人，她相信姥姥一定藏在厚厚的云层深处，悄悄注视着她。

盯着，看着，她觉得其中的一团云层慢慢变成姥姥的轮廓、脸盘、眼睛和笑容，便情不自禁地大声喊：我看到姥姥了，她对着我笑呢！母亲训斥她傻了，大姨和二姨私下嘀咕：这孩子不会有什么问题吧？她却坚定不移地相信姥姥就藏在云里，总有一天，云会变成雨落在她身上。她就可以看见姥姥。

一个星期后，姥姥被葬在村后的山坡上，姥爷的墓旁。姥姥的墓地从外观看只是一个土堆，黄褐色湿润的新土在一片白茫茫的雪原上，格外醒目。一枝绿色的柏树枝，插在姥姥的坟头，孤独地在寒风中摇摆。

那天，风大，雪终于停了，阴霾了一周的天空终于开了一条缝。她站在坟头，仰脸盯着天上的风流云散。小姨问她看什么呢，她回答看姥姥。妈妈脸色一沉，生气地在她肩头打了一下，口齿不清地骂了一句，然后抱着弟弟离开。

小姨过来推了她一下说：走了，也抱着刚满两岁的小表妹往回走。

她站着不动，看一眼坟头的黄土、柏树枝，再看一眼天上的薄云。直至人都走了，才一步一回头，依依不舍地离开姥姥的墓地。

她瘦小的身影，在雪地上画出一桢单调模煳的影子。犹如她的童年，封闭而寂寞。

她出生不久，就被在城里打工的父母送到乡下姥姥家，直至半年前才不情不愿地回到父母身边。那时弟弟已经四岁了，小霸王一个，常常欺负她这个刚进家门的小姐姐。而妈妈则不问青红皂白，总是呵斥她要让着弟弟。她与妈妈本就感情疏远，鲜有交流。被训斥后，更是把自己严严实实地用一层厚厚的盔甲包裹起来，小心翼翼地生活在一个人的世界里。

在城里读书的半年时间里，她一直盼着，期待着寒假来临，就可以回到姥姥家。她想念与姥姥一起度过的点点滴滴，曾经有过的快乐时光。在姥姥家肆无忌惮地放声大笑，由着性子与姥姥逗嘴。夏日夜晚，姥姥家的院子里，青石板的饭桌前，姥姥用大碗喝着水。她坐在小板凳上，在月光下听姥姥讲故事。秋日午后，坐在姥姥家的土炕上，磕着姥姥刚刚炒熟的葵花籽，咂吧着嘴说真香。寒冷的冬夜，与姥姥挤在一床被窝里取暖，姥姥用粗糙的手掌为她挠痒痒。

可是，没有等到寒假，姥姥却走了，变成了云，飘在天空。

姥姥过世后，她更加沉默，仿佛一夜间就长大了，她的童年结束了。

如果说别人的童年像一只彩色的蝴蝶，美丽轻盈。那么她的童年却如一只空空荡荡的铅笔盒，苍白寂寞，盒子里面只有姥姥和她。如今姥姥走了，盒子里就只留下了她一个人。

她是孤单的。

那年寒假几乎天天都是阴云密布，漫天风雪。她照例每天都要出去看灰暗的天空，还有布满天空的黑云。她祈祷满天连成一体的黑色云团变成一朵朵轻薄的淡云，这样她就可以分清哪一片云是姥姥。

有一天，太阳出来了，云开雾散，蓝得透明，如绸缎般的天空上却竟然没有一丝云，她的心里又非常悲伤，不知道藏着姥姥的那片云飘去了哪里？

开学前一天，终于出现了她最渴望的天空，碧蓝清澈，飘着一片一片的云朵，闲散而随性。她找啊，找啊，定睛在一片又一片的云上，仔细端详了很久，很久。然后认定其中的一片云就是姥姥。她一直追逐着那片云，渴望它化成雨，落在自己身上。但那时依旧是冬天，有雪不下雨的季节。

从那天起，她一直等待雨季的到来。

三

蚂蚱叫了，春天如约而来。

她记得姨姥姥过世后的那年，她踩死了一只蚂蚱。那天风很大，她和姥姥在院子里剥花生，姥姥说的每一句话她都记得。那天，下了春天里的第一场雨。今年蚂蚱叫了有一段日子了，可是一直没有下雨。她急切地期待着下雨，期待着与化云成雨的姥姥相见。她要告诉姥姥自己非常小心翼翼地走路，没有踩死一只蚂蚱。

每天课间休息时间，她都出去看天空，追逐着天空之上的云朵，端详着它们漂浮、舒展、变换、聚集、分离、再聚合。柳树开始发芽、吐绿，最后光秃秃的枝条全身染上鲜嫩的绿，被春风温柔地吹拂。每个周末的午后，她雷打不动地站在同一棵柳树下，盯着柳树之上的同一片天空，等待着云片飘过。然后锁定一片云，追踪着它，幻想着那片云就是姥姥。她相信姥姥一定在天上看着她。但是她并不仅仅满足于此，因为她也想看见姥姥，更何况她有一肚子的话憋在心里，她想告诉姥姥，期末考试她得了全班第一名。

她一直在等待下雨，等待看见姥姥。从四月到五月，再从五月到六月，直至七月，放了暑假，也始终没有等来那年的第一场雨。后来听人说，那年遭遇百年旱灾。

她伤心极了，猜想姥姥一定是不愿意让自己看见她，故意躲起来了。她把姥姥云的故事讲给同学们听，她们都笑她，甚至有人揶揄地说她痴，竟然相信这些迷信。于是，她越发伤心，从此不再对任何人讲关于云和姥姥的故事，只是依旧日日出去，望天、追云、等雨、想姥姥。

等啊，盼啊，雨却始终未来。

一天晚上，她梦见了姥姥，姥姥一如从前地把她搂在怀里。自从去年初秋回城读书后，再没有人搂抱过自己。妈妈整天搂着弟弟，爸爸也是一有时间就把弟弟扛在肩上。姥姥的怀抱真舒服、真暖和。她偎在姥姥怀里，埋怨姥姥怎么才来看她，她急着想告诉姥姥她得了第一名。姥姥笑呵呵地看着她，眼神慈爱，摸摸她的头，不说话，似乎早已知道，胸有成竹的表情。

奇妙的是，她竟然知道自己是在做梦，而且非常清楚要做自己想要做的梦。她问姥姥：你说你会变成一片云，在天上看着我。如果我想看见你，你一定要变成雨落在我身上，可是你什么时候变成雨呢？姥姥未发一语，含笑而去。她大叫一声"姥姥"，梦醒了。

第二天是个周末，风和日丽，不会下雨的天气。但她还是照旧出门，过了一条斜着的小巷，穿过学校大操场，在那棵她认定可以看见姥姥的柳树下躺下来，盯着柳树之上的那片天空。阳光从柳叶缝隙间洒下来，晃了她的眼。她把眼睛移到柳树前方。那里的天空很大，无边无际。她睁大眼睛，天空是圆方形的。她眯缝起眼睛，眼睛一点一点地缩小，天空也一分一分地变化，不是越来越小，而是越来越遥远。她把眼睛眯成了一条缝，天空便变成了远方一条蓝色的线。最后她闭上眼睛，天空即刻一团漆黑。

一直以为天空既辽阔又神秘，现在想来，天空再辽阔，再神秘，也走不出她的眼睛。原来自己的眼睛才是最神奇的呀！如此一想，她便开心起来。但转念又一想，还是看不见姥姥呀，便又沮丧了。

就这样，忽而开心，忽而沮丧。白云在天上飘，夏季的风儿吹过。

她静静地躺着，静静地寻找着，想从中找出一片最温柔、最慈祥、最和善、最好看的云，那一定就是姥姥了。可是那天很奇怪，她发现云的形状既奇形怪状，又变化多端，甚至有些看起来狰狞可怖。没有一片云象姥姥。

于是她闭上眼睛，任凭思绪飞扬。思绪飘啊飘，犹如天空中飘着的云。然后她觉得自己也飞上了天，变成了一片云，与其它云亲密无间挤靠在一起。离她最近的那片云就是姥姥，她甚至感觉到了姥姥呼出的热气，还有姥姥粗糙的手掌心的温度。

当她睁开眼睛时，梦幻消失了。天上依旧是一朵一朵的白云，在飘。

从此往后，她不再在天上寻找，等待姥姥云了。

每逢想姥姥了，她便来到这棵柳树下，躺平，闭上眼睛。姥姥便会化作云朵，来到她的心里……

发表于《世界日报·小说世界》

2024年4月20日至22日

保姆南希

水 影

一

南希来我家面试的时候，在一个春天的周末。门前的梨树正开着白色的锦簇花团。

南希六十左右的年纪，中等身材，微胖，高颧骨，双下巴，圆脸阔嘴，浓眉大眼。一头乌黑油亮的短发，发根有隐约灰色。一口敞亮的京片子，清脆悦耳。

我抱着八个月的小宝，在早餐桌前坐下，她坐在我的对面。黄色的长方形枫木桌，在厨房和起居室之间。一侧是通向后院的双扇玻璃门，窗外树木青郁。

"张阿姨……"我开口道。

"叫我南希。在美国人家里他们都这么叫我。"她清亮的京片子打断了我略带沙哑的南方普通话。

"哦，南希。"我应道，立即意识到这是一个不同寻常的保姆。

"你有多少照顾 baby 的经验？"我开始面试环节。

"我……"她昂起下巴略带倨傲地笑了笑："我是专业的 babysitter，有培训证书的，不是那种国内来探亲顺便出来带小孩的。我在美国做 babysitter 很多年了，以前都只在美国人家里做。你们这儿……"她环视了一下四周说道："环境还可以。"

虽然面试是双向选择，像她这般貌似纡尊降贵的被面试者我还是第一次遇见。

许明慢悠悠地走了过来，在我边上坐下来。小宝看见爸爸，在我身上扭动了几下。我摸了摸小宝的头，继续说道："工作主要是照顾小宝，另外做一顿晚饭和清理厨房。每星期在我家住五天，周末回家。"

她问："晚上不用管小孩？"

"对。"

"住在哪里？"

"我们楼上四个卧室，你有一个独立卧室。"

她略显满意地点了点头，说道："工作没问题，管小孩做饭都不在话下。就是我有一个要求，我先生并不赞成我出来做babysitter，我也不想麻烦他，所以我需要你们接送。"

"你家住哪？"许明问道。

"德国镇。"

"那好远啊，来回要两个小时。"许明蹙眉说道。

"是的，今天来的时候我看了下时间，差不多一个小时。"南希也是实话实说。

我和许明对视了一眼，眼神有些犹疑。南希看出了我们的踌躇，她的眼光看向小宝说道："孩子真可爱，长得跟年画上的孩子似的。"

小宝是我的心肝宝贝，一听见夸儿子的话我就心花怒放，比喝了糖水还要甜。

南希从口袋里拿出一个小拨浪鼓，手里轻晃着对小宝说："我抱抱，好不好？"

小宝不认生，一见拨浪鼓就被迷住了，两只小手臂伸了出去。她果然是会哄孩子的，小宝在她的怀里妥帖又快乐。

儿子的快乐于我是最重要的。我接着跟南希聊了起来："你在国内做什么工作？"

"我在社科院工作。我是北大毕业的。"

北大毕业！我惊了一下。当时90年代末，那么她差不多是50年代末的北大学生，该是非常优秀。

"那你到美国多久了？"我又问。

"将近二十年了。"

"哦，我们到美国不到十年。"

"看得出来，家底薄。"她说话真是一点不客气。

北大毕业，到美国二十年，怎么还在做保姆？我心中疑虑，却没好意思问出来。她仿佛看出了我的疑问，说道："我在国内学的是俄语，到美国已经四十多岁了，英语不行，文科专业也不好找工作。我老公非常优秀，有很好的工作。我就是不想只靠他。女人不能只靠男人，所以我要出来工作。我是专业的 babysitter，不是保姆。"

"哦，是这样。"

我从南希手里接过了小宝。南希显然是个合格的 babysitter，而且远超合格线。虽然对于她接送的要求有些犹豫，但我们急需保姆，南希说她周一就可以开始工作。

我和许明商量了下，决定雇她。

我有点名校情结。在单位里我是技术组长，招人先看毕业院校。若是名校出身，即便面试表现不尽人意，也会优先考虑。名校出来的学习能力和逻辑思维能力普遍强于他人，即使开始技术略有欠缺，很快就会迎头赶上。相反，有次招了一个面试问题回答完美的人，社区学校毕业，进来后发现完全不会触类旁通，遇到一点不同的情况，就得给他详细指令，令人头痛。

我的闺蜜杨丽君笑我说："你单位招人有名校情结也就算了，你招保姆要什么名校情结？"

我开玩笑说："我要让儿子赢在起跑线上。"

"你儿子一岁都不到，找一个幼师毕业的还好说，找那么高学历的就是高射炮打蚊子。哈哈。"

其实我也不是有意找学历那么高的保姆，就是恰好就碰上了。我们的第一任保姆朱阿姨是国内的小儿科医生，说话柔声细气，春雨润物的性格，安安静静做了五个月就回国了。第二任保姆老刘是个大教授，还是一男的。老刘来面试的时候拿来一叠红红绿绿的证书，是曾经有过的各种学术头衔，诸如职称评委会主任、专家委员会主任等等。其实我也不知道他为什么要给我看这些证书，对于babysitter来说，这些证书毫无用处，还不如一张babysitter培训证书。

老刘本来在美国做访问学者，太太陪读出来，就去做住家保姆。老刘访问学者期满后，夫妻俩都滞留美国。两个人都做上了住家保姆，吃住在别人家，连周末也是。他们在美国就没有家，也不需要任何开支，挣来的钱全都存了起来。老刘说是要给两个儿子攒学费来美国留学。

老刘管小孩马马虎虎还过得去，做饭也不错。当初介绍的人说两个儿子都是他带大，家务育儿都是好手。但是男人做清洁就很差强人意了，一块抹布擦完炉灶又去擦桌子，油得发腻也不会清洗。杨丽君难得来一次就看不下去，让我把他辞了。我念在他待我儿子不错，不忍去辞退他。不料他来跟我辞职。

他在一家工厂找到一份工作。说起来是计算机公司，其实是一家计算机组装工厂，工人每天要干活十几个小时，他后来也是叫苦不迭。可是在计算机公司工作，说起来比做保姆要体面许多。我以为他出来做保姆已经完全放下，但显然他心里还是有计较。

老刘匆匆离去，南希因此走马上任。

二

南希第一天在我家里上班，又让我惊了一下。

她穿了一件白大褂，戴了一双橡胶手套，像是化学实验室出来的科学家。看见我眼里的惊讶，她稍微解释了一下："这是我的工作服。我在美国人家里都是这样的。"

"哦。"我应了一声，也没说什么。

我上班之前一遍遍叮嘱她，何时喝奶，何时喂米糊，何时喂 Baby 罐头等等。南希自信满满地说："我知道，我有数，你放心去上班吧。"

傍晚我下班回家，发觉厨房已经清扫过，物件还被重新摆放了。电饭煲和高压锅换了个位置，微波炉本来靠墙而放，变作斜角放置。三罐吃得干干净净的Baby食物空瓶子，整整齐齐地码在厨房桌面上。

虽然不喜欢她擅作主张摆放东西，不过看见厨房洁净的样子，也就由她去了。我看了一眼三罐空瓶子。

"这是专门给你看的，你可以放心，都喂进去了。"南希解释道。

"哦。"

"美国人家里要求这样。"她又补充说。

这个晚上，我们第一次尝到了南希的厨艺。她做了一个西兰花炒虾，一个红烧鸡块，一个炒青菜。我们说味道还不错。她说："其实我面食做得多，这种南方小菜不太做，不过我学学很快。"

北大毕业的，学习能力不容置疑。

过了几天，她给我们做了一次面食，香气四溢的油煎肉馅饼，黄澄澄的小米粥，再加几个小菜，炝拌萝卜丝，小拌圆白菜。她的面食真的让我们惊艳了，许明尤其吃得高兴，声称是到美国后吃得最舒适的一餐。

南希说："我在美国人家里的时候，开始也不太会做西餐，后来越做越好，他们也吃得可高兴了！"

"在美国人家里的时候"，是南希特别喜欢提到的一个话题。美国人家里住的是豪宅，有五卧六卫；美国人家里花园繁花似锦，美不胜收；美国人家里她有自己的卧室、自己的卫生间，自己的自由空间。

"那你为什么离开美国人家里？"我问道。

南希的神色一滞，她简单地回答说："我睡觉睡不好，房子太大，太空旷了。"

我不太明白房子太大和睡觉不好有什么关系，但看见南希不愿多说的样子，也就没有追问。后来许明送她回家的路上，她透露了实情。美国人让她一个人住在地下室。虽然地下室是装修过的，卧室、卫生间、电视间一应俱全，可她晚上一个人睡在地下室很是害怕。"他们楼上明明有空房间，我提出要搬到楼上去住，他们不肯，所以我就辞职了。"

除了"在美国人家里的时候"，南希另外特别喜欢的一个话题是"我在国内的时候"。

"我在国内的时候，常去人民大会堂看戏，有几次是跟周总理一起看戏。"

"我在国内的时候，去看病的医院，都是给中央首长看病的医院。"

从国内的人上人，到美国做保姆，这落差确实太大。其实那个年代到美国来的，几乎都经历过这样的心理落差。比如我们，在国内是大学老师。那个年代戴着白校徽的大学生已被视作天之骄子，戴红校徽的年轻教师更是让人仰视，走在街上收获一路尊敬的目光。我们初到美国也是重新开始，都曾经在中餐馆里端过盘子。

南希在我家的第一个星期，在她对于往事的吹嘘缅怀之中，算是平顺地过去了。孩子安好，家里干净，我们对于她的工作也算满意。

到了周五，她回家的那一天，她又惊到我了。

回家之前，她说要洗个澡。这使我略觉奇怪。更奇怪的是她这个澡居然洗了一个小时。洗完澡后，她又化了半小时妆。当她终于从房间里出来的时候，一股浓烈的香水味扑鼻而来，一张脸画得跟唱戏的一般。她眉毛本来就浓，画得更粗更黑，像是两道黑色欲飞的蝶翅。一张大嘴涂得血红，两颊是两朵大腮红。我真是无法直视。她顶着一张唱大戏的脸像女王一般走过来，递给我一张字条说："这是我需要的东西。"

字条上是一个长长的清单，列了许多烹饪需要的佐料，除此之外，有几样物件很有意思。周末，我和许明讨论南希的清单。

她需要三双防护手套，一双用于清洁厨房，一双用于清洗卫生间，一双用于家里其它地方。许明笑着说："你以前总嫌弃老刘做事粗糙，这下来了个讲究的，还不是一般的讲究。"

"嗯，那还是讲究的好。"我想了想，打了个勾说："她这个要求是合理的。"

她还要求她的房间里要一张桌子、一台电视机。

"要求太多了，不理她。"我说着将这两项划掉了。

我们家是殖民式房子，四卧四卫，装修过的地下室用作书房和健身房。卧室都在楼上，南希的房间有一张床、一个床头柜、一只五斗橱和一张藤椅。其他保姆都很满意，偏偏南希要这要那。

可是南希并不是一个可以被轻易忽略的人。过了周末，南希回来了。她昂着头，问我们要桌子。

"你要桌子干什么？我们卧室也没有桌子。"我说。

"我要写字。"南希理直气壮地说。

"你可以在餐厅里写。"

餐厅里一张樱桃木长桌子，外加八张靠椅。平时吃饭我们用早餐桌，餐厅闲置着，无人使用。

"我需要私人空间。"南希毫不让步。

许明过来打圆场："地下室有张旧桌子，你看看是否可以？"

地下室的桌子，白桌面，黑色金属桌角，上面放了打印机。许明把打印机移到纸箱子上。南希看了看说可以。

我们去看桌子的时候，南希指着地下室的旧彩电说："这个也抬上去吧。"

许明吭哧吭哧地搬了桌子，又搬了电视机。

从此南希躲进卧室成一统。每天晚上，她在自己的房间里，一步不出。外面就是天翻地覆，她也房门紧闭。有一个夜晚小宝发高烧，我们心急火燎，一阵兵荒马乱，她没有丝毫表示。

三

夏天的时候，发生了一件事。

许明的科研小组完成了一个重点项目，是一个里程碑式的成功。许明的老板理查德在家开派对庆祝，时间是周五晚上7点。许明是组里骨干，勤勤勉勉做了两年，颇有成就感。这一个星期里，许明絮絮叨叨说这件事，一再跟南希提及，这个周五四点半就要送她回家。南希听了，轻轻一笑，未置可否。

周五的下午，我和许明四点不到都相继回家了。许明一回家就对南希说："你快去准备一下，我现在就送你回家。"

南希上楼而去。当我听见浴室里的流水声时，心里有一种不好的预感。过了15分钟，依旧是"哗哗"的水声，许明着急地说："你去跟她说一声，让她快一点。"我在卫生间外面喊了一声："南希，你今天快一些吧，我们待会有事。"

没有回应。

水声终于在一个小时后停止了。又过了半个小时，南希带着刺鼻的香水味，顶着红红黑黑唱大戏的脸，施施然下楼，照例递给我一张清单。

此时已经五点半，她显然对我们的话置若罔闻，许明气得火冒三丈。

"你为什么要拖这么久？都专门跟你说过今晚我们有事！"他气愤地问道。

"我一定要把打工的味道洗干净才回家，否则老公要嫌弃的。"南希振振有词地说道。

待到许明送完南希，已经七点半了。我们匆匆赶到理查德的家里，已是八点。理查德家是一个老式平房，屋内新近装修过，宽敞大气。夫妻俩喜欢旅游，家里到处是世界各地淘来的纪念品，正厅前方一个印第安人的牛头装饰别有风味。

厨房的中心岛上放了一些食物。主人准备了一大盘肉丸意大利面，另外有土豆泥、小三明治和沙拉，客人们每家也都带了食物。好在我准备的是水果盘，可作饭后甜品，迟到了关系不大。食物已经吃的七零八落，热菜也已经凉了。

许明满脸歉意地对理查德解释："对不起，来迟了。家里的babysitter有事耽搁了。"

理查看了一眼我怀中的小宝说道："理解，理解，baby还这么小，情况比较多。就是你错过了我们的庆祝环节，那应该是你的高光时刻。哈哈。"

许明对于错过庆祝仪式也深以为憾，心中越发不满南希。

周六我将此事告诉杨丽君，杨丽君说："这样的保姆，自我、自私、自以为是，早该辞了！"

南希这次的行为确实过分，超过了我们的忍耐限度。我说："我们也起了辞退南希的心，就是一时不知哪里去找保姆。"

"正好，我家妞妞已经上幼儿园了，我把我们家的罗婆婆让给你吧，她特别好。"

我在杨丽君家见过罗婆婆，一个瘦小的上海老太太，和气勤快。杨丽君是个雷厉风行，说干就干的性子，当即就开始张罗此事。周日罗婆婆和儿子一起来到我们家，大家相谈甚欢，彼此满意，说好了罗婆婆周一就来上工。

我们委婉地告诉南希，我们有亲戚来帮我们带孩子，她就不用来了。南希是个聪明人，周五见到气得冒烟的许明，周日就被告知不用做了，她心知肚明是怎么回事。

罗婆婆就像和熙春风，瞬间温暖了我们被南希折腾得疲累的身心。她让我们见识了什么是好保姆。

罗婆婆待小宝宛如亲孙。她给小宝做色香味全的菜饭，小宝从此拒绝罐装Baby食物；她也不会总是把小宝放进婴儿围栏，而是陪着小宝在地上爬来爬去钻帐篷、玩火车；小宝有个小被被，刚出生的时候就给他用，后来他不管去哪儿都得带着，每天都抱着睡觉。小被被有点破了，罗婆婆当即就补好了。

每天早晨罗婆婆给我们准备好早餐，白粥、包子、酱菜，让人想起儿时的味道。罗婆婆是上海人，跟我们口味一致，做得一手好江浙菜，还会做生煎包子，每天的晚餐丰富诱人，是我们到美国后最有口福的日子。她住得不远，周末自有儿子接送，许明卸去接送苦差使，神清气爽。

我对杨丽君说："你太幸福了，过了三年这么幸福的日子。"

杨丽君笑着打趣道："我本来还想让她继续待在我们家的，为了你忍痛割让，你要记住我的恩情。"

我们跟罗婆婆幸福和谐地过了一年半，一个意外来临了。

那年冬天下了一场冰雨，地上湿湿的只是下雨的痕迹，踩上去才知是冰。那天正好是周末，罗婆婆在家去拿垃圾桶，不小心就滑了一跤，手骨折了。

罗婆婆打电话来时，声音充满了歉意。我们安慰她好好养伤，小宝我们自会安排。小宝此时两岁半，我们开始考虑送他进幼儿园。许明单位有个很好的幼儿园，但只收三岁的孩子。我们想还是再找个保姆过渡一下。

找谁呢？我们又想到了南希。

时间消弭了当初的愤懑和不满。虽然南希这个人不好相处，但工作还是不错。

我电话打过去时，南希非常爽快地答应了。

南希又来到我们家。依旧是独特的白大褂工作服，每周长清单各种要求，回家前一个半小时的香浴和大浓妆，每周四小时的接送，熟悉的配方再次上演。

如果说罗婆婆是家人般的温暖，南希就好像是一台机器，虽然可以精准工作，但是冷冰冰的，没有温度。

这次她比以前要安静一些，"我以前在国内的时候"和"我在美国人家里"这两个话题也说得不多。

三个月后，一个周五，又到了她回家的日子。

她还是一小时沐浴，半小时化妆，然后顶着一张描得红红黑黑的脸走下楼来。奇怪的是，这次她没有再给我一张清单。

她平静地对我们说："今天是我在你们这里的最后一天，以后我不来了。"

"为什么？"我们有点懵了。这一切毫无征兆，我们完全不知究竟。

她涂得艳红的大嘴抿了一下，嘴角露出一丝胜利者的笑意说道："我这辈子从来没有被人辞退过。上次你们辞退我，我一直耿耿于怀。我这次回来就是为了辞退你们！"

发表于《香港文学》2024年7月号

丽人行

常湘云

> 走着，走着，
>
> 就走丢了。
>
> ——题记

柳青青第一次跟尚妙筠提出来要在妙筠家过一夜时，妙筠略微迟疑了一下，但是立刻就点了头："欢迎呀。"青青没有忽略妙筠一眨眼的迟疑，笑了笑："会不会太麻烦？"妙筠半皱了眉笑："怎么会？"青青咧开嘴笑了："那就打扰你了。"妙筠没有吱声。

其实，青青也不一定非去妙筠家不可，蒋荔那里又不是去不得，倒反而更便利——蒋荔是在市区租的房子，妙筠家却住得有些远，在四环边上。但是，也说不上什么原因，青青总是愿意跟妙筠多往来些。果然妙筠是个有才的，还是妙筠身上那一股子似有若无的疏离感让青青有一点想要探究神秘感的好奇，青青也说不出来，只是觉得妙筠很吸引她。当初在妙筠来到栏目组之前，栏目组里还没有哪一个编导写的解说词会真正入了青青的眼睛。虽说每次审稿时青青都会微笑着点头，好像很赞赏似的，到底暗地里会皱了眉。学文科的人，即便不是个个都能够写一手锦绣文章，到底解说词总不是作文，况且还有原稿作底子，怎么一个个写得就那么差？有两个简直就是辞不达意，让作为责任编辑的她想替他们改一下都不好改，还不如完全由她替他们写了。增加了工作量不说，还惹得同事们心里也并非多感激她，倒反觉得她是越俎代庖，虽然嘴巴上说着"谢谢"，到底脸上有些不悦之色。青青也实在有些看不上那些表面上光鲜靓丽的同事们。

妙筠不同。

妙筠并不是青青招进来栏目组的。青青第一次听见"尚妙筠"的名字是在她的顶头上司，制作部汤总监的嘴巴里说出来的。汤总监一脸得意地看着青青："小柳，这一次我可是给你找了一个才女来。"青青忙道了谢，又有些疑惑："汤博士，你怎么知道是一个才女？"汤总监自己告诉栏目组的同事自己是博士，但是背地里同事们对他的博士学位当作笑话调笑个不住，表面上却都一个个很认真地唤了他"汤博士"。汤总监油光闪闪的饱满的红苹果似的圆脸上露出来一个夸张神秘的表情："我面试她时感觉出来的。"青青的疑惑变了好奇："哦？"汤总监笑了一下，往青青跟前略凑了凑，青青微微往后躲躲，皱了一下眉。这个汤总监总有些色迷迷的，虽说她自己没有看见过，但是听其他同事讲，中午休息时他总是把自己关在办公室里偷偷浏览色情网站。汤总监"嘿嘿"笑了两声，让青青益发皱了眉，可是汤总监却仿佛没有看出来青青的不快，张开口说："等你见到她就知道我没有骗你了！你不是总对咱们栏目组的那几个不太满意吗？这次你一定会满意的！"青青脸上微微变了色："汤博士，不能这么说，大家都很好，我没有什么不满意。"汤博士往后稍微退了一步，脸上却依旧神秘兮兮地笑着："好了好了，后天她来了你就知道了。"青青的嘴角略微往下挂了挂，对汤总监给自己找的"才女"并不真的当桩事，直到妙筠微笑着走到她跟前。

青青看见妙筠时暗暗吃了一惊，这在青青很少有。对同性，青青很少有惊艳的感觉，也是，青青自己颇有几分姿色，虽说皮肤有些黑，五官却很漂亮，尤其嘴巴，更是符合了当今美女的标准，——丰满润泽，加上天生的红颜色，即便不涂了口红，亦是娇艳欲滴的，犹如一粒诱人的红樱桃，尽管这一粒樱桃略微大了两号。

妙筠的漂亮让青青有些意外，但是青青更大的意外还是妙筠的"才气"，就是汤总监说的，妙筠竟还真的是一个才女，青青第一次审阅妙筠的解说词时就愣了一下，栏目组里还没有哪一个编导的解说词写得如此让她一个字都不需要改的。非但不改，甚至青青心里不得不承认假如自己写还真的不见得能写得比妙筠的更好。这让青青心里有一些隐隐约约的不自在，——在栏目组里，同事们都觉得青青是有些傲气的，对她也都是有一点要高看一眼的。青青也当然有资格骄傲，也有资本值得同事们逢迎她。比她长得漂亮的，才气不如她；才气好一点的呢，长相又差了她一截子，况且，也并没看见哪一个比她更有才情，所以，栏目组有两个责任编辑，青青占据了其中的一个位子。

妙筠是有才情的，青青对她的要求自然就比别的同事要高，这也就让两个人走得比别的人近。青青不觉得自己和妙筠是惺惺相惜，她只是喜欢跟棋逢对手的人往来。当然，青青心里，也觉得妙筠未必就对自己多么的亲近，不过是工作的原因需要敷衍自己罢了。但是，青青还是喜欢跟妙筠在一起。有时候，青青也会奇怪为什么自己会对妙筠生出来这样的心理，她没有问过妙筠是不是也有相同的感觉，但暗暗观察过，却什么都没有看出来，妙筠对她和对其他同事没有什么不一样。妙筠对所有的人都有一点淡淡的，也与所有人保持着距离，不特别亲近什么人，也不刻意疏远什么人。这和青青不一样，在栏目组里青青有三两个比其他人亲近得多的同事。所以，当青青跟妙筠提出来要去她家过夜，妙筠愣了下一，姣好的脸上露出个错愕的神情，但立刻就点头接受了她的要求，这让青青在心里竟有些莫名其妙的感动，也不知道是为了什么。

妙筠的家收拾得很舒服。青青坐在沙发上看妙筠忙个不停，不由得"扑哧"笑了起来："你还真像个家庭主妇。这么晚了竟还有心思做卫生。"妙筠转头看了青青一眼："我只是喜欢住的地方干净，自己看着舒服。"青青的嘴角略微往下撇了撇，突然想起来自己的家了，脸上微微变了一下，可是妙筠并没有注意到她脸上的神态变化，她正在这里擦擦，那里抹抹，忙个不住。

青青看着妙筠的家，真的很干净，像日本人家似的，这和自己的家差别很大。当然，青青不是一个懒惰的人，她只是没有心思在家务事上罢了。青青跟丈夫虽然还没有彻底摊牌，但是彼此也明白，所以没有离婚不过是丈夫坚持着不愿意离婚罢了。青青也不能理解为什么丈夫不离婚，感情早已经在长期的打闹中被消耗得一点都不剩了，至少青青不认为自己对丈夫还有多少男女之间的感情。但是，青青又很糊涂，既然已经不爱了，怎么还会上了床？难不成真的是丈夫说的，她天生就是个骚货？想到这里，青青脸上红了，忙去看妙筠。妙筠在忙碌着，完全没有关注她。

突然，青青有些恼火，看着妙筠："你不欢迎我罢？"妙筠停下来，看着青青："怎么会？"青青点点头："你这一点就不如蒋荔。要是我跟蒋荔说我去她那里住一晚，她一定会很热情地邀请我去的。"妙筠微微笑了一下："人跟人不一样的。蒋荔是热心肠的女人，不是么？"依旧是那副淡淡的声口。莫名的，青青突然有一些恼怒："你是很自我的人！"妙筠再微微笑了一下："我只是觉得人跟人是需要距离的。"青青看着妙筠，灯光下，妙筠的眉眼儿有些朦朦胧胧的，看不清楚，倒愈发显得她不真实了。突然，青青泄了气："我困了。"妙筠点点头："睡罢。"

青青在床上翻来翻去。妙筠也没有睡着。

青青在妙筠家休息得很不好，但是她也并不后悔选择了到妙筠家。想起来蒋荔，青青就恼火，很恼火。

其实，青青一直都不觉得自己有多喜欢蒋荔，所以关心蒋荔不过是觉得蒋荔可怜。青青自己一个人在其他城市打拼过，知道一个女人在异乡漂泊的苦楚，况且，蒋荔说起她自己的经历的时候泪光盈盈的，让原本就苗条的她愈发梨花带雨似地不胜娇弱起来，青青素习就是个古道热肠的人，一时控制不住自己的情绪就握紧了蒋荔的手："以后，你有什么就跟我说，我能够帮你的就帮你，帮不了你也可以出个主意什么的。还有，以后周末你就来我家，我们一起过。反正我平常周末也就是在家闲待着没什么事儿。"蒋荔有些不好意思，到底点了点头，又想起来什么似的："那你老公不会不高兴罢？"青青愣了一下，她还真没想到家里并不只她一个人，但是青青立刻就又笑起来："他不会有什么的。你放心来。"周末到了，蒋荔摁响了青青家的门铃，手里拎着一个小塑料袋，里头盛着几个苹果，一串葡萄。

刚开始的时候，蒋荔在青青家还很拘束，跟蒋荔的丈夫说话也总带着些小心翼翼，怯生生的仿佛一只容易受惊的小白兔似的，让青青看见了不自觉地就会生出来怜惜，背着她悄悄叮嘱丈夫一定要对蒋荔客气一点儿，不要露出来不悦。丈夫虽然有些不痛快，到底点了头，青青舒了一口气，看看蒋荔，再看看丈夫，觉得很开心。几个周末过去，蒋荔在青青家已经很放松了，和青青夫妻三个人在一起聊天做饭看电视，很是快乐热闹。蒋荔也一天一天比以前更美了，也不知道是不是心情好了的缘故。蒋荔原本长得很不错，五官单独拿出来并不怎么出色，但是放在一起使人看了就只觉得舒服，皮肤又白，虽说身量不算高，但身材纤秾合度，两条腿又直又长，益发衬得腰肢盈盈的，走起路来让青青会想起来《红楼梦》里曹雪芹写林黛玉用过的一个词："摇摇的"。

蒋荔几乎每个周末都要到青青家过。渐渐的，青青心里就有些悔意，又起了疑，蒋荔是不是因为丈夫才来自己家里的？也是，青青发现，如果周末的时候丈夫在家，蒋荔来了就会很兴奋，无论做什么都会抢着做，话也多，叽叽喳喳的，说不完的说。可如果丈夫恰巧出差了，蒋荔就会有一点意兴阑珊似的，说话做事也有些心不在焉，好几次青青跟她说什么，她都没有听见似的，回答的也是完全不是青青说的，甚至一次都青青收拾她丈夫的内衣裤，还一边叠短裤一边说："青青，你发现没有，你喜欢的往往我也喜欢呢。"青青看着蒋荔手里拿着丈夫的三角裤衩，心里很是震动了一下，仿佛被针扎了似的，可是看着蒋荔那张看上去颇无辜的漂亮的脸蛋儿，也不知道该说怎么说，只好笑了笑："是吗？"蒋荔使劲点点头，把内裤叠好放在衣服堆上，然后看着青青："我觉得咱们俩很多地方都很像。"青青看着蒋荔那张漂亮的脸蛋儿，心里再度感觉被针扎了一下，她再笑了一下："那还真的是挺巧的啊。"蒋荔也笑了，不知道为什么，青青觉得蒋荔的眼睛深处掠过去一抹似有若无的得意。

其实，青青跟丈夫之间已经没有多少感情了，她也一直在考虑离婚，但是，只要一天不离婚丈夫就还是青青的。蒋荔对丈夫的"关心"让青青颇有一点儿感觉不快。可是，青青又说不得什么，蒋荔是自己邀请到家里来的，果真是"引狼入室"了？青青倒也不这样觉得，毕竟，丈夫似乎对蒋荔并没有什么好感，甚至夫妻两个人说起来蒋荔时，丈夫还很不屑地打鼻子里"哼"了一声："看看你交的朋友！"完全是轻蔑反感的声口。青青倒反而不乐意了："我交的朋友怎么啦？"丈夫看着青青，过了一会儿才又开口说："我提醒你，蒋荔可不是你看见的那么简单的一个女人。"青青愣住了，丈夫的话似乎他知道了蒋荔的什么秘密似的，但是青青对蒋荔的隐私并没有多少兴趣，她也没有多想为什么丈夫会说出来蒋荔不是一个简单的女人的话，只是，她邀请蒋荔来家里过周末的次数少了，偶尔蒋荔在星期五的中午会打电话给她，虽然不会明说想要同他们一起过周末，但总是有一点暗示，可是青青要么装糊涂要么就找了这样那样的借口搪塞，蒋荔倒也不好坚持了，当然，两个人依旧还是好朋友，青青并不想轻易失去一个朋友。虽然不再邀请蒋荔来家里，但是周末栏目组的同事聚会的时候青青会叫了蒋荔一道——她有意在同事中间为蒋荔觅一个男朋友。

虽然栏目组的人见惯了美女，蒋荔还是让几个年轻的男人有些躁动，也是配合青青，似乎每个人都心知肚明青青为什么带蒋荔来参加他们的饭局。妙筠看见两个男同事在一边挤眉弄眼的，就笑起来："做人要厚道。"青青听见了，立刻拿一根小手指头点住了妙筠："我看你才有点不厚道。"妙筠看了青青一眼，一转身走开了，青青也有些没意思，回身看着旁边一个一脸沧桑的中年大叔："你觉得蒋荔怎么样？"大叔没有说话，不置可否地耸耸肩膀。青青立刻沉了脸："少猪八戒插葱了，装什么呀？我这可是为你好。要不是你妈把你的终身大事托给了我，我才懒得管你呢。"大叔咧开嘴笑了："我知道。所以很感激。"青青往妙筠的座位上看一眼，又转头看着大叔："那我就跟蒋荔说了？"男人的笑容变得有些僵硬，到底还是点了点头。青青有些不快。其实，青青隐隐约约有些感觉，男同事对妙筠有些意思，但是，她偷偷冷笑了一下，这家伙也不掂量掂量自己，怎么能够入得了妙筠眼睛里？再看了一眼妙筠，青青不能确定妙筠是不是感觉到了什么，总之，近来妙筠总是有意无意地远着他们。

青青紧锣密鼓地筹划着，不想到蒋荔竟然给妙筠打了电话。也是和妙筠两个人一起吃午饭的时候闲聊，青青提到给蒋荔牵红线的事，妙筠就笑起来："上个周末蒋荔给我打了电话呢。"青青立刻愣住了，看着妙筠就停住了筷子："她给你打电话？"妙筠点点头："是呀。她说给你打手机，可是你关机了，就打给我了，我还奇怪呢，她怎么会知道我的手机号码的。是你给她的么？"青青想起来似乎蒋荔跟她要过妙筠的电话号码，她还纳闷蒋荔为什么会想要妙筠的电话号码，毕竟，蒋荔对妙筠一直都有些不喜欢，总说妙筠冷冷的，多清高似的，让人喜欢不起来。当然青青觉得那不过是蒋荔在面对妙筠时复杂的心理罢了。也是，论漂亮，虽然蒋荔也是美人儿，但是比起来妙筠她非但丝毫不占上风，还少了一份灵气，加上妙筠身上还有一份浓浓的书卷气，更让蒋荔没有办法比得了，所以，虽然蒋荔经常参加他们栏目组的聚会，和妙筠却几乎没有任何往来。突然两个人竟然有联系，这让青青既好奇又有些疑惑，她问妙筠两个人都说什么了。妙筠笑一下，告诉青青，蒋荔有些埋怨她介绍的男同事，因为那大叔简直太不浪漫了，都已经私下里约会过几次了，却连一次花都没有送过，真是叫人失望！青青听了，立刻撇撇嘴："她以为她是十七八岁的少女呢！"妙筠没有吱声。青青又问蒋荔还说什么了，妙筠摇摇头，表示没有了。

青青看着妙筠，突然笑了："大叔不会是喜欢你罢？"妙筠愣了一下，立刻有些不快："你怎么说话没轻没重的呀？这种玩笑好开的呀？"看见妙筠恼了，青青忙赔了不是："真不好意思，唐突了佳人了！"妙筠又"扑哧"笑了，摆摆手，也不知道是说算了呢，还是说青青以后不要再提起来如此无聊的话题。当然，青青心里到底明镜儿似的，妙筠根本没有可能看上大叔。莫名其妙的，青青竟有些如释重负似的。她难道是真的觉得妙筠应该找个更好的？像她的丈夫那样的？也不知道什么原因，青青一直都不肯将妙筠介绍给丈夫认识，甚至跟妙筠聊起来都不提丈夫的名字。而对蒋荔，青青却从来没有这样过，虽然她也明白真的论起来，蒋荔也比她美。青青看着妙筠，妙筠正拨拉着餐盘里的菜，低垂的睫毛在润洁的脸颊上投射出两道弯弯的美好的弧线。突然，青青叹了一口气，把餐盘往前一推，没有胃口了。妙筠停了手，抬起眼睫，好奇地看了一眼青青："就吃饱了？"青青点点头。妙筠也没有说什么，只耸了一下肩膀，继续吃着自己盘子里的菜。青青坐在对面看着她。

蒋荔跟大叔还没有怎样呢，倒是青青自己的婚姻走到了尽头了。青青并不怎么难受，毕竟，离婚是早晚的事。青青不开心的是蒋荔。

是啊，还真的是蒋荔说的，自己喜欢的她也都会喜欢。还没有离婚的时候，栏目组里就有一个同事对青青很表示了好感，当然，青青也挺喜欢那个男人，虽然说青青并不觉得男人家是外地的，又比自己小了几岁就有什么不妥，她顾忌的是自己不是自由身，所以即便喜欢那男人也只是在心里，明白表现出来？岂不是作死。可是青青又实在是喜欢那个同事，两个人也就暧暧昧昧的，直等到青青拿到了一纸离婚证书，两个人才正经八百地开始谈起恋爱来了。只是，青青没想到的是，自己可以正大光明地谈恋爱了，蒋荔也蠢蠢欲动起来了。

一次，青青、男朋友、蒋荔还有大叔一道四个人一起吃饭的时候，蒋荔竟直接对着青青的男朋友问："你是不是也喜欢我？"男朋友立刻变了色，看看蒋荔，又看看青青，脸涨得红紫，好半天才说了一句："蒋荔，你知道，喜欢是有很多种的。"蒋荔甜甜地笑起来："那你也还是喜欢我的是不？"男朋友的脸上，头上冒了一层又一层的汗珠子出来，也不知道是不是几瓶啤酒下肚的缘故。青青和大叔两个也都一脸的愕然，一时不知道要说些什么，最后，青青只好说："蒋荔，你醉了。"青青话音一落，蒋荔就真的趴在桌子上了，一边嘴巴里含混不清地念叨着："头好痛喔。"青青一边在桌子底下狠狠掐了男朋友的大腿，一边用眼睛示意大叔关心一下蒋荔，可是大叔却突然失智了似的，对青青的目光暗示完全没有反应，只自顾自地又开了一瓶啤酒，倒进杯子里，细细呷着喝起来了。青青很生气，也很无奈，只好招手叫来服务员结了账，然后把蒋荔交给大叔，四个人就散了。

青青后来为了这事将男朋友好一通数落："你连个话都不会说的呀！蒋荔那分明是调戏你，你竟然还蠢到告诉她喜欢有好多种。你是不是真的喜欢她呀？"男朋友的脸涨得通红，连眉毛都红了，又指天指地的，将厚实的胸脯子拍得"啪啪"响："青青，我是真的只喜欢你一个人的呀！"青青看着男朋友这样急赤白脸的表白，实在不像说谎的样子，也就罢了。但是，青青总觉得心里有些不舒服，就约了妙筠一道喝茶。

当然，妙筠也有些吃惊——她没有想到青青会离婚，之前青青一直都告诉她说她是如何幸福的，突然又说其实好几年了她一直都生活得很不开心，不仅丈夫，甚至公婆都总是要找她的不痛快，让她简直不知道要信她哪句是真的哪句是假的。可是，妙筠对别人的生活向来没有好奇心，青青怎么说她也就是听着，不做任何评判。青青看着妙筠："我老公，前老公，跟蒋荔之间也不知道是怎么一回事儿。反正，他们私底下一起吃过饭，他也知道她住什么地方，好像是他送她回家的，说是太晚了，怕蒋荔一个人回家不安全。可是，我们每次聚会之后大家不都是自己打车回家的吗？你还住得不近，也照样是自己打车的。嗨，"她又摆摆手，"现在这些都不重要了，只是，我想不到蒋荔竟然又当着我的面问彭明是不是也喜欢她，你说，蒋荔是不是太过分了呀？"彭明是青青的男朋友。妙筠笑笑，没有说话。青青接着又说："以前蒋荔说过一句话：青青呀，我发现我们俩喜欢的都一样呢。切！我跟她一样？未免她太自信了罢？要是你跟我一样我倒愿意。"妙筠又笑笑："最好还是不一样的好。"青青白了一眼妙筠："你不愿意跟我一样？"妙筠指指青青："你看，我们两个哪里有相似的地方？"青青看看自己，再看看妙筠，"扑哧"也笑出了声，青青跟妙筠确实是完全不同的两个人。青青是典型的北方佳丽，妙筠却小巧玲珑的，南方江南水乡里走出来的女子。青青悄悄叹口气，不知道为什么，她总觉得妙筠的世界她只能够进去一部分。

和妙筠喝完茶后不久，青青和她的联系少了，蒋荔也是，青青也不再怎么联络了，渐渐的，青青跟妙筠、蒋荔都失去了联系了。有时候，青青一个人待着的时候会想起来她们。自从那次蒋荔问过青青的男朋友是不是也喜欢她之后，青青就不怎么跟她往来了，甚至她跟彭明结婚的时候也没有邀请蒋荔。再后来，青青听说蒋荔去了另外的城市发展，似乎并不十分顺利，人也变了，不再是从前那么样一副楚楚可怜了，而是变得有些凌厉，让人看见了有些害怕。

妙筠，结婚了。听见妙筠结婚，青青不由得愣了一下，倒反而让说起这个消息的人有些吃惊："你竟然不知道？"青青摇摇头，笑起来，却有些勉强似的。青青突然想起来蒋荔跟她说过的一句话："青青呀，你不觉得吗？其实，果真要说起来，我可是比妙筠更容易嫁人呢。你想呀，我虽然离过婚，也生过孩子，可是，"顿了一下，眯起眼睛看着前方，是在看彼此的未来？忽然又笑起来，目光回到青青脸上，张开口，非常妩媚："男人更喜欢漂亮温柔的女人。妙筠，实在是太清高了一些，尽管她是长得很漂亮，也很有才，这还是你说的呢，但是，我觉得她不好嫁人。"蒋荔说这话的时候，青青在她的眼睛里看见了一丝羡慕和不服气。

青青坐在一家咖啡馆门外。咖啡店的玻璃门里映出来来往往的人，突然，青青看见两个人影，都婷婷袅袅的，向着她走来。青青刚想笑，她们却又渐渐地走开了，越走越远……青青脸上慢慢地现出来一个失落的神情。

发表于《世界日报·小说世界》

2024年12月7日至15日

破戒

王婷婷

观音塑像的金身明明是金灿灿的，红边绿饰亮亮的。她蹲在画架前看一眼描一笔，却只用浅白淡灰轻红薄绿，除了轮廓线条的确是临摹，衣服和头饰偏画得灰灰白白，像是旧时，像是衰败了几百年。

傍晚了，还有游客急匆匆奔进来急匆匆地看一圈算是来过台北龙山寺。过了闭寺时间，仍有人在她身后聚集，他走出来先合十再朝后门做一个请的手势。游客们悻悻走开。她照着鲜亮明灿的宝相却摹得淡泊清冷，故意的？有个胖到看不到自己脚面的施主不动，眼睛看着寒素版菩萨也瞄向女学生的背，跟着胖子的瘦子眼珠子咕噜咕噜扫扫这里又瞄瞄那边。

"小姐，六点关门。"

女生不理他，肥壮的男人一脸认真地看，就像多懂似的，跟班倒不耐烦："师傅，还差5分钟6点。"

"姑娘，这幅画多少钱？"胖子问。

"不卖。"

"一万？"

女生皱着眉头回头瞪人，眼底似有武器，不管会不会滥伤无辜。

"五万？"

随从嘴里嘿呼两声，像是戏台上的衙役。

女学生撇嘴一笑，快速描了几笔，转过头，低垂眼睑只看着滚圆腹尖上几欲崩飞的淡白螺钿纽扣。

"现在？现钞？"

她拿出手机打开电子钱包，挑衅地看着北方口音的胖子。

快7点的时候，他从后院出来，换了一身牙白便装，在缅甸进修时的师兄从北美过来修两门课，几个师兄弟在大门外等他一起去拜会老法师。院子里的松柏用青砖围了一圈，既当围栏，也可坐着休息。还有人坐在这里？

"施主，山门要关了。"

"我坐坐不行？"

"现在不是开放时间。"

"菩萨还有上班时间？"

临摹不好好临，讲话不好好讲，哪里有叛逆了到佛寺找别扭的。

他低头合十，转身就走，脚步像猫，晚风吹动衣裾。

她又在描。

刚天亮，谁这么早就打开了山门？他疑惑沉吟。

她以为每天都有傻子出五万块买她的胡闹？莫管闲事！翻译完手头的这部讲经著作就能毕业了。他还没想好要不要接受加拿大圆融禅寺的邀请去那边等着熬到方丈。

观音塑像明明是金灿灿，太阳还未当头就闪烁出人间圆满虔诚的光芒，她却画成浅绿衣裙。来打卡的游客真的有人吃这套，有妇人站到中午等她画完，要出一千块请回宝相。

她不肯。嶙峋的中年女人比她矮一个头，昂着头说她这幅画就值这么多，她就是发心请一幅挂在家里，画观音像的女孩子不能没有慈悲心。

他这个月在大殿值班，老师傅肾炎发作，几个小师弟各有杂务缠身，他在寺院寄宿劳烦师傅们费心了，遂主动说他大堂值守一个月。

"请不要大声喧哗。"他垮着一张不慈悲为怀的脸冷冷地制止。她收起画架就走了。女施主拉着他的袖子喋喋不休地讲儿子如何得病，男人就知道打电玩，小女生不晓得谁教育的，她不配临摹观音娘娘。

他看着施主的嘴唇上下翻飞，只能敛眉低首双手合十不发一言，妇人终于意识到不妥，悻悻离开。他站在隔几年就重塑一遍金身的菩萨面前默念了几句经文，念完惊觉心里的观音着淡荷色衣裙。

才早上六点她又在画，怎么进来的？他想去问。犹豫了很多次，几分钟像是一辈子那么长，他站在她坐的轻便迷你沙滩椅后面看着她又在自由发挥，忍了又忍，到底忍住了。

一个月值班期要结束了。原来的大殿师傅手术恢复后办了还俗仪式，跟着花莲乡下过来接他的女儿走了。

他得到了去泰国挂单半年的机会。

他递给女画家他的名片。现在，他觉得她是一位女画家，想法比较后现代一点。女画家盯着名片研究，他心里有些发毛。出家人不应该这样。

又递过去两本书，在她手上翻开扉页。去年的这张是他这辈子拍过最上相的，没忍住不该有的虚荣心，给了印书馆。简介下有他的邮箱，为交流探讨方便。怕她没看到，指给她看。

他到底还是转回头，从口袋里拿出一张纸，上面是泰国寺庙的地址。

她低垂眼睑看扉页。一百多字她读了到底几遍啊？读得他浑身冒汗，大清早就湿透了脊梁，汗珠顺着肌肉线条滚动滑落，他似乎听到酷暑逼出来的体液噼里啪啦掉在地上的难堪。

她抬眼看他的脸。他又垂下眼帘。睫毛颤抖，盖住他的心，他的凡心，他在缅甸那个贫穷艰苦的国家修炼了六年的他以为重生的涅槃过的凡胎肉身。

"我可以留在泰国，或者去北美。"

"哦！"这糯糯的一个字像是砍掉他脑袋的那把铡刀，直直地劈了下去，毫不慈悲。

他头上一粒巨大的汗珠啪地一声摔碎在两人之间的青砖上。他想去跪倒在佛前。

"泰国。我知道了。"

她又折返回来，从包里摸出一个小东西递给他："谢谢您的书。这是我的礼物。"

她送的施华洛世奇钢笔，设计一般，工艺勉强。但钢笔不贵不俗，适合送礼。她随身装着的这一枝是别人送给她的还是她买了送人的？如果是买来送人的，给了他，她还会去买一枝送给别人吗？那个别人是谁？

他从每天看二三次邮箱到二三天查看一次，马上就要结业了，还没有一封陌生地址的邮件，他终于放弃了，重新收拾破碎的心和已经破戒的身。

他的肉体再也不跟随他的意志和意念了。他给几位导师都写了邮件，长长的，写了他所有的反思反省，他说他从未后悔，他对佛法的理解和认识倒不一样了，他觉得自己的反复和动摇都是命中注定的劫，也是我佛慈悲，他决定还俗，从事佛教经文研究。

他在芭达雅的流金铄石里一次次反刍那个清晨的阳光，一遍遍闪回大殿门上方猛烈地直直地射进来笼罩在她头顶的柔和的橘色绕成了一个巨大的圆圈，她的脸庞并不算很美很特别，柔腻中带着可爱的痞坏，也有观音娘娘的慈悲，装得下他的所有。

他承接了她的了无音讯。

正所谓"因缘成世界，因缘灭世界"。

他低着头走出大殿，站在挡住他去路的施主面前左右为难，闪到哪边都会挡住别人。泰国人远远地站住给僧侣让路，个别游客令人叹气。

施主的脚趾头上抹的是淡紫色甲油，凉鞋的带子缠得乱七八糟。紫色脚趾头不打算动。

他抬起头，看到她身后的夕阳射出的光线单单集中在她后背上，反射出一个橘黄色的圆圈，像极了那天早晨。她戴着方框墨镜，抹胸裙，如象棋里的猛虎，突然一步就将了军。

"阿弥陀佛！"

他掉泪。

出家人修五蕴皆空，他也不是今天才破戒。

发表于《广州文学》2024年第九期

秋风入我户

文章

一

出伏之后天气明显转凉了，早上起来有时候甚至要穿薄毛衣。对望舒而言，冷下来的不仅是气温，还有她和宋之原的关系。

他们刚去美国看儿子回来。这次去没住小旅馆，而是住在儿子刚建立的小家里。这个从加拿大边陲小城出发独闯美利坚的男孩不再是一人吃饱全家不饿的单身汉，而是一个有家的男人了。儿子和媳妇都在湾区的高科技公司工作，每天他们去上班，望舒和宋之原就穿着短衣短裤，戴着遮阳帽，沿着小区的人行道往山上走，徒步健身。十多天下来，皮肤都被加州的阳光镀上了一层健康色。晚饭由宋之原备菜，望舒主厨，她的几样拿手菜一出场就引得小两口直咽口水，每顿都吃得盘光碟净。儿子说妈你什么时候学会做菜了？小的时候要是你做菜，我也不会吃饭像吃药了。媳妇说妈过两年我生孩子你可得来照顾我坐月子。要是不想跟我们住，可以为你在外面租房子。老两口乐得合不拢嘴，家族树开枝散叶，能不高兴吗？回来近一周了，两人情绪还没平复，不时把那种一家人围坐在一起的美好感觉拿出来回味一番。聊起未来，脸上的每条皱纹都在笑：

自己衣食无忧，儿子事业家庭稳定向好，人生夫复何求？在这样和谐甚至有些甜蜜的氛围下翻脸就像大热天突然飘起了雪花让人难以接受。

起因是一次无关紧要的争吵。说争吵并不确切，事后望舒回忆，那天他们根本连对话都没有。事情是这样的：早上望舒起床进了洗手间。发现抽水马桶旁边她新买的清洁刷被换成了另一只。肮脏的刷毛上腻着厚厚的一层油。她想都没想操起就去后院。经过宋之原身边时说了一句：最讨厌你把这些脏兮兮的东西往家拿！

像大多数人家一样，她家厨房的门直通后院，去后院必须经过厨房。只是她家的厨房有三级台阶，下了台阶是一个很小的空间，左手是后门，右手是通向地下室的楼梯。此时丈夫宋之原就坐在厨房的台阶上。三室两厅的房子，他独独挑中这里是有原因的。望舒不想吸他的二手烟，强烈要求他去外面抽。这里虽是室内，但紧挨着通往后院的门，打开门偷偷抽几口望舒很难察觉，因为烟味直接往外扩散。

这个肮脏的马桶刷是怎么回事呢？这又涉及到宋之原的另一个习惯。他怕厨房的下水道被食物残渣堵上，总爱把洗碗水倒在抽水马桶里，说马桶的下水管道粗。这个做法望舒并不赞同，厨房水池有网漏，抽水马桶有吗？没有网漏岂不更容易堵？厨房水池堵了，一锅热水冲下去或可解决，抽水马桶堵了该如何清理？转念一想不管哪儿堵都是他来通，也就不多话了。望舒在厨房水池边备了一个黑色的塑料桶，专门盛放洗碗水、洗菜水，集满之后倒到洗手间的马桶里去。这个桶自然充满油腻。马桶刷之所以沾满了油，应该是宋之原用这个刷子刷黑桶了。那天望舒在洗手间看到这个脏刷子后，马上就把它放到后院的杂物架子上，换了一只干净的，想的就是这个刷子以后专门用来洗黑桶。谁知今天早上发现它又回来了。

望舒经过宋之原身边时打碎了他的啤酒杯。自从宋之原看上了这个灰色地带后，这里的东西越来越多：香烟，打火机，带盖的朱砂茶杯，啤酒瓶，棉纱手套，小镜子，等等，都是他的心爱之物。那只盛满啤酒的玻璃杯被望舒一脚踢翻，滚下台阶，里面的酒洒出来，杯子碎了。望舒此时心里充满对肮脏马桶刷的厌恶，连眼光都没抬一下，直接推开门，去了后院。

宋之原表现得很有节制。他一声没吭，收拾了残局。望舒在靠墙的杂物架上发现了她新买的马桶刷。这事儿就算过去了。

望舒洗漱完毕做好早餐叫宋之原吃饭时，他头都不抬，闷声说了一句：你先吃吧。望舒没想到对方竟然记仇，可这事儿不是他引起的吗，也火了：不想吃早说啊，我就不做了。望舒自己的早餐很简单，麦片、牛奶，再打个鸡蛋在里面，一锅端。但是周末，因为要和肉食动物宋之原一起吃，煮麦片之外，她要煎两个荷包蛋，三片咸肉，四根火腿肠，一大早就"享受"烟熏火燎的"洗礼"。

早餐之后，望舒开始罢工。中午她没像往日一样去厨房忙活，而是磨磨蹭蹭等宋之原做了吃好后去厨房下了一碗挂面。她在减肥，面条里面扔几片菜叶，打个鸡蛋，营养足够了。望舒做的是阳春面，放一勺李锦记蒸鱼豉汁，滴几滴麻油，开水一冲，香味扑鼻。这个外婆称之为神仙汤的配方是她儿时的口味，百吃不厌。之后的两天，如法炮制。有时候她会在汤里加半勺橄榄油，口味更佳。橄榄油经常出现在地中海饮食里，对心脏有很好的保护作用，但不耐高温，不能用来做中式炒菜，她就用这种方式给自己添加一些。不想吃面条就煮一锅米饭，炒个菜，足够她一个人吃好几顿。宋之原也没闲着，他的拿手戏火锅餐开张了，过去只在周五晚吃的二人火锅，现在几乎天天吃，只是成了一人独食而已。上一顿火锅，下一顿就用火锅汤和里面剩下的菜肉下面条，再剥颗生大蒜佐餐，吃得两腮泛红。在厨房的使用上，两人很默契，不争不抢，颇有君子之风。

看上去各自随意，岁月静好，却掩盖不住一个"冷"字。生活在同一屋檐下，没有语言交流，没有目光对视，更没有体贴与关怀，除了睡觉，尽量不在一个房间待着，故意无视眼前晃动的大活人，心理上把对方逐出了自己的生活。所谓"在婚姻里活成了单身"应该就是这个样子。不用每顿有荤有素地做几个菜，时间多出来不少，望舒却高兴不起来。责任是和爱捆绑在一起的，没有了责任，爱也随之消失。如果没有爱与温情，我们为什么要生活在一起？

更诡异的是，他们并没有争吵，双方都没做任何挣扎。好像一盘棋，根本没有厮杀和较量，自然而然地就走进了死局。似乎死局正是双方共同期待的，他们早就等着这一天了。

令人绝望的冷意，像一团雾气，越来越浓，决意要跟外面的秋风合谋，带走家里的烟火气，带走他们所有的热情。

二

四天过去了，看不出任何回暖的迹象，这也很反常。以往，两人大吵一架，然后任何一方服个软，给个台阶就过去了。这次不知为什么，谁都不想屈尊，或者说懒得做那个姿态，好像谁先开口谁就输了。

这让望舒有点委屈。这件事自始至终，她并没有做错什么。她只是言语上对宋之原把脏马桶刷拿回家表示了不满，当然还有厌恶的表情。但是她接着就做了丰盛的早餐，并没有把这种不满延伸到其它方面。反倒是过错方宋之原拒绝跟她共进早餐。这对别人也许不算什么，但依望舒对宋之原的了解，他的抵触情绪已经很严重了，放在过去，掀桌子摔碗都有可能。

正常情况下，周天的晚餐，周末的三餐，他们一定会一起吃的。倒不是感情多么好，而是吃饭时间也是宋之原的时政新闻播报时间。像大多数北京男人一样，他对军事、时政有着浓得化不开的兴趣，这种兴趣像街头喜欢围观的大爷大妈一样，几乎与生俱来。哪两个国家掐起来了，动干戈了，最兴奋的就数他。那几天他饭可以不吃，觉可以少睡，手机不能不刷。为此，望舒常笑话他：看热闹不嫌事大。宋之原既然收集了这么多的热点资料，不可能烂在肚子里，他需要输出。而对于教师出身的宋之原，说话本来就是他最擅长之事。于是每天吃饭时，望舒就得耐着性子上时政课。对方很珍惜这个授课时段，常常是一拿起筷子就开讲，直到望舒都快吃完了，他碗里的饭基本没动。

这样"好为人师"的一个人，为了争这口气，竟然放弃了每天珍贵的演讲机会，说明真的伤到他的心肝腑脏了。不得不承认，与年轻时相比此公的脾气已经大有改善了，这也是望舒对他们的婚姻抱有幻想的原因。从时间上看，这个改变跟她退休有关。

两年前，望舒任职的研究所结束疫情期间的居家办公，恢复早九晚五的节奏，她三思之后决定退休。研究所在小城郊区的一个镇子上，开车单程40分钟，每天花在路上的时间长达一个多小时，在工资稳居不动，汽油费不断上涨的今天实在有点得不偿失了。当然主要还是因为退休福利不错，她也有自己想做的事情，加上房贷还清，儿子自立，她和宋之原都是物欲极低的人，家庭花销并不多，基本达到财务自由了。

退休后，自然而然地，做饭成了她的事儿。开始她挺高兴的，做了一辈子职业妇女，回归家庭，洗手做羹汤也算华丽转身吧。过去因为她单位远，回家晚，都是宋之原做饭。宋之原是吃机关食堂长大的，他做的饭饱腹而已，谈不上任何舌尖上的享受，把厨房交给他，是无奈之举。

望舒夺回烹饪大权之后做的第一件事就是学做红烧肉。这是她儿时最爱吃又很难吃到的菜。那时肉奶蛋凭票供应，只在春节等重大节日才能吃到大块的红烧肉。在她的家乡，一道红烧肉能延伸出金针菜烧肉、海带烧肉、蒲儿菜烧肉、樱桃肉、卤蛋肉等好几样菜，制作程式相似，不过是搭配了其他食材而已。在那个肉香比花香更让人愉悦的年代，记忆里朴素清贫的童年，因为这几道"硬菜"像锦缎般华丽。

一个人，只有见过好的，才会朝着这个目标努力。望舒虽从未认真学过厨艺，但亲眼目睹了外婆做菜的一招一式。儿时父母忙于革命工作，外婆跟他们一起过。一生简衣布衫的外婆，在吃上却极为讲究。萝卜要切滚刀块，样子好看还便于汤汁吸收，肉片要切得薄如蝉翼，裹上淀粉在油里滚一下即起锅，方能嫩而柔滑。这也是家乡大师傅炒软兜长鱼的做法。人应该用精致的食物喂养身体，吃得好才是对自己真正的好。这是外婆用多年的一日三餐教会她的。有了外婆打下的根底，望舒学做饭似乎是水到渠成。

宋之原依然负责买菜，决定每天菜单，起初他会备好食材，肉和菜都洗好切好，后来望舒嫌他肉片切得太厚，菜切得大小形状都不对，干脆操刀掌勺一肩挑了。望舒做的算是淮扬菜系，宋之原虽是北京人，也吃得津津有味。淮扬菜发源于淮安和扬州，因明清时期大运河漕运的兴盛而发展成型。淮安地处南北交界线上，淮扬菜因此无论是食材还是咸淡都兼具南北方的口味。自周恩来总理国事的开国第一宴始，中国招待外宾的国宴基本都是取淮扬菜式。

从网上学做红烧肉，望舒才发现在中国人的食谱里，红烧肉是最古早、最大众化，也最复杂的一道菜。从塞上高原到烟雨江南，几乎有猪肉的地方就有红烧肉，而考古发现，猪是人类最早驯化饲养的牲畜。只是各地红烧肉的做法和调料有巨大差异。比如湖南人做的"毛氏红烧肉"是要加红辣椒的，"不吃辣椒不革命"嘛。还有的要加五香、八角、花椒等调料。望舒当然是取江浙一带的配方，重糖、少盐、赤汁浓汤，老抽酱油之外，最多再加一勺蚝油增加口感，可谓简单纯粹。但有几样东西她是必须放的，那就是葱姜、料酒，和香菇，去腥提香。至于糖，若有冰糖效果会更好，没有也无所谓。几顿做下来，望舒对这道菜已经驾轻就熟，无一次失手了。

第二道菜是海鲜豆腐煲。这是她去中餐馆最爱点的一道菜。小城的中餐馆大都是粤菜，粤菜偏淡，但煲类口感丰富，有点像淮扬菜里的红烧，却又不那么色重，很对她的胃口。她把大虾仁和鱼块裹上淀粉稍稍煎一下，嫩豆腐油炸，再混到一起浇上调好的汤汁，一试而成。汤汁里也只放了蒸鱼豉汁、蚝油和淀粉。宋之原吃了之后看她的目光都温柔不少。之后每过一段时间就点一次这道菜。家里冰箱里大虾和去骨鱼片从来不会缺货。

平生第一次，两个几乎毫无共同之处的人找到了同一兴趣点。他们好像突然发现，人生在世，能吃到精致美味的家常菜是多么幸福的一件事！看着一天比一天好脾气的宋之原，想起他们过去很多年争吵不断的日子，望舒心里感叹，原来"拴住了他的胃就拴住了他的心"之说是真的！这期间，他们有过两次旅行，这两次可以载入家庭史册的旅行，为他们渐渐热络的关系加了一勺蜜，有点甜的意味了。

第一次是去班芙公园。他们是开车去的，从加拿大西南边陲小城到西海岸的落基山脉，一路开过去，单程四千公里，用了五天时间。他们的皮卡车背斗里装着一个帐篷，两辆自行车，沿途露营或者住路边大车店，到了一个城市，骑车在市中心兜一圈，整个行程历时16天，玩得非常过瘾。出门在外，就显出了宋之原的重要，开车，搭帐篷，在山里徒步，他在体力和动手能力上的优势发挥得淋漓尽致。另一次是去台湾。在一个陌生的地方，拖着行李箱搭乘公共交通，作一个穿行于三个城市的背包游，一切充满未知。望舒是路盲，街边店里逛一圈出来都可能迷路，而宋之原方向感极好。互相壮胆、提醒，一起面对困境，他们之间多了点患难与共的感觉。

吃饭搭子加上旅游搭子，两人都觉得余生非对方莫属，奔着白头偕老去了。谁能想到，看似牢固的关系竟毁在一只马桶刷上！宋之原的本意应该是看那只马桶刷还能用，新买的这个省着等旧的坏了再用。而望舒见到脏马桶刷马上引发生理性反感，这种反感跟对方坚持洗碗水倒入马桶是一样的。她这人崇尚极简，素面朝天，穿地摊衣物，住老房子用旧家具都能接受，但生活洁净是底线。花钱一事，她的原则是，该花的钱一分都不要省，不该花的钱花一分都是浪费。而宋之原则是能省即省，以不花钱为原则。"价值观"不是一个空词，它是由许多这样的事情构成的。

有人说家庭内争吵的导火索都是些芝麻绿豆的小事，可一把芝麻落地上你还不得一颗一颗地捡起来？情绪得多稳定的人能天天满地捡芝麻而不发疯？

三

转机终于来了。这天早上望舒热牛奶麦片时发现她的小奶锅变形了，锅盖都盖不上，明显被摔过。不用想就是宋之原的"作为"。下午四点多宋之原下班回来，像往日一样坐到厨房台阶上刷手机。他上班的地方不能上网，每天下班回来，总要扑到手机上恶补当天时政新闻。

"这个锅是不是摔过？"望舒问。

"没人碰你的东西。踢碎我的杯子还没找你算账呢。告诉你，那天我就想砸了这个家了，拼命忍住才没发火。你以为你是谁？不知道自己几斤几两！"宋之原积蓄多日的愤怒终于找到了出口。

"我怎么就不知道自己几斤几两了？我洗厕所还不能决定

用什么马桶刷了？你肯定用那个刷子刷厨房桶了，用就用了也没什么，还往家里拿，脏不脏！这个锅肯定摔过，我昨天用还是好好的。这么个小奶锅不值几个钱，也没让你赔，摔就摔了，连这个都抵赖有意思吗？"望舒说完之后就回客厅了，她不想把事态扩大。宋之原若被惹毛了，破坏力她是知道的。

过了一会儿，宋之原推门进来：那个锅我帮你弄好了。但是我确实没摔过，帮你弄是出于道义。

望舒暗自发笑：他这一通发泄，是不是就该灭火了？鲁迅说过，不在沉默中爆发，就在沉默中灭亡。任何一种关系，沉默都是很可怕的，始终沉默的结果，就是再也没有说话的机会。第二天，恰好一家爱种菜的朋友拿来一堆东北油豆角、四个佛手瓜、一根长瓠瓜，都是刚从地里摘下的，还挂着花呢。这个杭州女子颇有内秀，文字感觉非常好，她看了她朋友圈的文案，鼓励她投稿纸媒报刊正式发表。她投了，结果还真登出来了。杭州女子因此对她感恩戴德，园子里的菜长成了总忘不了给她拿些来尝鲜。

那天晚饭，望舒从冰箱冻室里拿出一块猪大排化了，做了红烧肉、豆角炒香肠，对宋之原说："你今天就别做了，一起吃吧，这么多菜我也吃不完。"

"用不着，我自己吃舒坦着呢。也不用看人脸色，受人欺负。"宋之原想都没想说道。望舒见他给台阶不下，也有点火了："谁欺负你了？我这人最讲平等的了。是你太敏感了吧？"

"我就是没用那个刷子刷厨房桶。你凭什么冤枉我？"

"没刷刷子上怎么会有那么多油？"

"是你自己刷的。"

见宋之原跟奶锅事件一样不顾事实，望舒连回嘴的欲望都没了。她把那两盘菜留在厨房桌子上，说了句："反正我做好了放这儿，你爱吃不吃。"

听到厨房那边宋之原好像吃完饭了，望舒借去厨房续茶水之机瞄了一眼盘子里的菜，没动。宋之原爱吃她做的菜望舒是知道的，尤其是她做的红烧肉。他这人无肉不欢，每次做红烧肉，不光吃饭的时候吃得满嘴流油，晚上刷手机的时候还当零食吃。现在能强忍着不吃她的"嗟来之食"，看来是真心不想跟她和好了。

人们习惯称家为港湾，事实上，对于大多数人而言这里更像是人生的另一个战场。婚姻关系是人类违背天性建立的一种危险的亲密关系。这个关系在建立的时候完全没有考虑关系中的两个人随时间而生的变化。望舒和宋之原结婚时几乎处在同一起点，大学文凭，高校教师，父母同为国家干部，无论是原生家庭还是自身条件都可谓门当户对。但来加之后，两人就走上完全不同的路。为了站稳脚跟，望舒拿了硕士之后读了博士，最终在国家实验室谋得一个稳定职位。宋之原不爱读书，来了不到一个月就一头扎进了中餐馆，从洗碗到帮厨，从温室到工厂，做的都是凭力气吃饭的勒脖工（general labor）。之后的几十年，望舒做研究，带学生，薪金高、福利好。宋之原则一直在私人公司做着一份辛苦而又酬劳很低的工作。

一个人的精神状态是由他所走过的路，他所处的社会环境，和他所接触的人所铸造。宋之原终日混迹于一群没什么文化，举止低俗的工人之中，习惯了日无所思，简单随性。而望舒任职于联邦政府的科研机构，无论是工作上还是文化习俗上，几乎每天都在学习新的东西。对于主流社会的精英阶层，宋之原一言以蔽之：装逼。望舒可以肯定，宋之原早就把自己归到"装"的那些人中了。他们从同一个地方出发，长途跋涉，回头时赫然发现他们走在不同的道上。他们的身体终日厮守，心已经相距千万里。婚姻的残忍，在于把两个已经分属不同世界的人，用法律、亲情、血缘捆绑在一起。更残忍的是，这两个人因为长期迁就，已经骨连着骨，筋连着筋，分不开了。要把这个称之为家的地方从战场变为港湾，需要家中男女用心经营，化干戈为玉帛，否则他们在一起的每一天都是撕扯与挣扎。

望舒并不在乎迁就对方，但是谁能保证宋之原不在乎呢？一个小小的马桶刷，一个嫌弃的表情，都足以摧毁她为维系这个家所做的努力。难怪有人说，我希望跟聪明人打交道，因为你不必考虑他的自尊心。

一阵微风吹进来。夜晚，只要不需生暖气，望舒家的窗户从来都是开着的，冷与热，清与浊，都在这里产生交换。后来卧室干脆连窗帘都不拉，月明如昼，起夜不用开灯了。入秋后，望舒换了一床厚一点的被子，依然没关窗。柔和的月光里，望舒辗转反侧，她想起宋代徐宝之的一首诗："秋风入我户，翩翩动床帷。咄嗟中夜起，奈何我心悲。"心里涌上一丝悲凉，她不知道这番冷战还要延续多久，会以什么方式收场，自己花了三十年，衔着一根根枯枝，一片片树叶搭起来的窝就因为一只马桶刷前功尽弃吗？明明已经苦尽甘来了。

四

宋之原知道自己不是望舒想嫁的男人。事实上，他也不是大多数女人想嫁的男人。虽然萝卜青菜各有所爱，一眼千年的事情谁也说不准，但事实上，任何一个民族，好男人和好女人的核心标准千百年来不曾改变。

有一次，望舒的一个闺蜜邀请他们一起去美东自驾游。他们从各自的城市出发，开车到波斯顿会合。一路上，闺蜜那个情绪稳定的丈夫就像做示范一样，向他们展示了一个好男人的日常。闺蜜有两个孩子，大的是女孩，十一二岁的样子，小的是男孩，八九岁。当时他们的儿子也只有11岁，刚好可以跟那两个孩子一起玩。美东主要是看海，到了海边，孩子们在沙滩上玩沙子。闺蜜的丈夫很自觉地就坐在他们附近看着。宋之原则不同，他一路开车累了，直接在车上抽烟休息，儿子完全交给了望舒。一路上，闺蜜家查地图看路线，到了一处办理入住，都是她丈夫负责。而望舒家这边，宋之原英语不好，这些全是望舒的事儿。开车的时候，她坐在副驾驶，看着地图指路，比开车的人还累。旅行回来，她对宋之原说，这次你看到好男人是什么样了吧？宋之原露出不屑的神情：当然知道，但我不会学他，驹累的。望舒有时候会想，碰上这种摆烂的男人，也是命吧。然后叹口气：没嫁好，认命吧。

人的一生，在特定的时间特定的地点遇到谁有极大的偶然性，而且可供选择的对象也受自身条件的限制。这可能就是很多夫妻对不那么理想的伴侣能够忍受的原因。望舒看电视剧《玫瑰的故事》时，想到最多的就是，一个女人要拥有玫瑰那样的美貌和才华，才有足够的底气一次又一次告别过去，重新开始吧。自己这种长相平平的女子，婚姻这种事，就是一个人生体验，说得过去就行了。

日月交替，转眼三天过去了。又一个打破僵局的转机出现。

早上起来望舒打开邮箱发现一封来自《世界日报》副刊编辑的用稿函：您好！大作将留用于世界副刊，感谢您的赐稿！短短一行字，望舒的心情顿时明亮起来，回想马桶刷事件发生时正值她投出去的几篇稿子都音信全无。其实很多时候看别人不顺眼是自己的心情不好，我们都太习惯把情绪投射在他人身上。

望舒是在40岁时开始写作的。那一年，正在做博士后的研究所一次性扩招，她因此搭上顺风车进入体制，转为正式雇员，开始了按部就班的生活。紧绷着的神经一旦放松下来，自我便苏醒了。望舒记起了自己的文学梦。为了生存，这个梦被她塞到角落里很多年了。望舒轻轻拂去文学梦上时光的尘埃和蜘蛛网，拿起了搁置多年的笔。他乡故乡，教子育儿留学生众生相，随笔散文小说，什么都写，写完就发在网上，不久就成了一名有众多粉丝的网络作家。为了写作，她还养成了大量阅读的习惯。文学经典，诺奖、茅奖作品，连最晦涩的作品都耐着性子读。慢慢地，她写的散文开始见诸于报刊。从那时起，收到稿件录用通知那一天，就成了专属于她的节日。之后的20年，她出了三部长篇小说，两部散文集，还翻译了一本图文故事书。退休后时间充裕了，望舒的创作像井喷一样。可惜微信与抖音时代，纸媒式微，能正式发表的机会并不多，北美只剩下《世界日报》坚守对作者支付稿酬的传统了，这份报纸成为她最常投稿的海外报刊。

望舒一跃而起，从冰箱里拿出一包小排骨。宋之原爱吃她做的糖醋排骨。他虽然北京生北京长，但妈妈是上海人。虽然他妈不做饭，他家基本吃食堂，但他的口味里还是保留了一些江浙的饮食习惯。糖醋排骨就是他妈妈留给他的有限的"遗产"之一。

下午五点，宋之原下班回来，糖醋排骨已经做好了。望舒把糖醋排骨放在厨房桌子上，用盘子倒扣盖好，对宋之原说：你要不想做饭，就吃这个吧，我做了糖醋排骨。见对方没搭腔，她想了想笑着补了一句："放心，没毒。"去了客厅。

厨房传来宋之原炒菜的声音，望舒的心不断往下沉：还拒绝和解哪，这人到底想干什么？她想，也许宋之原并不像表现的那样喜欢她做的菜，正如自己内心并不期待他每周五的火锅一样。他们的饮食，不只是米与面的差异，就连面条种类都不一样。她爱吃日本拉面，宋之原爱吃意面。还有旅行，她知道宋之原并不喜欢旅行，他们的每一次出行他都在舍命陪君子。望舒是作家，"行千里路，读万卷书"是作家的生命。而对宋之原而言，那就是一笔可花可不花的开销。

所谓的甜蜜，不过是为了讨好对方装出来的假象而已。

望舒有点伤感地想：他是黑塞笔下的荒原狼，我循规蹈矩"市民性"十足，我们本来就不是一路人。这么多年，自己一直以为在迁就他，其实，他又何尝不在迁就我呢？现在他可能真的累了，不想迁就、讨好我，不想装了。如果一直这样冷下去，到了零度以下，寒冬来临，我们的婚姻是不是就走到了尽头？

正在这时，有人敲门，是宋之原的哥儿们，隔壁老王。老王跟宋之原是因球结缘。有一段时间，华人社区的中文学校应家长要求开了一个周末足球班，需要足球教练，找到了宋之原。这家伙足球有童子功，小的时候一直在什刹海体校训练，曾在北京青年足球队混过一段时间。据他自己讲，后来没踢进专业队是因为身高不够。望舒说我才不信呢，踢足球要那么高做什么？马拉多纳才多高？宋之原说你爱信不信，中国的国足对身高就是有要求的。

后来那个足球班开起来了，老王就是其中一个小队员的家长。他虽然没受过训练，但对足球有点感觉，学生多的时候，宋之原就让他帮着照看。久而久之就成了足球班助教。老王其实才三十多岁，为了孩子接受美式教育全家移民加拿大，来了之后才发现这里连前台接电话的都要求流利英语，自己在国内坐办公室的经验毫无用途。他尝试过自己开公司，做装修，机场接送，太太在家里做私房菜，还买了一块地种中国人爱吃的大白菜、小青菜、豇豆角、带刺黄瓜，结果算进成本花销，根本赚不到几个钱，不足以养家，就打上了足球班的主意。中国人重视教育，为孩子报班学才艺从不手软。他请宋之原出山，是看上了他的足球专业背景。宋之原说我现在经常去旅游，时间不确定，连中文学校足球班都辞退了。老王说没关系，只要招生广告挂上你的名字就行，主要是我教，你能来就来。

两人在厨房嘀嘀咕咕，过了一会儿，宋之原来到客厅：望舒，足球班收费，老王想知道你有什么建议。望舒是中文学校的校长。多年前，她和几个中国人看到华人孩子在家跟父母都不讲汉语，有的甚至不让父母去学校，对中华传统文化更是不甚了了，就开办了小城第一所周末中文学校。十多年过去，当年一起办学的同胞已经陆续另谋高就，只有她没挪窝，还在原地坚守。虽然现在有责任副校长主抓校务，学校的课程策划与运作还是由她负责。她的建议，当然是有参考价值的。

"你查一下当地洋人的足球俱乐部，参考一下他们的收费标准。正常收费就好，不要低收费。我们学校的那个足球班就是低收费，学生动不动就请假，搞得教练没成就感，不想教。"说着，看了一眼宋之原，"收费高了，教师工资高有积极性，家长也会重视。"

宋之原主动跟她说话，望舒有点窃喜，虽然这是因为第三者的无意促成。她希望能尽快化解宋之原心中的块垒。他们原定十月份去日本，机票都买好了。现在这个样子肯定是无法一起去旅行的。接下来几天，两人依然各吃各的，但紧张的态势似有所缓和。望舒想，只要开始对话，吃饭的事就"花开花落，去留随意"吧。她发现，宋之原拒绝吃她做的糖醋排骨，但他自己煮的鸡腿吃得很香，说明胃口正常，情绪不错。她记起有一次在朋友家过春节，朋友厨艺好，做了红烧狮子头、千张结烧肉、松鼠桂鱼、姜葱大虾等等，丰盛极了。但她那个陕西的亲家公对满桌的珍馐佳肴丝毫提不起兴趣，说了句你们吃，就自己在边上煮面条。放了西红柿、豆腐，烂糊糊的一大锅，吃得有滋有味。美食没有标准，记忆中的滋味就是美味。

晚上，望舒正在电脑前写作，宋之原过来了，"杰克失宠了，小老板有什么事现在都吩咐新来的那个小伙子。"杰克是宋之原的顶头上司，来了没几年，仗着小老板对他的器重，时常欺负宋之原。小老板是公司老板的儿子，正在熟悉业务，要接他爸的班。宋之原在公司干了二十多年，熬走了三任工头，资格比这两人老多了。因为语言上的劣势，他一直是普通员工，任凭那些比他年轻，技术也不如他的人在他面前指手画脚。受了什么委屈，唯有回家讲给老婆听。

过去他说这些，望舒是有点不耐烦的，她满脑子的《史记》《论语》《百年孤独》《追忆逝水年华》《三体》，司马迁、孔子、孟子、普鲁斯特、加缪、莫言、麦家、刘慈欣……还有她自己正在写的小说。在她看来，宋之原混饭吃的那个几十名员工的小厂，就算当了老板又能有多大权力和油水，一帮人还争权夺利，勾心斗角，挺无聊的。他单位这些破事儿，既不具故事性、知识性和文学性，也没有任何美感，说它都是浪费时间。但是今天，当宋之原沉默了十多天，跟她讲起这些，她突然有了异样的感觉，一种被人信任的暖意弥漫全身。

"让他们去争，心思都花在争风吃醋上，就没工夫盯着你挑你错了，挺好。鹬蚌相争，渔翁得利。你就当吃瓜群众围观看戏呗。"她看着他的眼睛，体己地说。

这双眼睛里已经没有了敌意。

<h1 style="text-align:center">五</h1>

宋之原上班走了。他每天早上6点50分起床，7点准时离家。望舒洗漱完毕推开门来到后院。柔和的晨光里，她看到小

草上挂着一层霜，惊觉今天已经是白露了，她和宋之原的冷战整整延续了半个月！

过了白露，天气一点一点冷下去，枫叶一天天变红，然后中秋节便会在斑斓的秋色中到来。小城有一家中国人，母亲会做菜，女儿在社区学院学了烘培。最近她们建了一个"大姐私厨"的群，母亲在家里的厨房做红烧肘子、水煮鱼、口水鸡，以及包子、肉粽、水饺等费工费时的饭食。女儿帮人定制生日蛋糕，还做面包及一些应时的烘培，诸如中秋节的月饼之类。她做的月饼口味比较特别，比如枣泥核桃馅儿，别处买不到。望舒想好了，今年她就从女孩那里订几块新鲜制作的枣泥和五仁月饼，好好过个节，庆祝他们的关系在这个团圆的节日里回归正常。

其实也没有完全回归，宋之原坚持不吃她的"嗟来之食"。是不愿委屈怀旧的胃，还是不想受制于人，不得而知，望舒也不想追究。做不成一口锅里吃饭的亲人，就做室友吧。都是成年人，对方不肯迁就的事情，必定有他的理由，她乐得轻松。中年人的婚姻，各自对家庭尽责，尊重彼此的生活习惯，不纠缠不拉扯，相敬如宾，保持距离和边界，不失为一种值得尝试的相处模式。婚姻关系，说白了，就是一种抱团取暖的关系，不必附加太多的价值。人生不过百年，还有什么比舒适松弛更重要呢？

隔壁老王的足球班开起来了，宋之原恢复了每周六带着孩子们踢球的生活。运动带来的活力和多巴胺改善了他阴郁的心情，渐渐开朗起来。他对望舒说，过两年去带小孙子，我要教他踢球。会踢球的人跑得快，抗撞，将来玩什么球都不会差。

　　一阵风吹过，草坪正中的那棵梨树发出窸窸窣窣的声响，这次望舒没觉出其中的凉意，反倒好像看到了叶间的梨子。那些果实若要甜美，必得经过这一番冷。就像加拿大的冰酒，要用霜冻的葡萄酿制，才能更甜，口感更好。

发表于《世界日报·小说世界》

2024年10月5日至7日

边界惊梦

水仙

一

阳光透过密林的缝隙，洒在德州的边界小镇，斑驳的光影在尘土飞扬的小路上跳耀。雾蒙蒙的早晨，空气中弥漫着湿润的泥土气息和淡淡的野花香味。简和马克在丛林里享受着无限的自然风光。她脖子上挂着小望远镜，一会儿停下来望望这大好的春光，一会儿又举起自己的手机，对准一朵朵雏菊，想拍一张特写。

镜头对焦了这个晨雾笼罩的陌生世界，她突然发现雏菊旁有一只可爱的小灰兔。红色的眼睛望着她，她渴望在这片宁静中，捕捉到不一样的灵动瞬间，她的心跳随着每一次按下快门而加速。突然，一辆白色轿车从镜头前一掠而过，翻卷起一阵尘土，打破了森林的宁静，也打破了简的幻想。她感到一阵失落，对马克说："真是的，这么急匆匆地开车，连鬼都能吓跑！"

他们的房车在颠簸的泥道上缓缓行驶，四周是郁郁葱葱的树木，树梢间偶尔露出一线蓝天。尘土在车轮下飞扬，形成一道黄色的雾带，又一辆灰色吉普车与他们擦肩而过，消失在蜿蜒的小路尽头。马克紧握着方向盘，眉头微微皱起，他感到一种莫名的紧张，似乎这片森林隐藏着不为人知的秘密。

不远处，波光粼粼的河流出现在树荫深处，有几条彩色游船在水中，有一帮年轻人在那里戏水。她在望远镜里，突然捕捉到在水岸边隐秘的树林里，有一群穿着破烂的墨西哥模样的人，浮在水面，沿着河向这边而来。那些人神情严肃而疲惫，还有一个男人背上背着孩子。

简的心中涌起一股好奇与不安，她把望远镜递给马克。马克的神情有些紧张，他的声音低沉，"看样子像偷渡客，一定是。别忘了，这里可是美墨边界河。"

简的心跳加速，她难以置信，光天化日之下，竟然有偷渡的事情发生。她出于好奇，想拍张照片，手不自觉地伸向口袋，掏出了手机。

马克的声音中带着警告："不能拍。万一被他们发现，他们都是有组织的，可能有枪！"简的内心一阵颤抖，原本的好奇心被恐惧取代。"我们怎么办？是不是马上藏起来？"简看他们的房车这么大，声音开始颤抖。她的双手不自觉地握紧，恐惧在心中蔓延。

马克的眼神中透露出一丝坚定，他拿出退伍军人特有的训练保持镇静，但简能感觉到他也在努力压抑着自己的紧张。"不能轻举妄动，我们必须小心行事，否则可能会陷入更大的危险。"他们迅速走进车里。

简的思绪混乱，她从未想到他们会开到边界，更没想到会遇到偷渡客。她的眼睛在四周的树木间游移，寻找可能的出路。他们在一片空地停了下来，熄车，屏住呼吸。突然，一辆白色轿车停在他们的房车前，引擎的轰鸣声在寂静的森林中回响。

马克反应迅速，从冰箱里拿出青菜交给简，低声说："快装作切菜做饭，别出声。"他自己倒了一杯啤酒，坐在沙发上，尽力保持镇定，但他的手却在微微颤抖。

一个彪形大汉向他们的车走来，脚步在干燥的落叶上发出沙沙的声响。"砰砰砰"，他敲响了车门，简的腿开始颤抖。她的心中充满了恐惧，她不知道接下来会发生什么。

马克站起身，将右手放在她的肩膀上，轻轻按了一下，这个简单的动作给了简一丝安慰，然后他去开门。

"你好！有什么需要帮忙的吗？"马克强作欢颜，他的声音在空旷的林间回荡，但他的内心却在打鼓。

"你们是干什么的？"大汉用锐利的目光扫视车内，马克尽力保持冷静。他的大脑飞速运转，思考可能的应对策略。"我们是来这里旅游的，四处走走看看，这附近湖边的鸟比去年品种更多了。"马克沉着地回答，他的目光不时扫过窗外，警惕着四周的动静。

那人尴尬地笑了笑，又问："就你们俩？从哪里来的？"

"休士顿，出来一周，放松，放松！"马克说，他的声音中带着一丝不易察觉的颤抖，但他尽力掩饰自己的紧张。

那人见状，也故作姿态地说："我们是附近的，就想问问情况，那你们忙吧！"

那辆车迅速驶离，留下一股浓烟在清新的森林空气中弥漫。马克松了一口气，但他的神情依然严肃，"快撤！别在这里待久了，万一他们再回来就麻烦了。"他的目光紧紧盯着车后扬起的尘土，暗自庆幸他们暂时安全。

二

他们驾车穿越了一个多小时的风景后，终于抵达了附近的一家名叫詹姆斯的小旅馆。停车场里，车辆整齐排列，游人出出进进。望着眼前一片祥和的景象，马克深深地吁了一口气，简也会心地笑了。

他们踏入宽敞的大厅，詹姆斯夫妇俩笑容满面地迎了出来。詹姆斯先生的声音洪亮，充满欢快："哈哈，看来今年的聚会又要添上新面孔了，马克，你这家伙，是不是又带来了什么新鲜事？"

马克笑着走上前，手臂轻轻一挥，指向简："这是我的女朋友简，她可是第一次踏足这片宝地，你们要好好招待她啊！"

一番热烈的寒暄之后，简被引领到客厅右侧一个角落椅子上。

詹姆斯太太的眼睛闪烁着光芒，她轻声细语地问："亲爱的，来点什么饮料呢？咖啡，还是茶？"简微微低垂着头，脸上泛起一抹红晕，她轻声回答："绿茶吧，谢谢您。"她的声音虽轻，却透着一丝腼腆和不习惯让长辈忙碌的谦逊。

詹姆斯太太乐呵呵地朝马克说："你还是老习惯，黑咖啡？"马克点点头，眼中闪过一丝调皮，"您的记忆力真好，来了一次，您就记住了。"她扭动着身躯，步履轻快地向吧台走去，仿佛每一步都跳着愉快的节奏。

马克坐在简的对面，他的眼神深邃而充满情感。他温柔地凝视着简，仿佛在用目光编织一首无声的情诗。他的眼神中，既有对简的爱慕，也有对这次聚会的小小期待，仿佛在说："在这里，我们将共度美好时光。"

大厅里已经坐了不少人，在简对面的角落，迎面坐着一位年轻的白人女士，三十上下，头发前沿染着粉色，铁锈红的唇膏特别炫目。她端着一杯红酒悠然自得地饮着，粉红色的紧身上衣把前胸绷得突出，头发盘在头顶，散发出一股自信与挑逗。

"对面角落里坐着个粉红女郎，看样子是个人物。"简顺口对马克说，眼中闪过一丝好奇。

"别盯着她看，我知道她是谁！"马克低声警告，语气中带着一丝严肃，"你猜得没错，她是这里数一数二的边境生态专家，本地导游艾米。她的叔叔叫卡洛斯，一位退役的边界巡逻员，对边界的复杂情况了如指掌。这里的情况很复杂，黑吃黑，黑白互吃。"他的警告让简意识到，他们可能一不小心，就会卷入到一个危险的游戏。

表面上客厅里的气氛温馨舒适，轻柔的音乐恰到好处地流淌在空气中，营造出一种家的感觉。左边的一张桌子旁，坐着两名壮汉，他们穿着西部牛仔的服装，其中一位年纪稍长的胖叔，红润的大脸被手中的啤酒瓶遮住了一半，另一位穿着白衬衣的瘦子正用手势，热烈地表达着自己的观点，一看就是一位夸夸其谈的家伙。他们正在讨论镇上的房子问题，话语中透露出对当地事务的关心。

紧挨着马克和简的那一桌，是一对老年夫妇，他们的头发斑白，但神情温和，彼此间的眼神充满了爱意，一看就知道是一对恩爱的夫妻。斜对角一个桌子边，坐着满脸横肉的汉子，他戴着一副墨镜，跷着二郎腿，面前摆着一碗意大利面，上面盖满了牛肉末。他手中的叉子几乎要挑起整个面条，狼吞虎咽的吃相就在眼前。

大厅的顶部有一个巨大的天窗，阳光从那里洒下，照亮了整个大厅的中央。詹姆斯太太微胖的身材在厅中穿梭，她的每一次转身，都似乎在跳着一曲欢快的舞蹈。她的脚步轻盈而优雅，每一次走过，都带起一阵轻柔的风，仿佛在为这个温馨的客厅增添活力。

简的目光在这些人身上停留了片刻，然后又回到马克身上。她的心中涌起了一股暖流。她知道，在这个陌生的地方，她并不孤单，马克就是她的依靠。马克他的眼神始终温柔地注视着简，心中充满了对她的爱，以及对这次聚会的期待。

"马克，你注意到没有，那对老夫妇好恩爱啊。"简低声对马克说，眼中闪过一丝羡慕。

"是啊，饱经风霜，恩爱有加，令人羡慕。"马克的回答及眼神中，透露出对爱情的向往。

就在这时，詹姆斯太太端着两只杯子走了过来，将其中一杯递给简，微笑着说："你们是来参加观鸟聚会的吧？这里的观鸟活动可是全美非常有名，你们一定会喜欢的。"

"是的，我们听说这里的环境非常适合观鸟，所以特意来体验一下。"马克接过咖啡，微笑着回答。

詹姆斯太太看着他们，眼中闪过一丝赞许："你是摄影爱好者吗？简小姐，你手中的相机可是专业的哦。"

"是的，我喜欢用镜头记录下大自然的美丽瞬间。"简有些害羞地回答。

詹姆斯太太微笑着说："那你们可要好好利用这次机会，

这里的鸟类品种繁多，一定会让你们大饱眼福。"

"谢谢您的建议，我们一定会好好珍惜这次机会的。"马克回答，他的眼神中充满了期待。詹姆斯太太点点头，转身离开了。

简和马克继续聊着天，他们的目光不时扫过大厅，观察着周围的人和事。她预感到，这次聚会不仅是一次观鸟之旅，似乎暗藏玄机。

三

简脑海里还盘旋着早上在河边的一幕，想象着那些偷渡客的命运。她与马克下车，双脚刚刚落地，耳旁突然响起汽车的声音。

水边有一群偷渡客把水踩得哗啦啦响，突然粉红女郎来到了他们车上，递给马克一只雪茄，抛个媚眼，帮他点了火。他吸了两口，她右手搭在马克肩上，突然一屁股坐到马克腿上，眼里含着怒光，面带狐疑地问："你们俩真的是来这里旅游的吗？怕是政府派来的卧底吧！"

她面目狰狞地对简说："你男朋友我带走了，他中了我的计，哈哈哈！"

粉红女郎一阵大笑，只见马克的身子突然软了下来。女郎扛着马克就下了车，径直朝那辆白车走去，她留下一句："他是人质了……"

简"哇"的一声大叫，出了满身大汗。房车被她大喊大叫震动了一下，马克搂着她的胳膊紧了紧："胡喊叫啥，快睡！"原来她做了个噩梦。

窗外一片寂静，一轮明月正落在水面，整个河面就像天上掉到地面上，撒满了星星。有几只蛐蛐叫着，还有马克的呼噜声……

美国与墨西哥交界的格兰德河（Rio Grande）长达两千公里，这只是其中一个点。偷渡如此容易，几乎达到了"自由"进出的程度。难以想象，每天将有多少人偷渡过河。

美国需要廉价的劳动力，庞大的消费市场，边界旁的镇上到处都是高档洋房、邮轮，需要很多劳力，简脑子里充满了白天大厅人们的议论声。政府防守不严，睁只眼，闭只眼，百万难民得过且过。

在艾米的带领下，大家踏入了这片摄影师和观鸟者低声议论的土地。有人早一步到来，见证了那些潜行于边界的幽灵——偷渡客。

"你们没看到吗？那些人就像影子一样，一转眼就不见了。"一个摄影师低声对同伴说。

詹姆斯先生领着马克走向自己那辆房车，手指轻轻敲击着一个显眼的枪眼，声音低沉地说："这是墨西哥人在河边交火留下的痕迹，流弹无眼，竟也触及了这片宁静。大家还是注意安全，少管闲事！"

简沉默不语，手中的相机成了她唯一的语言。然而，快门的声音在那一刻显得如此无力，一张成功的照片都未能捕捉。

"你怎么样，拍到了什么吗？"一个观鸟者好奇地问简。

她摇了摇头，没有说话，只是继续调整相机。时间在寂静中流逝，直到一队身着迷彩服的边防军出现在人们视野中。他们四人一组，武器在肩，步伐整齐地在人们的眼皮子底下巡逻。

"看他们那副样子，偷渡客早就没影了，这样的巡逻有什么用？"一个摄影师不满地嘟囔着。

"可能只是为了给我们这些外来者一点安慰吧！"詹姆斯先生轻轻叹了口气。

简抬起头，注意到这片土地上竖立着许多金属结构的侦查塔，像孤独的守望者，几十米的高度让它们俯瞰着整个边界。

"那些塔，你觉得真的有用吗？"有人问。

詹姆斯望向远方，沉默了片刻，然后回答："在这个地方，有时候，我们只能依靠这些冰冷的机器，来给我们一点安全感。事实如何，谁知道呢？管他呢！"在他的话语中，透露出对这些摆设深深的怀疑。

四

为了节约开支，简与马克选择将房车做为临时的家。在那个不眠之夜，简在梦境与现实之间游走，她隐约察觉到院子里传来的低沉私语和手电筒的光束在黑暗中摇曳。她伸手摸索，却发现身旁空空如也，心中立刻明瞭，马克定是去方便了。

在这朦胧的夜色中，她的思绪开始飘散，回想起即将画上句号的旅行。尽管未曾尽览大自然的奇观异鸟，但这一路上的点点滴滴，已让她心中充满了感恩。

晨光初现之际，马克轻轻将简唤醒："看来，我们得办一场盛大的宴会，为我们的观鸟之旅画上完美的句点。简，你有什么拿手好菜，让大家尝尝我们的手艺？"

简揉了揉惺忪的睡眼，望着马克，嘴角勾起一抹俏皮的微笑，"在这片荒野之上，我们能有什么奢华？就用最朴实的食材，鸡蛋和莲花白，炒出一锅香气扑鼻的炒面吧。"

周末的正午，阳光如金色瀑布般洒满庭院。他们换上了干净衣裳，从房车中端出一盆热气腾腾的炒面，步入了厅堂。厅内依旧是人声鼎沸，那些熟悉的面孔在几日的观鸟活动中变得亲切。詹姆斯太太拿出了珍藏的美酒，有人带来了脆香的土豆片，还有人贡献了绵软的起司蛋糕、香甜的苹果派和新鲜的生菜沙拉。美食摆满了拼凑起来的桌子，每个人都穿着盛装，脚踩皮鞋，一场别开生面的庆功派对即将点燃热情。

派对尾声，大家挪开桌子，中间腾出了一个舞池，悠扬的《多瑙河之波》圆舞曲在空中回荡。每个人都踏入了舞池，简与马克也翩翩起舞。一曲终了，马克与身着粉红礼服的艾米共舞了一曲。他们紧握彼此的手，在舞池中央轻盈旋转，自由的舞步赢得了阵阵掌声。

简第一次发现，马克在舞池中竟如此风度翩翩。她站在一旁，眼中闪过一丝羡慕，甚至在他们耳语时，心中涌起了莫名的嫉妒。酷爱意大利面条的冷面绅士此刻走到简的身边，优雅地邀请她步入舞池。她不由自主地随他起舞，完全沉浸在旋律里。詹姆斯夫妇就在不远处，沉醉于舞曲之中。

当音乐切换到慢三步时，艾米放下马克，走向詹姆斯太太，手牵手向舞池边沿而去。马克则如影随形地滑向詹姆斯先生，开始了一段优雅的对舞。他们的动作流畅自然，如行云流水。

然而，就在这欢乐的顶点，一声尖锐的惨叫划破了宁静的夜空。

突然间，大厅的灯光全部亮起，耀眼的光芒中，几名武装警察冲进大门，所有人瞬间陷入了震惊。紧接着，艾米迅速用手铐铐住詹姆斯太太，马克则制住了詹姆斯先生。

詹姆斯太太挣扎着，扭动她那穿着黑纱礼服的柔软身体，哭喊声在空气中回荡。简愣在原地，仿佛被固定在舞曲的终结。

五

一切就像是一场精心编排的大戏即将落幕，简终于明白马克退伍后，为何一直未能安定工作——他是一名卧底。

据说詹姆斯家中藏有大量假车牌，他们夫妇利用小旅馆做为掩护，协助非法偷渡。艾米与那位吃意大利面的男人竟都是卧底警察。

第二天，在返回休斯顿的路上，马克透露了自己是FBI的探员，此次休假不过是为了取证和抓捕。出于工作的保密性，他一直未曾向简透露实情。

车行半途，马克突然将车停在一个隐蔽的角落，从腰间拔出手枪，严肃地对简说："你留在车上别动，我发现车上还有另外一个人。"

简被突如其来的命令吓得僵在座位上。她听到马克对藏身者大喊："出来，爬出来，趴在地上！"接着，她感到车身一阵颤动，似乎有什么重物从车底落地。

她紧贴窗子，目睹了一个脏兮兮的，看起来顶多十岁的墨西哥孩子从车底爬出。

简惊愕不已，不知马克是如何察觉到这个不速之客的，那孩子不会说英文，也不知何时何地潜入了车底。他将孩子拉到车里，简翻出几个面包给他，又递给他一瓶水。看着孩子狼吞虎咽地吃完了所有的食物，她找出一张湿巾纸替孩子擦了擦脸，孩子那双大眼睛愣愣地望着她。

那个寂静的下午，马克犹豫了半天，还是将孩子交给了当地警察。简的心中掀起了波澜，她看着孩子被带走，眼中充满了复杂的情绪。

这是她第一次如此近距离地感受到马克工作的另一面——残酷、现实，而又不可避免。

马克转身回到车上，眼神中带着一丝不易察觉的疲惫。简知道，从这一刻起，他们的生活将不再相同。马克的秘密身份，像一道无形的鸿沟，横亘在他们之间。

车继续行驶在回休士顿的路上，但车内的气氛已变得沉重。简望着窗外飞速后退的风景，心中涌起一股说不出的失落。她曾经以为他们的旅行是逃离现实的乌托邦，却没想到，现实以如此戏剧性的方式，将他们重重地拖回了地面。

车停在家门口，简缓缓下车，脚步沉重。她回头望向马克，那双曾经充满温暖和信任的眼睛，如今却满是迷茫和不确定。马克欲言又止，最终只是轻轻地点了点头，仿佛在告别，又仿佛在致歉。

简转身，步履蹒跚地走向家门。她知道，这一夜，不仅是一场旅行的结束，更是她心中某个部分的失落。马克的身影，他的微笑，他们共同度过的每一个瞬间，都像被风吹散的尘埃。她关上门，背靠着门板，深吸了一口气。眼泪无声地滑落，简终于明白，有些旅程，一旦开始，就再也没有回头的路。而马克，那个曾经与她并肩同行的人，已经永远留在了那个充满手电筒光束和低语的夜晚。

许多天她都没有联系他。就在周末的晚上，简的手机跳出一则新闻："边境地区发生一起神秘爆炸事件，造成多人伤亡，警方正在调查中。"简看着新闻，脸色变得苍白。

她知道，这个爆炸事件可能与边境的非法活动有关，也可能与马克的工作有关。她依然挂念着他，她拨通了他的电话……

发表于《世界日报·小说世界》

2024年12月16日至21日

辑 三

诗 歌

孤独也可以如此灿烂

宇秀

母亲树

母亲是棵矮小的树，

长到满身皱纹就更矮小了，

而这，并不妨碍她拥有挺括的绿叶，

无论风云变幻，岁月更迭，被围观，被遗忘，

皆一如既往。沉默。安详。

叶子们则随风起舞，沙沙作响……

树有百年乃至千年的寿命，

母亲没指望活那么长，

只愿明春虬枝生出嫩叶鲜亮。

那些叶子在树身上，

乃是不分彼此的一家子。一旦落地

或被风吹远，就谁也不认谁了。

——这是母亲的无奈。她看见死后的自己，

光秃秃的躯干伫立原地。

在许多年以后的某日，被一个路人，

或许正是她的一个子孙，

砍了，烧了，成为一张饭桌的脚，或仅仅

让壁炉里的火窜高一寸。

黑拉链——给囡囡

这些日子的填充物，除了你的吗啡、泰利诺

便是我的内疚和自责

拉链上的每一颗齿如鼠在黑暗里磨的牙，与我死磕

我以为，早已为你的成长备足了创可贴

未料有些痛在骨头里深刻

或许木樨花比我懂得多。直到某日

医生证实你背负的疼痛一直抵抗着曲折

许多个春天已经错过

你指间流出的萧邦穿越到旧日的春风里

亲吻被红布条绑缚于木桩的小白杨

一个陈年记忆，怎会显影于最新的X光片

赫然叠印在侧弯52度半的脊柱上

是谁让垂直的脊柱扭曲成S形字样

不忍想U字如何拉直，刀口已锁成铁腥气的拉链

你落发中的昏睡把枕头揉成老妇憔悴的脸

紫丁香在樱桃月桂树旁碎碎念念

一次次搬家寻找栖身之所，犹如寄居蟹

寻找借宿的壳。所幸上天赐一温室于我体内

似轮船隐秘的舱，祈祷你在里面安全无恙

却不料为母的卑微源于自身的逼仄

迫你如一枚去壳的虾，深度蜷缩

矫正手术植入16颗螺丝钉替代我臆想的木桩

倘若可以替代啊，我恳求

每一颗螺丝钉吃进我的骨头，还你一副正直的脊梁

我愿日日鞠躬、跪拜，以足够弯曲的姿态

低于所有垂首的谷物稻麦

当桂花落入酒酿，无需泰利诺和吗啡

背上的黑拉链变身蚯蚓，啃噬子宫的原罪

你在牙套里说笑：就当文身，露背装要开到腰围

失语

一米紫外线恰巧与早上九点的时针重合

阳台伸进光里让座椅的扶手握住。这是失语的一刻

所幸光柔若无骨，摩挲着紫砂壶

刚刚好，抚慰流落到异乡里的一缕汉风一叶紫竹

祖上的笔力与刀工软硬适中

令秋色明晰于深刻

这一季奏鸣始于晨曦，越过海面、森林，与大地

交响。一些声部落到后花园

就成了溪流潺潺落木萧萧的第二乐章

在西侧的木栅栏上斜斜地列队，由低到高，由短渐长

明亮有序如放大的白色琴键

悬铃木大大小小的手掌在风的指挥下

以各种剪影，在晨光刷亮的音阶上演一出秋的抽象

时间在一片片叶子上给人看它

一变再变的脸色

一些事物在金色里辉煌，也在金色里死亡

远处台阶，落叶好似冥币无声造访。那扇门扉

很久无人叩响

只有一盆雏菊正当盛年，比光更明艳

原来孤独也可以如此灿烂

白色的木屋尖顶

向翅膀证实天空的远是怎样的远

向眼睛示意无法蘸到画布上的蓝有多蓝

十字挑着一朵巨大的棉花

像一个忧伤的远虑够不到地上的冷暖

一些准备过冬的近忧无处贮藏，索性与云比肩

原载《钟山》2024年第5期

子弹穿过我的天空（外两首）

鲁鸣

子弹穿过我的天空

我是落地树叶，随风飘去

你说，风太大

很多狮子在丛林里奔跑

我防不胜防

在无数屏幕里

我和你是对立的仇人

只是对象不同而已

我们此刻的面孔

是历史缩影

我说，让我们加入合唱

突然，一阵雷雨

把我们全身都淋湿了

观众都看到了我们的曲线

一览无余

子弹继续飞着

天空还没蓝

死，不是一次完成的

死，不是一次完成的

它一点一点地发生

那些阴暗的记忆

用最容易的方法告诉人们

死站在门外走廊里

坐在阳光处

我们看见或看不见

时间流逝得很神奇

谁也没和时间慎重地说再见

无中生有，有中生无，天衣无缝

什么能阻止它

与人间的最初相见

轻轻地挥别

一定有过机会

我们本可以提供凭证

蓝天白云里，有些声音

我们不懂，但早已听见

生命里固有的召唤如此永久

不惊不懈，如风如雾

揭开另一种持守

剑拔弩张

乌云漫天飞舞

大树吹歪了，看不到路

在乌云之间，有蓝色条纹

宛若我身上军衫，被胸肌膨胀着

夏天高温的热潮，正在行驶

虐人的能量，节奏爆棚

这是剑拔弩张的时代

用数码启动战争

在这幅非经典的画面里

我目睹了黑灰色的最高云端

隐藏诡秘，却犹如青草有节有理

无论什么样风景，所有亦是绝无仅有

美女帅哥照样如云，无愁无恙

我早就告诉人们，我是独立者

此时我才明白，这如同说每天吃保健品

如同古城里那位吸引人的疯子

写出一流诗句，仅仅使我片刻温馨

我用放大镜观察了一下
即使战争的画面再大几倍
它也丝毫不会变色
从两个方向去看，我得到一种
与众不同的维度

发表于《香港文学》2024年12月号

渴

李玥

几本旧杂志间飞出一只鸟
飞出了城市
虚构的天际线

云霞停止弥散
星空不再闪烁
粉刷一新的蓝色邮筒
塞满了一张张旧日的明信片

跌倒的芭蕾女伶还在
挣扎着爬起
天鹅湖的音乐已被一片
急驰而过的红色尾灯淹没

皇后区多情的夏日，两个人
午后的渴意与拥吻
楼顶泼下一桶凉水
木瓜树下传来
湿淋淋的尖叫声

世界和爱情支离破碎

等待拼接和治疗

或许，生活需要一场

完美风暴

揭示艺术的挫折，以及

痴爱的毁灭

发表于《世界日报·副刊》2024年1月27日

辑四

评论

《素食者》揭示的人类整体精神困境

羊儿

《素食者》是新近诺贝尔文学奖获奖作家韩江的代表作。小说围绕一位精神病患者的生命历程，从不同人物的视角展现了作品中每个人面临的生存困境，以及他们竭力渴望冲破枷锁所做的徒劳努力，读完不禁令人深深叹息，生命是多么无望又无奈，在人世间获得救赎是多么难以企及！

小说女主英惠，从小受到醉酒的父亲虐待而成为一个沉默寡言，毫无价值感的人，长大后因为在人群中平平无奇，缺乏色彩，而被一位平庸的男子相中，娶为妻子。婚后的生活，她依然被忽略，无爱也无望，更无存在感，最终导致她精神失常。所谓"失常"，只是她需要宣泄的生命能量找了一种不合社会规范的行为去突破。英惠得了厌食症。起初她只是因为一个可怕的梦境对肉食产生反感，不肯吃肉使她遭致所有亲人的反对，他们联合起来规劝她，规劝不听就强迫她，她暴虐的父亲更是用激烈的方式，把肉强塞进她嘴里。她吐出来之后被父亲狠狠扇了一个耳光，她无法承受如此羞辱和痛苦而割腕自杀。虽然自杀未遂，身心的伤害已然铸成，最后导致她幻想自己是一棵树，以拒绝一切人类食物的方式决绝地拒绝人类，这棵树终于无法存活而凋零。

这是一个凄厉的故事，这位缺乏爱，遭误解，被压抑的可怜女子，她所有的生命能量都被锁进一间黑暗的屋子里。她想冲破牢笼，却不知道出口在哪里。她反抗的方式是不吃肉、不戴胸罩、不穿衣服，而这一切，在常人看来都是发疯，都是不可理喻，都是必须纠正的。唯一一次她有望获得救赎，是当她的姐夫在她身上用彩色颜料精心绘制花朵，那些开在她胴体上的缤纷之花，仿佛是来自她灵魂深处的绽放，那是一种生命对自由的本能向往，心灵对爱的自然渴望。当他的姐夫在自己身上也画满花朵，并以狂热的激情与她交欢的时候，她获得了在伊甸园里才可能拥有的天真浪漫的全然释放。她以为从此以后不会再作那些可怕的梦，不会再梦见那些可怕的脸。然而，这份"有望"的救赎，只不过是痴心妄想，人类社会的伦理道德规范是难以触碰的红线。她这一次被动又无心的触碰，虽然给她带来唯一一次生命的欢愉，却最终将她推向深渊。她被关进再也无法逃脱的精神病院。在那里，她决绝地抗拒食物和人类的一切，她的生命走向枯萎。

英惠的姐夫是一位想象力丰富，有着非凡激情和才华的艺术家，他娶了一位毫无艺术感觉，却很有经商头脑的妻子，他在生活上完全仰赖妻子无微不至的照顾，他知道自己不能过多要求妻子对他艺术生命的理解，面对妻子很多时候茫然不解的目光，他也只能委曲求全。生活的乏味和无聊，给他饱含艺术的生命束上了枷锁，他的生命能量一直在寻找自由的突破。他遇见英惠的时候，并不是一开始就对她产生肉体的欲望，而是一开始就看出了英惠的与众不同，他敏锐的艺术触觉，触到了英惠隐藏在她平平无奇的外表之下那个未知的精神世界，读者是从这位艺术家的眼睛里，看见了一个不一样的英惠，一个神秘的、蕴含诗意的、鲜活灵动的英惠。他开始对她生出渴望，这渴望，与其说是对她身体的渴望，不如说是对一种遥不可及、美轮美奂，又难以捕捉，转瞬即逝的艺术境界和精神境界的向往，而英惠的存在，真真实实地给他带来艺术的灵感、创作的突破，他最终在与她的身体全然结合的状态中，完成了他爱情、艺术和生命在一个更高的自由境界里的交融与升华。

当激情澎拜的艺术生命在令人窒息的环境中，以一种不可思议的、极为刺激的、炫人眼目的绽放形式出现在读者面前的时候，人们大概不再愿意用"不伦之恋""道德败坏"这样的词语来论断，而这正是作者可能想要达到的目的。作者用大段大段近乎诗意的描绘，使读者无法抗拒地相信这位艺术家的无辜与真诚，无法抗拒地要去原谅他的出轨，甚至希望他能因此而挣脱枷锁得到救赎。然而，这个戴着精神锁链的男人，真的能在这段奇美的经历中获得救赎的希望吗？他被牢牢捆绑的生命会因此而得到新生吗？这同样是痴心妄想。在人类社会的规范中，他于英惠，不过是一个不知羞耻的施害狂魔，于他的妻子，更是一个无耻的背叛者，纵然他有一万张嘴，也无法为自己的行为作一丝一毫的辩白。他在最后的绝望中，想跨越阳台，像一只鸟儿一样"飞"下高楼，飞进不属于这个尘世的另一个世界，但他最终还是被人屈辱地按倒在地，被按倒在地的，还有他渴望飞翔却被枷锁束缚的屈辱的灵魂。他是无论如何也摆脱不了这人间桎梏的！

英惠的姐姐是一位无可指责的女子，心地善良、勤劳能干、又忍辱负重，一辈子为别人付出。她从小照顾醉酒的父亲，结婚后照顾生活技能很差的丈夫，后来又照顾生病的妹妹，她从来没有自我，她的天性在出生为长女的那一刻，就被囚禁在牢笼里了。永远为他人付出并没能给自己营造一个幸福的天地，丈夫背叛她，父母疏远她，妹妹最后也在她的照料下生命凋零。她的悲剧似乎是人世间许多普通女子摆脱不掉的梦魇，她的生命自己能够选择吗？她能做得比实际更好而改变命运吗？正因为这一切都与她个人的选择和行为毫无关联，才使得悲剧的意味尤为浓烈，人类生存的困境仿佛就是宿命。

英惠的丈夫是个既无任何不良嗜好，也无任何理想抱负的男人，他自己知道自己的乏味，所以他在选择妻子的时候也很有自知之明，那些长相出色、才能优秀、性格活泼的女子全都不在他的考虑范围之内，他只想找一个跟他一样毫无色彩、平淡寡味的女人，伺候他度过一生。他挑了又挑，终于选中英惠，他以为这个相貌平凡、沉默寡言的女人就是他要找的那一位，结婚以后，他心安理得地接受英惠每天的伺候，却从不试图了解英惠的精神世界，当然，他自己精神世界的平庸使他永远不可能了解英惠的内心，因此，英惠内心深处那扇门从来也没有向原本该是最亲近的丈夫打开过，直到她被压抑的生命能量不受控制地用另一种方式宣泄的时候，他才忽然觉得妻子成了陌生人，成了他无法驾驭的人，于是他毫不留情地选择了放弃。离婚后，他凄惨地认定自己是一个受害者，他的婚姻并没有像他事先设计的那样如愿以偿。这是一个平庸小人物的悲剧，也是所有芸芸众生在生命过程中可能有的自怨自艾，这种悲剧的命运有没有可以说得清道得明的缘由？芸芸众生是不会去追究生命困境的根源的。

　　《素食者》中除了以上几个主要人物，还有一位酗酒成性、暴虐无常的父亲，一位在夫权社会里逆来顺受的母亲，一位在家庭阴影下长大的冷漠自私的弟弟，还有一位猜也能猜到生活不会幸福的弟媳。这些人物虽然着墨不多，但让读者深深感到这里的每个人都在自我生命的困境中挣扎，每一份挣扎都"揭示了人类生命的脆弱"（引自诺奖颁奖词）。

　　好的小说是具有超越性的，超越时空，超越地域，超越故事，超越人物本身，直指人类作为整体共有的精神痛楚和生存困境，这一点，韩江做到了。更难能可贵的是，韩江的文字充满能量的张力、惨烈的诗意、深远的寓意、和扣人心弦的魅力，把读者带进人性的至暗处，在那里，我们凌厉地感知到无边黑暗的存在，又偶尔在微弱的、若隐若现的温情亮光中，获得些许安慰和希望，这是作者本着对人类难以割舍的伤感之爱，对探讨生命救赎进行的不懈努力。

　　但不得不说，这份只停留在人世层面的探讨是徒劳的，人靠自己的努力和修炼能摆脱生命的困境吗？阅读《素食者》于我个人而言，让我更加理解了古老的经书上反复提及的人的罪（原罪），这罪源于人最初在伊甸园里的悖逆，这份悖逆直接导致人从完美堕落为残缺。这里的"残缺"不仅指人的身体在罪的注入之后不再完美，更是指人的精神层面出现了无可挽回的瑕疵，这瑕疵使人的生命再也摆脱不了羞愧、悔恨、忧伤、痛苦等等一系列接踵而来的情绪困扰，虽然这些情绪困扰看起来都与人世间各种不幸的遭遇有关。但所有这些遭遇都只是表象，任何一个生命即便换一种遭遇仍然摆脱不了这些不良情绪，因此从更深的层面来看，并不是不幸的遭遇导致了人的痛苦，恰恰是人本身的罪性注定了人必然遭遇不幸，必然经历难以摆脱的痛苦。这就是为什么我们在《素食者》中没有看见一个幸福圆满的人，也没有看见一个不妨碍他人幸福而全然无辜的人，因为这世上每一个人都可能成为其他人痛苦的因由。

既然人类的困境乃基因里的罪性造成，单靠人的自我努力和修炼难以获得救赎，那么到底有没有救赎存在？这份救赎究竟从何而来？回答这些问题或许不是小说家的责任，作为一名优秀的小说家，用文学的力量提出问题已经非常可贵了，但我们依然可以在更宽广的意义上来思考，我们为什么不相信来自信仰意义上的救赎，才是人类唯一的希望呢？我个人认为，人们需要看到生命的意义才能摆脱无端的痛苦，而生命意义只有来自信仰的赋予，才不是空谈！

发表于北美中文作家协会会刊

《东西》第415期，2024年